Le Chemin du Puy

vers Saint-Jacques-de-
Compostelle

Ouvrage publié avec le concours de l'Association de Coopération Interrégionale Les Chemins de Saint-Jacques de Compostelle, association soutenue par les Régions Midi-Pyrénées, Aquitaine et Languedoc-Roussillon et par la ville de Toulouse.

La réalisation du carnet d'adresses et de liste complète des hébergements a incombé à l'ACIR.

Itinéraire : Jean-Pierre Siréjol
Historique : Louis Laborde-Balen

Maquette, cartographie et mise en pages : Pierre Le Hong – Rando Éditions
Photographies : Jean-Pierre Siréjol (sauf J.-Y. Grégoire pages 18, 21, 229, 230)

Remerciements particuliers à : Lucien Mazars, Maurice Ginestet, Guy Labro, Jean-Marie Salson, Henry Davy, à la Maison du Tourisme de Villefranche-de-Rouergue, à Pays d'Art et d'Histoire des Bastides du Rouergue, au CDRP Aveyron

© Rando Éditions – 4, rue Maye Lane – 65420 Ibos
Fédération Française de la Randonnée Pédestre – 14, rue Riquet – 75019 Paris
ACIR – 4, rue Clémence-Isaure – 31000 Toulouse

Édition totalement revue et corrigée
Dépôt légal : mars 2004

ISBN Rando Éditions : 2-84182-222-2
ISBN FFRP : 2-7514-0018-3

Le Chemin du Puy

vers Saint-Jacques-de-Compostelle

GUIDE PRATIQUE DU PÈLERIN

JEAN-PIERRE SIRÉJOL
LOUIS LABORDE-BALEN

ASSOCIATION DE COOPÉRATION
INTERRÉGIONALE
LES CHEMINS DE SAINT-JACQUES DE COMPOSTELLE

’EXPÉRIENCE DE LA MARCHE développe deux qualités essentielles
à la recherche de la sagesse. Être sage, c'est composer avec le monde,
avec ses humeurs, non point pour capituler mais pour accueillir
ce qui advient. Pour l'authentique marcheur, la pluie, la chaleur,
les ombres ne sont pas vécues comme des menaces, des outrages, mais comme
d'incessantes métamorphoses qui nous touchent tout autant que le reste
de l'univers. D'autre part, la sagesse implique que nous échappons à toutes sortes
de dépendance et que nous ayons acquis une autonomie. Peu de choses suffit
au cheminant et ce peu lui apporte le fondamental jusqu'à accepter la pénurie,
le dépouillement.

Pierre Sansot

Le Chemin du Puy

Cheminants, pèlerins, voyageurs : ce guide est édité pour vous. N'hésitez pas à nous signaler toutes informations, corrections, précisions que vous jugerez opportunes pour le rendre plus utile et plus complet. Votre aide contribuera à l'améliorer (adresses page 4).

CONSEILS PRATIQUES

Faire le chemin vers Compostelle ne s'improvise ni intellectuellement, ni physiquement.

L'organisation de son pèlerinage, de son voyage, ou encore de sa pérégrination ou de son cheminement, de son odyssée, au Moyen Age comme aujourd'hui, est le fait de chacun. Les étapes conseillées ont un caractère strictement indicatif. Le pèlerinage en effet n'a jamais répondu et ne répondra jamais à aucune règle écrite. Le chemin est avant tout un espace de liberté ! Il n'y a pas de Conseil mais autant de conseils que d'individus : il faut en toute chose savoir s'adapter aux exigences de son propre corps (alimentation, équipement, rythme, soins, précautions diverses…).

Les conseils d'un ancien

Votre chargement ne doit pas dépasser le cinquième de votre poids. Charger le sac à dos en commençant par le plus lourd de sorte que le poids soit réparti à 60 % sur les hanches et à 40 % sur les épaules.

Il faut faire et défaire son sac plusieurs fois afin de mémoriser le contenu et la place des affaires.

Les chaussures doivent être éprouvées.

Pour les néophytes : le corps doit être préparé par des marches d'entraînement.

EQUIPEMENTS INDIVIDUELS	VÊTEMENTS	ELÉMENTS DE CONFORT	NOURRITURE HYGIÈNE
Sac à dos de 45 à 60 litres environ adapté à sa morphologie.	Préférer les vêtements en coton. Fibres conseillées	Sacs et pochettes de protection des documents, des linges ou des aliments	Avoir toujours un minimum de ravitaillement sur soi pour les chutes d'énergie et pique-niques
Duvet ou sac de couchage Matelas de mousse ou autogonflant pour le cas où…	Prévoir des sous-vêtements, tee shirts et chemisettes en double ou triple	Boules Quiès, carte bancaire, carte de téléphone	Produits énergétiques : chocolat, fruits secs, barres de céréales…
Votre nécessaire de toilette allégé, trousse et serviette, pinces à linge	Trois paires de chaussettes non fantaisistes, 1 ou 2 pantalons, 2 bermudas	Lunettes de soleil, crèmes hydratante et solaire, pour soins des pieds et tendinites	Gel douche, shampoing, mouchoirs en papier, rasoir mécanique, lessive, papier hygiénique
Gourde, gobelet	Chapeau ou bob	Parapluie pliable	Toujours de l'eau sur soi
Boîte étanche pour les aliments, allumettes ou briquet	1 paire de chaussures de marche et 1 paire de chaussure de repos type nu-pieds	Journaux pour assécher l'humidité des chaussures	Sacs pour ramasser vos déchets
Lampe électrique, de poche ou frontale, couteau multi usages, cartes, porte-carte, boussole, guide pratique	Veste (Goretex), cape de pluie et coupe-vent, pull chaud ou veste polaire	Carnet pour croquis ou journal, crayon, 1 livre de poche, appareil photo jetable, petit dictionnaire	A vous d'adapter !
Bâton ferré de marche pour prendre appui ou repousser un chien entreprenant !	Selon la saison : gants, écharpe, pyjama	Nécessaire pour soin des égratignures, petites blessures, ampoules	Ne jamais oublier de contribuer à la protection de l'environnement

Éviter absolument de jeter au hasard vos déchets : on ne répétera jamais assez que la terre vous est prêtée par vos enfants. Éviter aussi les nuisances sonores de toute espèce… Le téléphone portable, bien qu'utile ange gardien, est à utiliser avec discernement. Il est préférable de le bannir. Préférez une télécarte ou la carte France Télécom qui permet d'imputer le montant de vos communications sur votre facture habituelle.

Prix et budget

Il est variable en fonction de vos besoins, de vos moyens, de la durée… Plus cher en France qu'en Espagne où il y a davantage d'accueils pèlerins à bon marché.

Les prix signalés dans les rubriques "renseignements pratiques" ont été indiqués par les hébergeurs en septembre 2003. Ils sont indicatifs, non contractuels et susceptibles d'évolution sans préavis. Ils n'engagent pas la responsabilité des hébergeurs, des auteurs, ni des éditeurs.

Les prix des repas et nuitées signalés sous l'appellation "prix pèlerin" sont des réductions laissées à la libre appréciation de l'accueillant et non de l'accueilli.

Eau potable

Les étapes longues sont parfois sous-équipées en fontaine ou en robinet public d'eau potable. Prenez vos précautions, en particulier sur les Causses.

Bivouac et camping

Les adeptes du camping savent que le "groupe idéal" est constitué d'une gamelle, d'un réchaud et d'une tente d'un poids maximum de 3 kg… Par économie, vous pouvez le pratiquer en France. Les gîtes espagnols sont nombreux et peu chers… Il est donc inutile de s'encombrer du poids d'un matériel devenu inutile.

Le bivouac est interdit en Espagne et peu recommandé en France, sauf par une courtoise autorisation d'un propriétaire et le respect des lieux par le pèlerin.

DES DOCUMENTS…

Un tampon, obligatoire à chaque étape, apposé sur votre créanciale ou sur votre crédencial, par le prêtre, une association, la mairie, l'office de tourisme, l'hébergeur, la Gendarmerie ou la Guardia Civil atteste de votre qualité de "pèlerin" ou de cheminant sur la route vers Saint-Jacques-de-Compostelle et de votre passage dans une des haltes. Ces deux documents (communément appelés passeport du pèlerin) vous ouvrent à un devoir de respect et de tolérance. Ils constituent un appréciable souvenir. Les conditions de délivrance sont variables.

La créanciale, dans la tradition du pèlerinage vers Compostelle, est une accréditation délivrée à celui qui accomplit le pèlerinage afin d'authentifier sa motivation spirituelle. Elle est délivrée gratuitement par un représentant de l'Église après un entretien, "occasion d'un dialogue fraternel" et "signe d'un accueil confiant et réciproque". Il n'est pas nécessaire d'être chrétien pour l'obtenir. S'adresser aux prêtres ou contacter l'évêché de votre diocèse, tous très inégalement informés et impliqués.

La crédencial, délivrée par des associations laïques ou par des offices de tourisme, est un document analogue. Elle invite à la rencontre et au respect de l'hôte. Elle le recommande auprès de tous ceux qu'il rencontrera au long de sa pérégrination. Elle n'ouvre aucun droit particulier. Elle permet toutefois l'accès privilégié aux "refugios" espagnols.

- Au Puy-en-Velay (43000) : auprès du recteur de la cathédrale Notre-Dame (à la sacristie) – Tél. : + 33 (0) 4 71 05 98 74 Ou : Service des pèlerinages – Rue Isabelle-Romée – Tél. : + 33 (0)4 71 09 73 45
- À Rodez (12000) : évêché 1, rue Frayssinous Tél. : + 33 (0)5 65 68 40 04
- À Montauban (82000) : évêché 383, rue Fragneau Tél. : + 33 (0)5 63 03 84 63

Communauté des prémontrés :
accueil chrétien, centre d'hébergement, édite le guide spirituel du pèlerin, librairie bien documentée. Abbaye Sainte-Foy – FR 12320 CONQUES
Tél. : + 33 (0)5 65 69 85 12
Télécopie : + 33 (0)5 65 72 81 01
E-mail : conques@mondaye.com
Site Internet : http://www.mondaye.com

Hospitalité Saint-Jacques :
accueil chrétien, centre d'hébergement
8, rue du Collège – FR 12190 Estaing
Tél. : + 33 (0)5 65 44 19 00

Pour se la procurer : voir avec l'Association de Coopération Interrégionale ou auprès d'une association signalée en page 19 ou auprès de Offices de Tourisme de Saint-Gilles ou d'Oloron-Sainte-Marie.

La compostella : instaurée au XIVème siècle, ce certificat officiel délivré au Bureau des Pèlerins de la cathédrale de Compostelle est destiné à ceux qui ont accompli le pèlerinage dans une démarche religieuse, soit au moins 100 km à pied ou 200 km à cheval ou à vélo. Un document laïque attestant de l'accomplissement de son voyage peut être également délivré.

En cas d'accident ou de maladie

Soyez munis du formulaire **E111 F** de la Sécurité Sociale : il atteste de vos droits aux prestations et permet la prise en charge gratuite des soins. Le demander auprès de votre Caisse d'Assurance Maladie
Papiers d'identité, carte rhésus sanguin, personnes à contacter.

Pour des renseignements pratiques plus détaillés : voir les hors-séries de *La Marche Magazine* ou du *Pèlerin Magazine* à paraître tous les printemps, consultez votre magasin de sport habituel, contactez un ancien…

LE CHEMIN DU PUY-EN-VELAY, SENTIER GR 65

Le "chemin des étoiles" décrit dans cet ouvrage est le sentier de Grande Randonnée n° 65. Il est ainsi intégré au vaste réseau d'itinéraires de randonnée balisés et entretenus par les bénévoles des associations de randonnée membres de la Fédération Française de la Randonnée Pédestre (FFRP) et de ses comités départementaux (CDRP), avec l'appui et le soutien des communes et des départements. Il est même le premier itinéraire vers Saint-Jacques-de-Compostelle qui ait été ouvert en France dès les années 1975.

 Bonne direction

 Tourner à gauche

Tourner à droite

 Mauvaise direction

© FFRP

Chemin historique ? Non ! Car le chemin est un compromis tissé au fil du temps. Et puis, nul individu qui voyage n'est tenu par un itinéraire obligatoire. Une myriade de sanctuaires recevaient la visite des pèlerins. La carte de ces itinéraires est donc une toile d'araignée à l'échelle de l'Europe.
Mais en certaines régions, les jacobipètes en route vers le Finisterre de Galice pour visiter l'apôtre Jacques ont laissé des traces dans la mémoire locale. Leurs parcours et leurs méandres se confondent avec ceux de tous les autres voyageurs de Sainte-Foy, de Saint-Gilles, de Saint-Michel, à la Vierge… On est donc aujourd'hui tenté, hâtivement, d'affirmer que " tous les chemins sont de Saint-Jacques ".
Cependant le chemin est matière vivante, ses traces sont variables à travers les âges… Notre époque les influence : goudron généralisé, intense circulation automobile, remembrement rural et urbanisation…
Il y a peu de temps encore, notre pèlerin aurait supporté la circulation et le goudron. La pénitence n'est elle pas une des dimensions de la démarche pèlerine ? Le sentier

GR, balisé rouge et blanc, aménagé, est donc un confort et une œuvre de compromis.

Les balisages du sentier sont corrects et révisés en début de saison. Le sentier GR serpente à loisir dans la campagne. Des raccourcis sont toujours possibles pour qui veut aller au plus court.

 Vous trouverez également une coquille stylisée jaune sur fond bleu accompagnée de la mention "Itinéraire culturel européen" : c'est le balisage ou la signalétique européenne. Courant en Espagne où ce signe est décliné sur des céramiques ou panonceaux, ce balisage est progressivement implanté en France.

Une signalisation routière, ancienne, pour automobilistes, à l'entrée d'une agglomération, indique le rôle d'étape ou "Halte sur le chemin de Saint-Jacques" en Midi-Pyrénées et en Aquitaine. En Pyrénées-Atlantiques, une signalisation routière plus récente marque l'Itinéraire Culturel Européen et oriente vers les monuments du chemin.

RENSEIGNEMENTS SUR L'ÉTAT DES SENTIERS, SUR LE BALISAGE, CONSEILS POUR DES ITINÉRAIRES PERSONNALISÉS

CENTRE D'INFORMATIONS DE LA FFRP
14, rue Riquet – FR 75019 PARIS
Tél. : + 33 (0) 1 44 89 93 93
Télécopie : + 33 (0) 1 40 35 85 67
Minitel : 36 15 RANDO
E-mail : info@ffrp.asso.fr
http ://www.ffrp.asso.fr

Au Puy-en-Velay : l'espace randonnée pédestre "La croisée des chemins". Informations sur la randonnée en Velay, sur la ville et la Voie du Puy. Vente et diffusion de documentations :
23, rue Boucherie-Basse
FR 43000 Le Puy-en-Velay
Ouvert 9h - 12h et 14h - 17h du lundi au samedi. Tél. : + 33 (0)4 71 04 15 95

Télécopie : + 33 (0) 4 71 09 08 41
http://www.lacroiseedeschemins.com
E-mail: randohauteloire@wanadoo.fr

CDRP

CDRP Lozère : c/o Alain Bastide
Le bourg - Route de Coste Ebesse
FR-43700 Rieutord-de-Randon
Tél. : +33 (0)4 66 47 17 03
Télécopie : +33 (0)4 66 47 17 05
E-mail : cdrp48@worlonline.fr

CDRP Aveyron : c/o Maison du Tourisme
17, rue Aristide-Briand
FR 12008 Rodez cedex
Tél. : +33 (0)5 65 75 54 61
Télécopie : +33 (0)5 65 75 55 71
Site : www.aveyronsprot.com/cdrp12
E-mail : cdrp12@wanadoo.fr

CDRP Lot : 107, quai Cavaignac
BP 7 – FR 46001 Cahors Cedex 9
Tél. : +33 (0)5 65 35 07 09
Télécopie : +33 (0)5 65 35 07 09
Site : www.tourisme-lot.com
E-mail : rando@tourisme-lot.com

CDRP Tarn-et-Garonne :
5, sente du Calvaire
R 82200 Moissac
Tél. : +33 (0)5 63 04 73 25
E-mail : cdrp82@wanadoo.fr

CDRP Gers : place de la Cathédrale
FR 32700 Lectoure
Tél. : +33 (0)5 62 68 94 51
Télécopie : +33 (0)5 62 68 79 30
E-mail : cdrp32.asso@wanadoo.fr

CDRP Landes : Mairie
FR 40180 Narrosse
Tél. : +33 (0)5 58 74 66 30
ou +33 (0)5 58 90 12 84
Site : www.cdrp40.asso.fr
Email : cdrp.40@wanadoo.fr

CDRP Pyrénées-Atlantiques :
18, rue de la Carrère
FR 64370 Arthez- de-Béarn
Tél. : +33 (0)5 59 67 43 46
ou +33 (0)6 85 10 93 37
Site : www.cdrp64.asso.fr
Email : cdrp64@wanadoo.fr

Les coordonnées de ces organismes peuvent changer, consulter le site de la FFRP : http://www.ffrp.asso.fr

PERIODES FAVORABLES

L'itinéraire est praticable toute l'année… mais dans des conditions différentes. Entre la fin octobre et le début d'avril, de nombreux hébergements peuvent être fermés, et les journées sont plus courtes. Les traversées de l'Aubrac et des Pyrénées sont plus délicates entre novembre et mars : brumes, brouillards, neige. Mieux vaut alors vous renseigner auprès des Offices de Tourisme locaux… et rester sur une route.

Si l'absence de contraintes parentale ou professionnelle vous le permet, évitez le mois d'août, ses fortes chaleurs et ses orages, le printemps ou l'automne semblent plus judicieux : il y a moins de touristes, moins de fréquentation, moins de circulation, moins de problèmes d'hébergement.

Si vous effectuez la totalité du pèlerinage et souhaitez atteindre Saint-Jacques-de-Compostelle, il est tentant de partir au printemps, d'autant qu'en mai et en juin les jours allongent. Sachez toutefois qu' en période printanière le temps peut être instable dans le sud-ouest.

Par mauvais temps, quittez le sentier devenu boueux ou trop isolé pour évoluer sur un bord de route naturellement plus passager et donc plus sûr.

METEO FRANCE
Minitel : 36 15 METEO FRANCE
Tél. : + 33 (0)8 92 68 02
+ n° du département
Site Internet : http://www.meteo.fr

DÉCOUPAGE DES ÉTAPES : A VOUS D'INVENTER VOTRE PROPRE ITINÉRAIRE

En ce domaine, chacun fait comme il veut… ou comme il peut. Certains utilisant les refuges, d'autres dormant sous la tente, quelques-uns dans de confortables hôtels,

il n'est pas toujours facile de vous proposer des sites adaptés à ces diverses formules et offrant en plus, des possibilités de ravitaillement ou de restauration susceptibles de satisfaire toutes les exigences.

Les capacités physiques des pèlerins étant aussi différentes que leurs habitudes, les uns effectueront à l'aise des étapes de 30 km, alors que d'autres se contenteront de 20 ou 25.

Le mauvais temps, la canicule, un incident, des hébergements saturés, ne manqueront pas de perturber les prévisions les plus rigoureuses, c'est inévitable…

Sur le terrain, nous avons toujours constaté que, dans le premier quart de l'itinéraire, la plupart des pèlerins suivent le découpage du livre et qu'à partir de la mi-parcours pratiquement plus personne n'arrive à le respecter car, sans le vouloir, on se trouve soit en retard soit en avance d'au moins une demi-étape…

Les itinéraires vers Compostelle sont avant tout des chemins de liberté. Le découpage du parcours en tronçons est indicatif ; les haltes ne sont pas des arrêts obligatoires. Le découpage est à adapter en fonction de vos capacités physiques, de votre imagination et de vos désirs, de la disponibilité d'un hébergement pour le soir. Il vous revient d'inventer votre itinéraire.

Quelques principes généraux, quelques évidences, demeurent cependant toujours valables.

Dans les parties montagneuses, il est préférable d'effectuer l'effort de la montée dans la fraîcheur de la matinée plutôt que dans la fournaise de l'après-midi.

Les étapes se terminant dans une ville importante ou dans une localité particulièrement riche sur le plan architectural devraient être assez courtes pour permettre la visite des édifices principaux ; donc, la veille, il est judicieux de s'en approcher au maximum, quand c'est possible.

Les horaires de marche ont été calculés sur la base d'une progression à 4 km par heure. Ne pas oublier d'ajouter les indispensables arrêts au temps cumulé.

Penser que lorsque le balisage est imparfait – ou l'attention distraite – le temps passé à revenir au bon itinéraire alourdit un peu plus les jambes.

HÉBERGEMENT ET RESTAURATION

Hôtels, chambres d'hôtes, refuges et gîtes d'étape, auberges de jeunesse, presbytères, campings… l'offre est diverse. La fréquentation importante de cet itinéraire est une motivation pour les hébergeurs qui adaptent la qualité et le prix des prestations, et pour les communes qui créent des accueils adaptés.

La réservation au moins 48 h à l'avance des hébergements, par téléphone ou courrier, est indispensable en France.

Il est impératif d'honorer les réservations et, en cas d'impossibilité, d'appeler pour prévenir. Sinon, de plus en plus d'accueils seront contraints d'exiger des arrhes.

Confiance, respect et "esprit du chemin". L'automobiliste, même s'il est accompagnateur d'un groupe, dispose de suffisamment d'hôtels pour sa halte du soir. Parce qu'il lui est plus facile de se déplacer, il laissera courtoisement les places du gîte d'étape aux marcheurs fatigués !

Pour chaque étape, sous la rubrique **"renseignements pratiques",** vous trouverez un état jamais exhaustif des possibilités d'hébergement, de ravitaillement. Les offices de tourisme (pour les hôtels) ou les mairies des petites communes peuvent compléter ce carnet d'adresses et l'adapter à votre besoin. Concernant certains hébergements de type gîte rural, chambre d'hôte ou autre, c'est délibérément que nous avons choisi de ne pas les répertorier, ils peuvent réserver des surprises désagréables.

Dans certains cas, il est demandé "une participation obligatoire". Dans un esprit citoyen, il est demandé au marcheur dormant dans des lieux pratiquant la gratuité de laisser systématiquement une participation financière.

ABRÉVIATIONS

av.	avenue
bd.	boulevard
ch.	chambre
CH	chambre d'hôte
dbl	double
dche	douche
empl.	emplacement camping
€	euro
HC	hors chemin
HDB	heure de bureau
HR	heure des repas
HS	hors saison
loc.	location
OT	Office de Tourisme
p.	personne
pdj	petit déjeuner
poss.	possibilité
SI	Syndicat d'Initiative
tente	concerne les pèlerins munis de leur tente
WE	week-end
	Hébergement recommandé

CONSEILS AUX CYCLISTES

Sur les chemins, les marcheurs ont en toute circonstance la priorité. La prudence, la courtoisie, le respect des autres sont indispensables pour éviter les incidents et les accidents. C'est à vous, cyclistes, de signaler votre approche par un avertissement sonore… qui ne vous donne pas la priorité.

De toute façon, avant d'attaquer l'étape, il conviendra de bien étudier la carte et la description de l'étape pour simplifier votre itinéraire. L'ensemble de celui-ci ne peut être parcouru que par un vététiste. Le cyclotouriste circule sur les routes voisines du sentier, traverse les communes-haltes. Réduisez le parcours à l'essentiel en laissant aux marcheurs les sentiers.

Vous choisirez votre matériel en fonction d'un itinéraire constitué tour à tour de sentiers de terre, de routes goudronnées, de raidillons ravinés, de pistes cyclables. Le vélo qui convient est un hybride : le VTC doté de sacoches fixées sur le porte bagage (de préférence à un sac à dos) et d'un système d'éclairage, trousse de réparation munie d'un matériel adéquat. Pour vous : gants et casque, cuissard cycliste, short ou flottant… l'équipement classique d'un cyclotouriste ou d'un vététiste.

Conseil sur le choix du matériel, un équipement adapté, le retour du vélo auprès d'un magasin de cycle ou auprès de :

Fédération Française de Cyclotourisme
12, rue Louis-Bertrand
FR 94200 IVRY/SEINE
Tél. : + 33 (0)1 56 20 88 88
Télécopie : + 33 (0)1 56 20 88 99
Minitel : 36 15 VELO
    36 15 FFCT
    36 15 VTT
E-mail : info@ffct.org
Site internet : http://www.ffct.org

CARTOGRAPHIE

Le GR 65 est un itinéraire très bien balisé par les bénévoles de la FFRP et des CDRP. Le guide *Le Chemin du Puy* propose une cartographie schématique à une échelle approchant le 1/100 000 (1 cm = 1 km). Pour chaque étape suggérée dans cet ouvrage, nous vous indiquons les références des cartes IGN au 1/100 000 (collection Top 100) et au 1/25 000 (collections Top 25 et/ou Bleue, 1 cm = 250 m) pouvant être utiles, ne serait-ce que pour composer vos propres variantes. La toponymie peut varier d'une série à l'autre, et de la carte à l'usage local.

UNE ÉTHIQUE DU CHEMIN

Bien plus que de simples routes touristiques, les chemins menant vers Compostelle ne sont pas simplement destinés à satisfaire notre appétit de consommateur de produits ou de séjours branchés et bons marchés, dans un "goût" ou folklore moyenâgeux. Il y a une multitude d'autres itinéraires possibles ou des clubs faits pour la performance sportive ou le loisir.

Ici, place aux adeptes de la simplicité, du sourire, de la recherche spirituelle et de la curiosité d'esprit.

Les motivations des cheminants d'aujourd'hui sont diverses : identifiées à une croyance religieuse établie, ou expression d'une quête spirituelle, ou encore nécessité d'un ressourcement. S'exprime aussi bien le besoin d'un autre rythme de vie, une recherche de racines communes ("mettre ses pas dans les pas…"), de liens et de rencontres avec nos semblables, ou un effort sur soi pour parfaire son identité, mais aussi une curiosité culturelle pour le patrimoine et l'histoire…

Mais, pour tous ces "pèlerins" d'aujourd'hui, le fait de s'engager dans un périple au long cours exprime un choix qui marque une rupture avec la vie dite ordinaire. Ce choix entraîne l'abandon provisoire du cadre de vie habituel et de ses repères. Il permet aux itinérants de vivre des situations nouvelles : découverte de personnes, de modes de vie différents, besoin de trouver un nouvel hébergement chaque soir. Tolérance et respect mutuel sont donc indispensables aussi bien pour les cheminants que pour les hébergeurs. Il s'agit également de préserver "l'esprit du chemin" contre des dérives de plus en plus nombreuses, souvent impliquées par la mise en marché des chemins vers Compostelle.

Porte-parole de cette éthique, l'association des "Haltes vers Compostelle" réunit des gîtes d'étape ou des chambres d'hôtes qui ont la volonté d'assurer un accueil spécifique et de qualité aux marcheurs, cyclistes ou cavaliers empruntant l'un des chemins de Compostelle.

 Ces hébergeurs souhaitent travailler ensemble pour maintenir l'esprit de solidarité, de tolérance et de respect. Un affichage permet aux pèlerins de reconnaître l'appartenance à l'éthique des "Haltes vers Compostelle".

Monneton
32370 Sainte-Christie-d'Armagnac
Tél. : + 33 (0)5 62 08 82 61

Quel que soit son niveau de confort, une Halte vers Compostelle offre aux pèlerins les services indispensables à qui voyage au long cours :
- un accueil chaleureux ;
- une priorité aux cheminants pédestres et cyclistes pour un court séjour ;
- un confort adapté : couchage qui permette un repos compensateur, possibilité de prendre une douche chaude, de cuisiner, de laver et d'étendre son linge ;
- un respect des règles d'hygiène et de sécurité ;
- des informations pratiques (sur l'étape à venir, l'hébergement, les services locaux…), sur l'histoire et les patrimoines ;
- des services complémentaires, une ambiance…

Association de Coopération Interrégionale

Les chemins de Saint-Jacques de Compostelle

Elle regroupe des collectivités locales, des offices de tourisme, des associations et des particuliers qui ont décidé d'œuvrer en commun pour la revitalisation des chemins vers Compostelle. Elle agit sous l'égide du Conseil de l'Europe et de l'UNESCO, afin de promouvoir ces patrimoines au titre de leurs reconnaissances contemporaines : l'Itinéraire Culturel Européen et le Patrimoine Mondial.

L'Association, fondée en 1990, est soutenue par les Régions Midi-Pyrénées, Aquitaine et Languedoc-Roussillon ainsi que par la Ville de Toulouse.

Son action de revitalisation des itinéraires et de mise en valeur du patrimoine se concrétise par un programme d'information des publics et d'édition, par une activité de conseil aux collectivités locales et aux porteurs de projets, par le soutien ou l'organisation de manifestations culturelles et des colloques, par la promotion d'actions artistiques ou pédagogiques. Elle conduit également des actions de formation des prestataires de l'accueil. Elle s'est fortement impliquée en faveur de l'inscription des chemins de Compostelle en France sur la liste du Patrimoine Mondial de l'UNESCO.

Soucieuse de promouvoir les valeurs humaines de tolérance, de solidarité et d'hospitalité liées aux itinéraires vers Compostelle, elle s'applique à la prise en compte et à la vulgarisation des connaissances les plus récentes sur les pèlerinages et les itinérances d'aujourd'hui, spirituelle, culturelle, touristique ou sportive.

Président : **Marc Censi**
Directrice : **Antoinette Mayol**
Renseignements pour cheminants :
Catherine Weber
4, rue Clémence Isaure
FR 31000 Toulouse (métro Esquirol)
Tél. :+ 33 (0)5 62 27 00 05
Télécopie : + 33 (0)5 62 27 12 40
Ouvert toute l'année du lundi au vendredi de 9h à 12h et de 14h à 18h, 17h le vendredi, sauf week-end, jours ferriés
E-mail :
chemins.de.compostelle@wanadoo.fr
Site internet :
http://www.chemins-compostelle.com
• Bulletin d'informations trimestriel Chemins…
• Documentation gratuite
• Agenda culturel et programmation culturelle régulière
• Vente d'affiches sur les monuments majeurs des itinéraires inscrits au Patrimoine Mondial
• Vente de la crédencial

Vos réflexions sur l'itinéraire, vos remarques sur les éventuelles erreurs de ce guide peuvent lui être communiquées pour le bénéfice des autres cheminants et dans la perspective d'une nouvelle édition.

ITINÉRAIRES DE LIAISON

Itinéraire de liaison :
Cluny – Le Puy et Lyon – Le Puy

Cet itinéraire fait l'objet d'un guide pratique aux éditions Chamina. L'itinéraire de Cluny au Puy-en-Velay est divisé en 14 étapes, soit 315 km. De Cluny à Tramayes, la voie utilise le GR 76, de Montarcher au Puy, il emprunte le GR 3. L'ensemble est donc balisé.

Quant à l'itinéraire de Lyon au Puy-en-Velay, il est divisé 9 étapes, soit 184 km.
À travers cette pérégrination, on retrouve le balisage "Itinéraire culturel européen" accompagné parfois par le fléchage des sentiers de grande randonnée. Cet itinéraire traverse la Saône-et-Loire, la Loire, le Rhône et la Haute-Loire.
Les chemins de Saint-Jacques-de-Compostelle - De Cluny au Puy-en-Velay - De Lyon au Puy-en-Velay. Editions Chamina. Référence 207, 2002

Pour sortir des sentiers battus : l'itinéraire Conques – Villefranche-de-Rouergue – Albi – Rabastens – Toulouse

Des pèlerins circulaient autrefois sur les routes du Bas-Rouergue, attirés par les dévotions aux reliques de Sainte-Foy à Conques (itinéraire du Puy-en-Velay), de Sainte-Cécile à Albi. Ils passaient par l'église de Notre-Dame-du-Bourg à Rabastens, considérée par l'UNESCO comme un jalon important et caractéristique de la diversité artistique et religieuse de ces voies de pèlerinage. Ce chemin est une voie de circulation très ancienne conduisant jusqu'à Toulouse. L'itinéraire est désormais balisé et praticable sur 113 km en Aveyron, jusqu'à Villefranche-de-Rouergue, d'où vous pourrez poursuivre jusqu'à Varaire (Lot) et rejoindre le GR 65. Mais, dans le Tarn et en Haute-Garonne : ni sentier, ni guide. Il n'est alors praticable que sur le goudron des routes et nécessite une patiente organisation de votre part. Voir page 187.

Pour sortir des sentiers battus : l'itinéraire Saint-Côme-d'Olt – Rodez – Belcastel – Villefranche-de-Rouergue – Varaire

À travers un pays de bien vivre aux paysages tourmentés... Le GR 620 qui traverse le causse comtal aboutit à Saint Côme-d'Olt (sur le GR 65) : pour rejoindre Rodez, il vous faut donc le parcourir à contresens... ce qui n'est pas infaisable pour les marcheurs avertis. À Rodez, vous empruntez le GR 62 qui vous conduit à Conques, ou le GR 62B qui vous conduit, par la vallée de l'Aveyron et Belcastel le bien nommé, jusqu'à Villefranche-de-Rouergue. Ces sentiers sont balisés. Le topoguide vous fournit

tous les contacts utiles pour le ravitaillement et la halte du soir. Une façon originale de parcourir ce vieux terroir ruthène à l'empreinte médiévale profonde, hors des cohortes de randonneurs... Le contact avec le divin ne commence-t-il pas par une certaine communion avec la nature ?
Topoguide *Les grands causses du Rouergue – GR 62, GR 62A, GR 62B, GR 620. Réf. 1005,* FFRP, 2002

Pour sortir des sentiers battus : l'itinéraire Figeac – Rocamadour – Agen – La Romieu

Cet itinéraire s'étend sur près de 300 km à travers le causse de Gramat, le Quercy et l'Agenais. Loin d'être un raccourci pour les pèlerins d'antan, cet itinéraire avait pour dessein la pieuse visite au célèbre sanctuaire de Rocamadour. La dévotion aux reliques d'Amadour et à la Vierge Noire a forgé sa renommée au long des siècles, encourageant le développement économique, démographique et urbain de la cité.
Trois sentiers, GR 6, 64 et 652 sont balisés, mais seul le dernier est doté d'un topoguide. Pour le sentier, contactez le Comité Départemental de la Randonnée Pédestre du Lot (Tél. : +33 (0)5 65 35 07 09) et celui du Lot-et-Garonne (Tél. : + 33(0)5 53 48 03 41). Voir page 211 de ce guide pour la liste des hébergements et les contacts utiles.
Topoguide *Sentier de Saint-Jacques : Figeac – Moissac.* Réf. 652, FFRP, 2001

Pour sortir des sentiers battus, une variante du GR 65 dans le Lot : le passage par la vallée du Célé, de Béduer à Vaylats

Une traversée de la belle vallée du Célé vous est ici proposée, sans allonger excessivement votre temps de parcours et les kilomètres. Perché sur un escarpement, il est impossible de ne pas être séduit par Saint-Cirq-Lapopie, un des plus beaux villages de France. Cette alternative emprunte le GR 651 de Béduer à Bouziès, puis le GR 36-46 jusqu'à Bach, et enfin retrouve le GR 65 à Vaylats. Un carnet d'adresse des hébergements vous est présenté dans ce guide pratique page 86.
Une description précise de l'itinéraire dans le topoguide *Sentier de Saint-Jacques : Figeac – Moissac* réf 652 – FFRP - 2001

Le Chemin de Régordane : entre le Puy-en-Velay et Saint-Gilles-du-Gard

Ce chemin très ancien appartient à l'ancienne route qui reliait Paris au Bas-Languedoc par Clermont-Ferrand et Brioude. Étudié par l'historien Marcel Girault, cet itinéraire est jalonné de sanctuaires et a vu autrefois passer les pèlerins se rendant vers le corps de saint Gilles. La cité de Saint-Gilles fut également un port au Moyen Age. Une signalisation et une édition pratique lui redonneront vie dans les prochaines années. Mais il peut être toutefois parcouru à vélo… ou improvisé sous vos pas débrouillards, grâce à des lectures.

Renseignements : Office de Tourisme du Puy-en-Velay. Tél. : + 33 (0)4 71 09 38 41

Itinéraire de liaison : Clermont-Ferrand – Aurillac – Rocamadour

Cet itinéraire débute au Puy-en-Velay, passe par Brioude, Aurillac, et traverse l'Auvergne. Il aboutit à Rocamadour, d'où part un sentier de Grande Randonnée (GR 6) en direction de Figeac, et le sentier de Grande Randonnée (GR 652) en direction d'Agen et La Romieu (Gers). Une prochaine publication devrait décrire cet itinéraire.

QUI ? QUOI ? OÙ ?

Si vous voulez échanger avec d'anciens cheminants, vous préparer et ne pas marcher seul... contactez les Associations Amis de Saint-Jacques.

Si vous voulez assister à des animations, à des conférences, à des spectacles… consultez le site internet :
http://www.chemins-compostelle.com

Pour élargir votre choix d'hôtels : contactez les offices de tourisme ou les syndicats d'initiatives. Ils renseignent sur les hébergements, les choses et lieux à voir, les manifestations culturelles dans la commune ou le canton. Certains disposent d'informa-

Le cloître de Moissac

tions précises et adaptés aux besoins des cheminants sur les routes vers Compostelle, notamment ceux des principales haltes. Le service offert et la disponibilité sont variables.

Pour les retrouver : http://www.tourisme.fr

Les mairies des petites communes peuvent vous fournir une information d'appoint sur les hébergements ou les animations. Attention : ce n'est pas là leur rôle principal !

Les associations réunissent les usagers des chemins vers Compostelle, des particuliers, anciens ou futurs cheminants. Leurs orientations sont diverses : religieuse ou culturelle, privilégiant tantôt l'activité de recherche historique locale, tantôt l'accueil.
Certaines associations participent à l'entretien et au balisage des sentiers conjointement avec les associations de randonnée. Elles proposent des rencontres ou organisent des journées de marche. Elles vendent la crédencial (prix et conditions variables, souvent soumis à une obligation d'adhésion). Certaines entretiennent un réseau de bénévoles qui hébergent, "la chaîne d'accueil" : son efficacité est limitée.

Association sur les pas de Saint-Jacques
Association parapublique qui déploie des actions de soutien au développement, d'édition, d'animation des prestataires entre Le Puy et Figeac. Coédite le Guide des Services entre Le Puy et Figeac
Présidente : Simone Anglade – BP 3
FR 48120 Saint-Alban
Tél. : + 33 (0)4 66 31 13 34
Télécopie : + 33 (0) 5 65 78 26 78

Association du bas-Rouergue vers Compostelle
Henry Davy
169, route de Montauban
FR 12220 Villefranche-de-Rouergue
Tél. : + 33 (0) 5 65 45 20 15

Association sur les Chemins de Compostelle – Haltes spirituelles en Quercy
Michel Fraisse
Espace Clément-Marot – Place Bessières
FR 46000 Cahors
Tél. : + 33 (0)5 65 53 06 27

Moissac : information sur l'accueil, visites guidées, animations, tampon et vente de la crédencial auprès de l'office de tourisme.
Tél. : +33 (0)5 63 04 01 85

Association des amis de Saint-Jacques dans le Gers
Marie-Françoise Migeot
La Salasse
FR 32700 Lectoure
Tél./Télécopie : + 33 (0)5 62 68 79 29
E-mail :
st-jacques-compostelle-gers@club-internet.fr
Site : http://perso.club-internet.fr/st-jacques-compostelle-gers

Association des amis de Saint-Jacques dans les Landes
Alain Farge
22-24 bd. de Candau
FR 40000 Mont-de-Marsan
Tél. : + 33 (0)5 58 93 38 33
Site : www.compostelle-landes.com

Association des amis de Saint-Jacques en Pyrénées-Atlantiques
Permanence d'information, tampon et vente de la crédencial, accueil du gîte pour les pèlerins :
39, rue de la Citadelle
FR 64220 Saint-Jean-Pied-de-Port
Tél. : + 33 (0)5 59 37 05 09

AUTRES INFORMATIONS UTILES

Au Puy-en-Velay
- Possibilité de stationner au parking souterrain du Breuil. Tarif spécial pour les cheminants.
Renseignements : + 33 (0)4 71 02 03 54
- Toutes informations pratiques sur la ville dans la brochure gratuite "Petit guide pratique à l'usage des pèlerins et des randonneurs" (disponible en plusieurs langues)

à demander à l'office de tourisme.
Tél. : + 33 (0)4 71 09 38 41

Société transbagages
Transport des bagages entre Le Puy-en-Velay et Saint-Jean-Pied-de-Port ou Roncevaux. Retour des cheminants au Puy.
Monsieur Jean-Philippe Hygonnet
18, allées des Soupirs
FR 48000 Mende
Tél. : 08 20 02 54 51
E-mail : transbagages@wanadoo.fr

SNCF
État du trafic : 36 35 et prononcez "trafic".
Site internet : http://www.sncf.fr
Information nationale : 3615 SNCF
Information régionale : http://www.ter-sncf.com
Informations/réservations : 08 92 92 92 92

Avion
Principaux aéroports les plus proches : Lyon, Le Puy-en-Velay, Rodez

Groupe cyclo le Puy-en-Velay "Vélo vers Santiago"
Il organise une randonnée permanente cyclotouriste du Puy-en-Velay jusqu'à Compostelle.
3, rue des Moulins
FR 43000 Le Puy-en-Velay
Tél./télécopie : + 33 (0)4 71 04 92 36
E-mail : groupecyclolepuyenvelay@wanadoo.fr

Une sélection de sites Web :
http ://www.alexabrunet.com
(un témoignage photographique)
http ://www.parole-et-patrimoine.org
(sur l'art roman)
http ://perso.wanadoo.fr/jean.duviella
(un témoignage)
http ://perso.wanadoo.fr/tr.girouet/soleil
(sur la voie Régordane)
http ://www.bourricot.com
http ://www.xacobeo.es
http ://www.st-jacques.ws
(Amis de Saint-Jacques en Belgique)
http ://www.ffct.org
(cyclistes)
http ://www.crt.aquitaine.fr
http ://www.tourisme-midi-pyrenees.com
http ://www.unesco.org
http ://www.monum.fr
http ://www.moncelon.com

L'église de Perse

LE PATRIMOINE MONDIAL UNESCO

"La mémoire est un ressort essentiel de la créativité : c'est vrai des individus comme des peuples qui puisent dans leur patrimoine – naturel et culturel, matériel et immatériel –
les repères de leur identité et les sources de leur inspiration."

"Le patrimoine est l'héritage du passé, dont nous profitons aujourd'hui et que nous transmettrons aux générations à venir."

"Les sites du Patrimoine Mondial appartiennent à tous les peuples du monde, sans tenir compte du territoire sur lequel ils sont situés."

Le Patrimoine Mondial est constitué de deux catégories de biens culturels et naturels reconnus pour leur valeur universelle exceptionnelle. En 1998, les "Chemins de Saint-Jacques de Compostelle en France" ont été inscrits sur la liste du Patrimoine Mondial.

Des jalons majeurs

Pour rendre tangible cette inscription des itinéraires de pèlerinage, des monuments notables, situés sur l'itinéraire entre Le Puy-en-Velay et Saint-Jean-Pied-de-Port, ont été sélectionnés par l'UNESCO. Ils ne tracent pas cette route dans sa continuité ou sa linéarité. A-t-elle jamais existé ? Mais ils étaient fréquentés par des pèlerins en route vers Compostelle, Rome, la Terre Sainte ou encore vers des sanctuaires de pèlerinage plus proches : vers Saint-Gilles et son port, vers Sainte-Foy de Conques, vers Notre-Dame de Rocamadour ou Notre-Dame au Puy-en-Velay, vers Marie-Madeleine à la Sainte-Baume… Sur cet itinéraire, plusieurs monuments et tronçons sont ainsi des jalons importants de cette route de pèlerinage parcourue depuis le Moyen Age.

En **Auvergne :** la cathédrale et l'Hôtel-Dieu Saint-Jacques au Puy-en-Velay.

En Midi-Pyrénées :
- des ponts : le pont dit "des pèlerins" sur la Boralde à Saint-Chély-d'Aubrac, le pont Vieux d'Espalion, celui d'Estaing sur le Lot, le pont sur le Dourdou à Conques, le pont Valentré à Cahors, le Pont d'Artigues ou de Lartigues entre Beaumont-sur-l'Osse et Laressingle dans le Gers ;
- le dolmen de Pech-Laglaire à Gréalou ;
- l'hôpital Saint-Jacques de Figeac ;
- les abbatiales Sainte-Foy de Conques et Saint-Pierre de Moissac et son cloître roman, la cathédrale Saint-Etienne de Cahors, la collégiale Saint-Pierre de La Romieu qui reçoit également les cheminants venant de l'église Saint-Sauveur et de la crypte Saint-Amadour à Rocamadour.

En **Aquitaine :** l'église Sainte-Quitterie d'Aire-sur-l'Adour et la cathédrale Saint-Caprais d'Agen

Six tronçons de l'itinéraire du Puy vers Compostelle totalisant près de 160 km de sentiers illustrent les paysages et l'attrait pour la solitude et la relation avec la nature :
- de Nasbinals à Saint-Chély-d'Aubrac : 17 km ;
- de Saint-Côme-d'Olt à Estaing : 17 km ;
- de Montredon à Figeac : 18 km ;
- de Faycelles à Cajarc : 22,5 km ;
- de Bach à Cahors : 26 km ;
- de Lectoure à Condom : 35 km.

À la confluence basque des itinéraires traversant la France, il n'est plus qu'un seul chemin, lui même considéré comme jalon majeur de ce Patrimoine Mondial :
- 22 km de sentier entre Aroue et Ostabat (Pyrénées-Atlantiques) ;
- la porte Saint-Jacques à l'entrée de la vieille ville de Saint-Jean-Pied-de-Port (Pyrénées-Atlantiques).

Dans sa lettre au Gouvernement français, l'UNESCO indique que "Tout au long du Moyen Age, Saint-Jacques-de-Compostelle fut la plus importante de toutes les destinations pour d'innombrables pèlerins venant de toute l'Europe. Pour atteindre l'Espagne, les pèlerins devaient traverser la France, et les monuments historiques notables qui constituent la présente inscription sur la liste du Patrimoine Mondial étaient des jalons sur les routes qu'ils empruntaient."

Un patrimoine immatériel
Le chemin vers Compostelle n'est pas constitué que de haltes de repos, de dévotion ou de points de passage obligés matérialisés par des monuments bâtis ou des paysages. Ces itinéraires de pèlerinage sont aussi formés d'un patrimoine immatériel que l'on ne peut labelliser… C'est la vie même et toutes les créations de l'esprit. "Le Patrimoine Mondial ne peut se limiter aux seules traces tangibles des cultures. Aussi vitales, et plus fragiles encore, sont les langues, les traditions orales, la danse, les arts du spectacle, l'artisanat, les coutumes, les croyances… La culture traditionnelle et populaire." Chacun peut veiller, aux côtés de l'UNESCO, à ce que "la chaîne de transmission culturelle qui permet à chaque peuple de continuer de se ressourcer en lui-même, tout en se nourrissant d'échanges et en intégrant les mutations du monde" ne se rompe.

Pour l'année 2003, 754 biens sont inscrits sur la liste du Patrimoine Mondial en raison de leur valeur universelle (582 biens culturels, 149 naturels et 23 mixtes) situés dans 172 États.

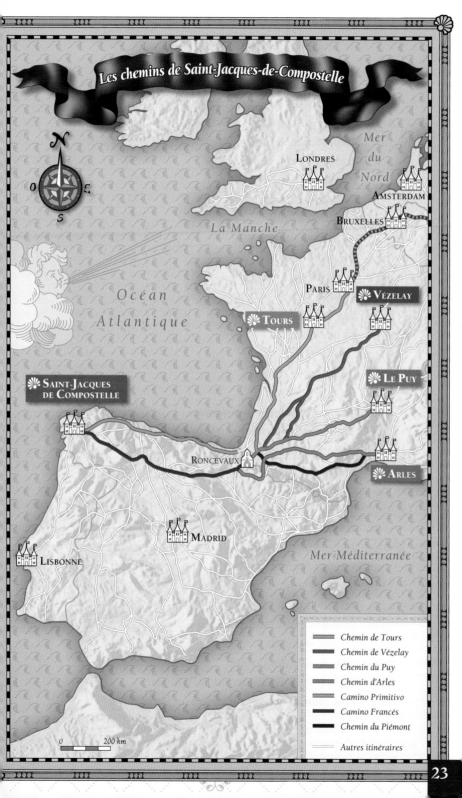

Les chemins de Saint-Jacques-de-Compostelle

Chemin de Tours
Chemin de Vézelay
Chemin du Puy
Chemin d'Arles
Camino Primitivo
Camino Francés
Chemin du Piémont
Autres itinéraires

0   200 km

23

		Distance	Marche	Total km
1ère étape	**Le Puy-en-Velay → Saint-Privat-d'Allier**	23,9	6h00	23,9
2ème étape	**Saint-Privat-d'Allier → Saugues**	19,2	5h50	43,1
3ème étape	**Saugues → Saint-Alban-sur-Limagnole**	29,2	7h30	72,3
4ème étape	**Saint-Alban-sur-Limagnole → Aumont-Aubrac**	15,2	3h50	87,5
5ème étape	**Aumont-Aubrac → Nasbinals**	26,3	6h40	113,8
6ème étape	**Nasbinals → Saint-Chély-d'Aubrac**	15,9	4h00	129,7
7ème étape	**Saint-Chély-d'Aubrac → Espalion**	23,7	6h00	153,4
8ème étape	**Espalion → Golinhac**	26,6	6h45	180,0
9ème étape	**Golinhac → Conques**	20,8	5h15	200,8
10ème étape	**Conques → Livinhac-le-Haut**	25,8	6h30	226,6
11ème étape	**Livinhac-le-Haut → Figeac**	25,3	6h20	251,9
12ème étape	**Figeac → Cajarc**	31,6	8h00	283,5
13^{cmo} étape	**Cajarc → Limogne → Varaire**	25,7	6h30	309,2
14ème étape	**Varaire → Cahors**	33,1	8h30	342,3
15ème étape	**Cahors → Lascabanes**	22,2	5h40	364,5
16ème étape	**Lascabanes → Lauzerte**	22,8	5h45	387,3
17ème étape	**Lauzerte → Moissac**	26,3	6h40	413,6
18ème étape	**Moissac → Auvillar → Saint-Antoine**	29,6	7h30	443,2
19ème étape	**Saint-Antoine → Lectoure**	24,8	6h15	468,0
20ème étape	**Lectoure → Condom**	26,9	6h45	494,9
21ème étape	**Condom → Montréal → Éauze**	33,5	8h20	528,4
22ème étape	**Éauze → Nogaro**	19,2	4h50	547,6
23ème étape	**Nogaro → Aire-sur-l'Adour**	30,0	7h30	577,6
24ème étape	**Aire-sur-l'Adour → Arzacq-Arraziguet**	32,7	8h15	610,3
25ème étape	**Arzacq-Arraziguet → Arthez-de-Béarn**	31,0	7h45	641,3
26ème étape	**Arthez-de-Béarn → Navarrenx**	32,2	8h15	673,5
27ème étape	**Navarrenx → Aroue**	18,7	4h45	692,2
28ème étape	**Aroue → Ostabat**	24,5	6h15	716,7
29ème étape	**Ostabat → Saint-Jean-Pied-de-Port**	22,5	5h45	739,2
Variante A	**Conques → Cransac**	24,4	6h10	(225,2)
Variante B	**Cransac → Peyrusse-le-Roc**	23,7	6h00	(248,9)
Variante C	**Peyrusse-le-Roc → Villefranche-de-Rouergue**	29,0	7h15	(277,9)
Variante D	**Villefranche-de-Rouergue → Laramière**	18,0	4h30	(295,9)
Variante E	**Laramière → Varaire**	17,8	4h30	(313,7)

La chapelle Saint-Roch

Le Puy-en-Velay
Saint-Privat-d'Allier

E Puy, lové au cœur du Velay, est unique avec ses trois édifices religieux perchés au-dessus de la ville. La chapelle Saint-Michel d'Aiguilhe sur son piton rocheux, la statue de Notre-Dame, et la masse de la cathédrale de style roman dominent un dédale de ruelles médiévales où règne une forte identité jacquaire. Les cheminants doivent ressentir une certaine émotion à descendre les 134 marches de la cathédrale pour partir sur les traces d'un pèlerinage vieux de plus d'un millénaire. Les premiers efforts des pèlerins sur les hauteurs de la ville permettent de jeter un ultime coup d'œil panoramique sur la cité et de partir à la découverte de la beauté du paysage des monts du Velay. C'est votre première journée : prenez le temps d'atteindre Saint-Privat-d'Allier.

🌐 CARTES UTILES

- 🌐 IGN 50 Saint-Étienne – Le Puy, au 1/100 000
- 🌐 2735 E Le Puy-en-Velay, au 1/25 000
- 🌐 2736 E Solignac-sur-Loire, au 1/25 000
- 🌐 2736 O Monistrol-d'Allier, au 1/25 000

🚶 RENSEIGNEMENTS PRATIQUES
✤ LE PUY-EN-VELAY (43000)

→ Tous commerces, services, gare SNCF, gare routière, nombreux hôtels et restaurants

→ OT, pl. du Breuil, 04 71 09 38 41, www.ot-lepuyenvelay.fr

→ À voir : le cloître et la cathédrale (UNESCO), le Musée d'art religieux et le baptistère Saint-Jean, le musée Crozatier, les chapelles Saint-Michel et des Pénitents, la statue de la Vierge Noire et la pierre des Fièvres, la tour Pannessac et la vieille ville

→ Accueil spirituel au relais Notre-Dame à partir de 18 h – 28, rue Cardinal-de-Polignac, M. Lardon, 04 71 09 66 42 (pas d'hébergement)

➜ Accueil Saint-François, 19 pl., 15 €/pers., pdj compris, 1/2 pension 25 €/pers, coin cuisine, 1, rue Saint-Mayol, Mme Lafon, 04 71 05 98 86

➜ Auberge de Jeunesse, 72 pl., 7 €/pers., pdj 3,20 €, coin cuisine, fermé les WE du 01/10 au 30/03, centre Pierre-Cardinal, 9, rue Jules-Vallès, 04 71 05 52 40

➜ Grand séminaire, accueil Saint-Georges, 200 pl., 12 €/pers., pdj 3,50 €, poss. panier repas, 4, rue Saint-Georges, 04 71 09 93 10

➜ Gîte des Capucins***, 19 pl., dortoir 12,50 €/pers., pdj 4,60 €, coin cuisine, 29, rue des Capucins, M. Terrasse, 04 71 04 28 74

➜ Camping municipal de Bouthezard**, 85 pl., tente 7,24 €/2 pers., ouvert du 15/04 au 01/10, chemin de Roderie, Aiguilhe, 04 71 09 55 09 ou 06 15 08 23 59

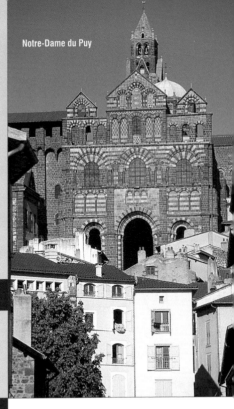

Notre-Dame du Puy

✤ SAINT-CHRISTOPHE-SUR-DOLAISON (43370)

➜ Boulangerie, épicerie, restaurant, bar, poste

➜ CH et gîte de séjour, 20 pl., nuitée 12 €/pers., pdj 5,50 €, repas 12 €, coin cuisine, panier repas, accueil équestre, ouvert de mars à novembre, Tallode, Mme Allègre, 04 71 03 17 78

✤ BAINS (43370) variante du chemin

➜ Tous commerces, services

➜ Gîte d'étape l'Escole, 15 pl., 11 €/pers., pdj 4 €, 1/2 pension 21 €/pers, accueil équestre, Montbonnet, Mme Gorde, 04 71 57 51 03

➜ CH, 3 ch., 33 €/1-2 pers., pdj compris, repas 11,50 €, coin cuisine, accueil équestre, route du Puy, Mme Raveyre, 04 71 57 51 79

➜ CH, 12 pl., 28 €/pers., 34 €/2 pers, pdj compris, coin cuisine, accueil équestre, Jalasset, Mme Pélisse, 04 71 57 52 72 ou 04 71 57 58 22

✤ SAINT-PRIVAT-D'ALLIER (43580)

➜ Tous commerces, banque

➜ Point info (en été), 04 71 57 25 50, mairie 04 71 57 22 13, www.mairie-saintprivatdallier.fr

➜ Gîte d'étape la Cabourne, 25 pl., 9-12 €/pers. (selon ch.), pdj 4 €, coin cuisine, poss. accueil équestre, ouvert du 01/03 au 15/10, le Bourg, Mme Dufour, 04 71 57 25 50

➜ CH, accueil randonneurs, 16 pl., 20 €/pers., pdj 5 €, le Bourg, Mme Micheli, 04 71 57 29 12

➜ Camping communal le Marchat**, 18 pl., tente 3,05 €/pers., ouvert du 01/05 au 30/10, tél. mairie

00,0 Notre-Dame du Puy. Au pied des marches de la cathédrale, descendez la rue des Tables. Au carrefour après la fontaine, prenez à gauche la rue Raphaël. À la bifurcation, continuez à droite puis, en suivant, empruntez la rue Chênebouterie qui mène à la place du Plot. Sur sa droite, suivez la rue Saint-Jacques.

00,5 Feux : traversez le boulevard Saint-Louis pour monter en face la rue des Capucins. Sur le haut, face au mur, tournez à droite en laissant plus loin la rue Antoine-Pitarch, la rue Louis-Pasteur et l'ensemble sportif sur la droite.

01,5 Plus haut, après l'entreprise TADS, prenez à gauche un chemin empierré et large qui longe un grand mur. Plus loin, au croisement multiple, continuez en face entre deux murettes sur un chemin plus rocailleux. Il monte et passe devant la ferme en ruine de Conflans.

04,3 Traversez la D 589 pour un chemin

cailouteux en face. 800 mètres plus loin,
au croisement, prenez à gauche et poursuivez sur le goudron à la hauteur de la première maison.

1h20 05,4 Traversez encore la D 589
pour suivre une ruelle en face. Hameau
(870 m) de **la Roche** : après la dernière
maison, tournez franchement à droite en
laissant un chemin herbeux à gauche. Plus
loin, laissez à gauche le goudron pour un
chemin en face qui se prolonge par un sentier et rejoint rapidement le chemin.
Remontez à gauche et, à la sortie du
hameau, 40 mètres avant la D 589, prenez
un sentier à gauche. Celui-ci reste en bordure d'une dépression, puis rejoint un chemin cailouteux.

06,9 À la bifurcation (croix de pierre),
allez sur le chemin à droite. Plus loin, passez un pont, puis retrouvez le gravier et
ensuite le goudron.

**2h10 08,5 Saint-Christophe-sur-
Dolaison.** Sur la place, tournez à droite et
dépassez l'église par la gauche. Prenez une
rue à gauche et sur la route (rue principale)
allez à droite. Au carrefour, à la sortie, prenez à droite la direction de Tallode pour
passer sous la D 906. Doublez ensuite le
hameau de Tallode (926 m) et laissez les
chemins de terre sur la gauche.

10,6 Bifurcation de Liac : poursuivez à
gauche et, 80 mètres plus loin, prenez à
droite. Après le goudron, continuez sur un
chemin gravillonné.

2h50 11,6 Hameau de **Lic.** Juste à la
sortie, prenez à droite un chemin d'abord
cailouteux, puis herbeux et de nouveaux
cailouteux. 400 mètres après le hameau,
prenez à gauche sur un chemin.

12,5 Croisez une petite route (laissez la
variante par Bain à droite) pour suivre le
chemin en face. 400 mètres plus loin, au
carrefour de chemins, allez en face.
Puis, à la bifurcation, allez à droite et, au
carrefour de chemins suivant, continuez
en face. Après l'étable, suivez la D 621 à
droite.

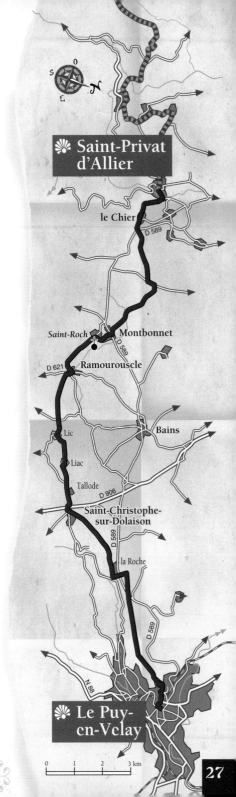

La Vierge noire

Traversez le village et laissez un chemin avec une croix à droite ; à la bifurcation continuez à droite.

16,6 Carrefour avec la D 589 : allez à gauche sur 200 mètres avant de bifurquer à droite sur une allée goudronnée, en laissant le GR 40 à gauche. Le chemin devient herbeux. Aux deux premiers carrefours, allez en face, et au suivant prenez à droite en traversant un ruisseau. 300 mètres plus loin, laissez descendre un embranchement à gauche.

18,4 Carrefour à droite d'une ruine : montez tout droit et à l'intersection en Y, 100 m après, poursuivez à droite.

18,7 Au carrefour au-dessus, virez à gauche (retour de la variante de Bains par la droite). Le chemin terreux en sous-bois peut devenir très boueux par temps de pluie. 150 mètres plus loin, laissez le Tour du Velay à droite.

19,4 Petite route (1206 m) que vous suivez à gauche sur 60 m avant de descendre sur un petit chemin à droite. Vous y laisserez deux embranchements à gauche.

21,4 Traversez la D 589 (alt. 1059 m).

5h30 **21,8 Le Chier*** (1034 m). Allez tout droit (Ouest) en passant devant la mairie. À la sortie du hameau, un chemin remplace le goudron.

22,3 À la bifurcation, prenez à droite (Nord-Ouest) où le chemin descend assez fortement dans la première partie avant de se calmer ensuite. Quand il remonte, prenez à gauche un sentier en creux. Plus bas, passez le ruisseau puis un pont près d'un ancien moulin. Enfin, remontez le goudron. Vous rejoignez la D 589 (881 m) que vous descendez à gauche.

6h00 **23,9 Saint-Privat-d'Allier.** Carrefour avec bar et pompe à essence.

* Au Chier, les VTT descendent à droite sur la route, passent le Villard, et rejoignent Saint-Privat par la D 589.

3h30 **14,2 Ramourouscle.** Au carrefour, prenez à gauche direction Montbonnet. À un carrefour, le balisage s'oriente Nord-Ouest. Vous dépassez la chapelle Saint-Roch et, une centaine de mètres après, vous prenez à droite à la bifurcation pour entrer dans Montbonnet.

DES ARVERNES AUX AUVERGNATS

Les habitants du Puy-en-Velay sont des "ponots" ou "podot", parce que leur ville s'appelait en latin *podium* (nom de monticule qui a donné ailleurs des "Pui", "Pouch" ou "Poue"). Il désignait ici l'un des pitons volcaniques. Velay, lui, est un mot celte. La tribu des Vellaves appartenait à l'ensemble arverne, d'où viennent les Auvergnats. Les Romains s'installèrent donc sur le podium où se trouve la cathédrale, qui garde d'eux quelques pierres. À la fin du XIème siècle, Urbain II désigne l'évêque du Puy Adhémar de Monteil comme légat de la première Croisade.

Le XIVème sera assombri par la peste et par les brigandages des "cotereaux". Le XVème siècle sera, au contraire, une période d'expansion qui verra, sur sa fin, naître au Puy la dentelle.

 ## LA CATHÉDRALE DE LAVE

Des origines à nos jours, le pèlerinage de Notre-Dame du Puy a contribué au développement et à la prospérité de la ville.

La rue des Tables nous conduit au pied du grand escalier de la cathédrale (134 marches). De style roman, la cathédrale présente diverses influences venues d'Orient et de l'Espagne mauresque.

Le chœur repose directement sur le rocher mais, pour agrandir la cathédrale aux XIème et XIIème siècles afin d'accueillir les pèlerins toujours plus nombreux, quatre travées supplémentaires ont été audacieusement construites sur le vide pour rattraper un dénivelé de 17 mètres : d'importants piliers soutiennent les hautes arcades.

Il faut voir :
- sous le porche, portes en bois sculpté du XIIème siècle représentant des épisodes de la vie du Christ ;
- la pierre des Fièvres, probablement un ancien dolmen christianisé au Vème siècle par une apparition de la Vierge. Cette pierre plate guérissait ceux qui venaient s'y coucher ;
- les fresques d'influence byzantine et italienne sous le porche et dans le transept nord (en particulier de Saint-Michel) ;
- à l'intérieur de l'édifice, une série de coupoles octogonales sur trompes ;
- sur le maître-autel de 1723, statue vénérée de la Vierge Noire qui remplace la Vierge brûlée par les révolutionnaires en 1794 ;
- le trésor de la sacristie et celui d'art religieux au-dessus du cloître ;
- le très beau cloître roman (XIème-XIIème siècles) qui possède quelques chapiteaux carolingiens et une magnifique grille romane ;
- le baptistère Saint-Jean, à proximité, qui renferme des expositions estivales.

 ## LE PÈLERIN DANS LA VILLE

Il faut voir aussi :
- le rocher Corneille dominant la cité avec sa statue de Notre-Dame-de-France, érigée en 1860 (elle a été coulée dans la fonte de de deux cent treize canons pris à Sébastopol) ;
- la chapelle Saint-Michel-d'Aiguilhe (Xème-XIIème siècles) en haut d'un piton de lave de 80 mètres (268 marches). Elle a été commandée sous l'épiscopat de Godescalc. On y a découvert en 1955 un petit trésor religieux de provenance orientale ;
- près du rocher, l'église gothique Saint-Laurent, de l'ancien couvent des dominicains (XIVème siècle) ;
- l'un des tombeaux du connétable Duguesclin, mort en 1380 ;
- en ville, sur la vieille place du Plot, fontaine de la Bidoire (XIIIème siècle) où se tient le marché chaque samedi matin ;
- à l'angle de cette place et de la rue Saint-Jacques, statue de l'apôtre inaugurée en 1990. Plus haut, croix sculptée du faubourg Saint-Jacques (XVIème siècle). On quitte la ville par la rue de Compostelle (point de vue).

 ## LES DENTELLIÈRES ONT LEUR SAINT

À partir du XVIème siècle, la dentelle prospéra, permettant aux dentellières, pour de faibles salaires, de gagner une relative liberté de travailler à domicile. Leur gagne-pain fut menacé en 1640 par un arrêt moralisateur du parlement de Toulouse restreignant le port de la dentelle. Le jésuite François Régis le fit annuler et chargea aussi les missionnaires de faire connaître la dentelle outre-mer… Devenu saint, il est le patron des dentellières.

L'industrie textile a aujourd'hui supplanté cet art, mais on verra de belles expositions de dentelle à l'Atelier Conservatoire national de la Dentelle à la main (2, rue Duguesclin, tél. 04 71 09 74 41), ainsi qu'au musée Crozatier (jardin Henri Vinay, tél. 04 71 06 62 40).

 ## LES PÉNITENTS BLANCS

Le Puy-en-Velay conserve une tradition pascale originale : la procession des Pénitents Blancs, le Jeudi saint à la nuit tombée.

Leur confrérie, la *societas gonfalonis* a été fondée en 1584. Vêtus de leur cagoule et de leur "sac" blancs (escortant les deux porteurs de la Croix, Christ et Simon qui vont pieds nus), tenant des torches et les instruments de la Passion, ils chantent et prient, accompagnés de la foule. La chapelle des Pénitents, très ornée, est du XVIIème siècle.

 ## LE PANORAMA DU GÉOLOGUE

En se retournant rue de Compostelle, on a, sur le bassin du Puy, un point de vue très parlant pour un géologue : un ensemble de formations volcaniques émergées d'un socle cristallin. Tout à gauche, la Denise est un volcan au cœur de scories et, devant la falaise de la Croix de Paille, aux

orgues de basalte est un neck, une ancienne cheminée volcanique.

Le plateau basaltique de la plaine de Rome, avec en toile de fond le château et le donjon de Polignac, résulte d'une coulée de lave. Et, sur les pentes de ce plateau tabulaire, se sont comme toujours accumulés des sédiments, marnes et calcaires lacustres de l'oligocène. Dans la vieille ville, les rochers Corneille et Saint-Michel sont d'autres formes de necks.

![] CHEMIN FAISANT PAR SAINT-CHRISTOPHE

- De la Croix de Jalasset subsiste un fût daté de 1621. On l'appelle aussi "du champ du journal" : selon la légende, un paysan tint le pari de la labourer en une journée mais mourut au soir d'épuisement.
- À droite, la petite montagne du Crouset est, pour les gens d'ici, une "garde" et, pour les géologues, un cône de scories volcaniques qu'on exploite sous le nom de pouzzolanes.

- L'église de Saint-Christophe-sur-Dolaizon, du XIIème siècle, en pierre volcanique rougeâtre, fut mentionnée en 1161, puis en 1204, par les Templiers du Puy : clocher à quatre arcades et, côté sud, des enfeus extérieurs. Une seigneurie et un château étaient cités au XIVème siècle.
- En bordure de la D 31, restes d'un four banal. Les familles de Saint-Christophe y cuisaient leur pain à tour de rôle, les hommes le chauffaient avec des braises de fagot, les femmes apportaient les *tourtes* préparées dans leurs *paillas*, on en scellait la porte avec de la bouse de vache, en défournant trois heures plus tard on laissait les braises pour la famille suivante.
- Au hameau de Lic, une croix en pierre porte, sculptés sur son fût, les instruments de la Passion.
- Des champs de lentilles vertes du Puy se plaisent en ce sol volcanique : plantes de 20 à 30 centimètres, petites feuilles opposées et denses, gousses ne portant que deux lentilles vertes, marbrées de marron ou de noir.

- Sur la Croix de Ramourouscle (1631), voisine de "l'Assemblée", un Christ à l'avers et la Vierge surmontée d'un ange au revers.
- À proximité, porche de 1674 et, en retrait, maison caractéristique où donats et donates, successeurs des servants des Templiers, recevaient les pèlerins.

![] LE BŒUF ET L'ÂNE REFUSÈRENT LE RAPT DE MONTBONNET

À l'entrée de Montbonnet, une chapelle Saint-Roch du XIème siècle, très remaniée depuis. Une clef de voûte porte les armes de la famille de Montlaur, donatrice, et deux statues honorent saint Bonnet et sainte Bonnette d'Alvier. Selon la légende, les paroissiens de Bains, jaloux, auraient voulu rapporter chez eux la statue de saint Roch de Montbonnet, mais le bœuf et l'âne attelés refusèrent d'avancer et une roche garde la trace de leurs sabots. À la sortie du village, croix dite du pèlerin.

Grange à Escluzels

Saint-Privat-d'Allier

Saugues

NTRE monts du Velay et plateau du Gévaudan, la profonde entaille de l'Allier oblige les randonneurs à effectuer prudemment, à partir du beau site de Rochegude, une grande descente sur la petite ville de Monistrol-sur-Allier ; un dénivelé conséquent qu'il faut regagner au-delà des orgues volcaniques pour récupérer les hauteurs de la Margeride naissante. Heureusement, la suite n'est plus qu'un doux cheminement où d'agréables bosquets bordent les nombreuses prairies. Au bord de la route une sculpture de la bête regarde et domine Saugues, la capitale du Gévaudan. La dernière descente permet d'admirer ce bourg regroupé autour de la tour des Anglais et de la collégiale Saint-Médard. Au cœur de cette ancienne place forte, les murs de granit "usés" par les affres du temps seront le meilleur refuge pour le terme de cette deuxième étape.

🌐 CARTES UTILES

🌐 IGN 50 Saint-Étienne – Le Puy, au 1/100 000
🌐 2736 O Monistrol-d'Allier, au 1/25 000
🌐 2636 E Saugues, au 1/25 000

🚶🚶 RENSEIGNEMENTS PRATIQUES
✤ MONISTROL-D'ALLIER (43580)

→ Gare SNCF, boulangerie-épicerie, restaurants, poste

→ À voir : chapelle troglodyte de Sainte-Madeleine fermée à la visite, site et paysages

→ Centre d'accueil, 19 pl., nuitée 7,50 €/pers., coin cuisine, accueil équestre, mairie 04 71 57 22 22

→ Rando-gîte la Tsabone, 10 pl., 8-9 €/pers. (selon saison), pdj 4,5 €, 1/2 pension 24 €/pers., panier repas, le Bourg, Mme Vedrenne, 04 71 57 24 85

→ CH, 3 ch., 30 €/2 pers., coin cuisine, accueil équestre, fermé en octobre, le Bourg, M. Ditsch, 04 71 57 24 38

→ Gîte Halte du Pèlerin, nuit + repas 20 €/pers. (ch. dble), pdj 5,80 €, local à vélo, ouvert du 01/04 au 30/09, M. Suc, 04 71 57 24 50

→ Camping municipal du Vivier***, 47 empl., tente 4 €/pers., ouvert du 15/04 au 15/09, Evelyne, 04 71 57 24 14

✤ SAUGUES (43170)

→ Tous commerces et services

→ OT, cours Gervais, 04 71 77 71 38, www.saugues.com

→ À voir : le Musée fantastique de la Bête du Gévaudan et la tour des Anglais (point de vue), la chapelle des Pénitents, des sculptures à la tronçonneuse, le Diorama Saint-Bénilde, la collégiale Saint-Médard

→ Accueil spirituel à la paroisse, tous les jours en été, 17 h-18 h 30 (pas d'hébergement)

→ Gîte communal, 12 pl., 6,10 €/pers., coin cuisine, ouvert du 01/04 au 15/10, contact OT (hors saison) ou 04 71 77 80 62

→ Accueil randonneurs la Margeride, 120 pl., 10 €/pers., pdj 4 €, 1/2 pension 22 €/pers., panier repas, ouvert du 01/03 au 31/10, rue des Tours-Neuves, M. Mouchet, 04 71 77 60 97

🐚 CH des Gabales, 15 pl., 1/2 pension 38 €/pers., panier repas, accueil équestre, route du Puy-en-Velay, M. Gauthier, 04 71 77 86 92

→ Gîte de séjour Martins, 20 pl., prix pèlerin, 1/2 pension 26 €/pers., ouvert du 15/03 au 15/11, rue des Roches, Mme Martins, 04 71 77 83 45

→ CH les Fourneaux, 9 pl., prix pèlerin, 1/2 pension 35 €/pers.(ch. double), ouvert du 1/04 au 15/11, le Rouve, Mme Blanc, 04 71 77 64 15

→ Camping de la Seuge****, 112 empl., tente 5,95 €, ouvert du 15/06 au 15/09, avenue du Gévaudan, 04 71 77 80 62, hors saison OT

→ 2 km après Saugues : CH les Salles Jeunes, 4 ch., prix pèlerin, 1/2 pension 34 €/pers., ouvert du 01/04 au 15/11, Mme Bringier, 04 71 77 86 22 ou 06 81 30 43 01

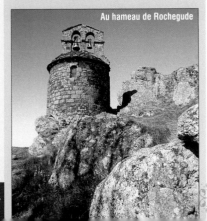
Au hameau de Rochegude

0,00 Saint-Privat. Depuis le carrefour avec la pompe à essence et le bar, montez à droite par une petite route en laissant plus haut la direction du camping, à droite. 300 m après, dans une épingle (sous le regard de trois croix), quittez le goudron pour un sentier en balcon qui offre une vue panoramique sur le village que vous venez de quitter. Au bout de 300 mètres, vous reprenez le goudron sur la droite en laissant de part et d'autre un embranchement. Suivez cette route sur 500 m.

01,1 Après une maison*, montez un chemin raide pour atteindre l'extrémité de la voie d'accès goudronnée à la maison. Allez à droite sur 40 m avant de prendre un chemin pavé, à gauche.

01,4 Combriaux : prenez pied sur le goudron que vous suivez à gauche. Au carrefour dans le hameau, poursuivez à gauche. Avant de rejoindre la bifurcation de routes, allez à droite sur un sentier. Il vire et devient creux.

01,9 Prenez la petite route à droite sur 500 m environ, puis empruntez un sentier à droite, parallèle à la route que l'on retrouve 220 m plus loin. Avant le village, laissez une route monter à droite.

0h50 **03,3** Carrefour dans le hameau **Rochegude :** descendez à gauche une petite ruelle (967 m) qui devient rapidement sentier. Il descend fortement un long moment sur un parterre rocheux et glissant (impraticable sur deux roues).

04,1 Vous tombez sur une route (D 301) que vous suivez sur la gauche. Après le point bas, laissez une petite route à gauche comme à droite et empruntez un chemin sur la gauche entre deux murettes, sur 90 m.

1h10 **04,5** **Pratclaux.** Prenez le goudron à gauche et 20 m plus loin virez à droite.
Après un pâté de maison, laissez plusieurs chemins à gauche ; après la dernière maison, prenez un chemin à droite sur 80 m.
Traversez la D 301 pour continuer en face

sur un autre chemin entre deux murettes. Vous retrouvez le goudron que vous suivez à droite sur une centaine de mètres pour prendre à gauche un chemin (panneau "Danger carrière").

05,4 Quittez le chemin dans un virage pour un sentier à droite ; il est en partie très caillouteux.
Descendez ensuite une route à gauche sur 50 mètres avant de reprendre un autre sentier raide et glissant. Vous retrouvez la route que vous suivez désormais en descente.

2h40 06,5 Monistrol-d'Allier. Au carrefour, descendez en face la D 589 et 200 m après traversez le pont métallique (599 m). Suivez à droite la route sur 200 m avant de descendre à droite à la bifurcation en prenant la direction de la Madeleine. Dans la montée, vous laissez "Le sentier des Orgues" à droite.

07,8 Quittez le goudron pour un chemin raide à gauche, fermé par une barrière. Plus haut, après la chapelle dans la roche, le chemin est aménagé de marches en rondins.

08,1 Escluzels : sur le goudron allez à droite et, 30 m plus loin à la bifurcation dans le hameau, poursuivez à gauche.
Autre bifurcation où le GR 65 monte à gauche en suivant le goudron. Plus haut laissez un chemin à droite. Quittez le goudron pour un chemin à gauche qui exécute un lacet.

09,0 Traversez la route et prenez un bout de sentier en face. De nouveau traversez la route (D 589) pour continuer sur un chemin qui part vers la droite. Il monte longuement en lacet.
Au coude d'une petite route, montez en face. Au carrefour 140 m au-dessus et à gauche du hameau de Montaure, poursuivez à gauche.

11,3 Après le point haut (1021 m), prenez un chemin blanc à gauche et 200 m plus loin laissez un embranchement à gauche. Le chemin s'infléchit Sud-Sud-Ouest.

3h10 12,6 Roziers. Goudron ; carre-

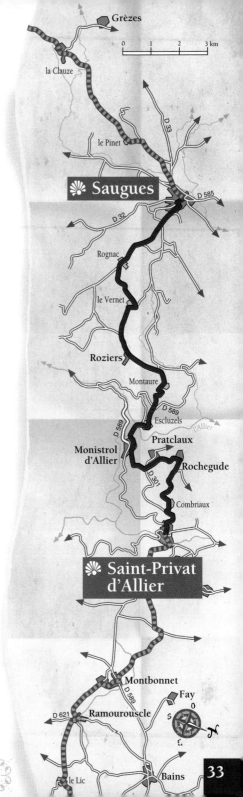

four : continuez en face et, au prochain, allez à droite en suivant la route. Plus loin, laissez un embranchement à gauche, puis un autre à droite.

À la bifurcation en Y, poursuivez à droite (Ouest) sur la route. Elle descend au ruisseau puis remonte.

Au point haut (1049 m), laissez un chemin à gauche puis un autre 100 m plus loin.

14,4 Le Vernet : montez à droite et, 50 m plus haut, allez à gauche après la fontaine. À la sortie, prenez à gauche un chemin marqué par une croix perchée sur une roche.

Le chemin se réduit en un sentier qui rejoint plus tard un bout de chemin.

4h00 **16,2 Rognac.** Allez vers la droite et passez à gauche du hameau en suivant la route. À 700 mètres, laissez une route à gauche vers Saint-Prejet.

17,1 Au bout de la ligne droite, prenez en face un petit chemin herbeux avec des passages rocailleux. Il se poursuit tout droit en un chemin que vous quittez à son tour en continuant toujours tout droit. Après, prenez un autre chemin tout droit en descente.

Remarquez les sculptures en bois dédiées aux pèlerins.

18,2 Traversez la D 589 pour descendre en face une petite route en sens interdit. 300 mètres plus bas, laissez une petite route à droite.

En bas, allez deux fois à gauche pour prendre la rue de la Demoiselle. Puis, au carrefour, prenez à droite la route du Puy.

4h50 **19,2 Saugues.** Carrefour au centre-ville (960 m) entre la D 589 et la D 585.

Les VTT continueront tout droit par la D 301. Ceux qui veulent aller visiter Rochegude feront un aller et retour sur la petite route au premier carrefour, en laissant les Combriaux un peu plus haut à droite.

Au carrefour avant Pratclaux, laissez la D 301 pour aller à gauche vers Monistrol, toujours sur la route.

✤ MONISTROL : DE L'ART ROMAN À L'E.D.F.

Deux gorges aux roches basaltiques convergent vers le site encaissé de Monistrol-d'Allier où débouche la conduite forcée qui entraîne les turbines d'une usine électrique. Trois retenues l'alimentent et E.D.F. peut y produire 49 millions de kWh. Monistrol a pour église, et pour presbytère, un ancien prieuré roman qui dépendait de l'abbaye de la Chaise-Dieu. Derrière le chevet, la croix gothique XVème ou XVIème siècle porte sur son fût un bourdon et un pèlerin, à moins que ce ne soit saint Jacques lui-même.

✤ PAR MONTAURE, CHEMIN FAISANT

- Montée rude de Monistrol (619 m) à Montaure (1 022 m) sur le rebord du plateau Gévaudan : c'est le chemin historique.
- Avant Escluzels, la chapelle de la Madeleine est une grotte dans le basalte, avec façade et fronton de pierres, aménagée au XVIIème siècle, date des monnaies trouvées avec des ossements de femme et d'enfant dans les tombeaux du roc, à droite et à gauche. Est-elle simplement née du chemin qui y passe, ou d'un plus ancien habitat celtique ? Mystère…
- À Montaure, haut lieu d'où le regard se porte vers Rochegude et la vallée de l'Allier ; les "boules" sont de gros blocs érodés provenant des fractures du granit de la Margeride. En dessous, un replat marque une coulée de basalte descendue de la chaîne du Devès vers la vallée de l'Allier. Plus bas encore, le creusement du fleuve a retrouvé le lit de granit au-dessous du basalte.
- Entre Montaure et le sud de Roziers, nous faisons un bout de chemin de conserve avec un autre sentier balisé, le GR 412, allant de Brioude vers Grandieu.
- Au Vernet, deux anciennes "Maisons d'assemblée" de Béates ; abri possible dans celle du hameau de Rognac.

35

La tour des Anglais, à Saugues

soit seules, dans une maison bâtie par les habitants, munie d'une cloche et appelée "l'assemblée", parce qu'elle servait d'école et que tout le village y venait prier lors des veillées. Les mutations de la société et de l'enseignement ont fait disparaître les Béates dans la première moitié du XXème siècle, mais leurs assemblées demeurent sur les bords du chemin. On peut voir, sur la variante de Bains, celle que les habitants d'Augeac ont pieusement restaurée en 1971 avec ses meubles rustiques : petits lits clos, bancs étroits, objets religieux populaires…

 ## LES ANGLAIS DE SAUGUES

Riche en vieilles maisons, Saugues, dont la spécialité était le tournage des *esclops* (les sabots de bois), est dominée par la Tour des Anglais, un donjon carré du XIIIème siècle. La tour doit son nom à des mercenaires pillards qui s'y installèrent au siècle suivant. (Un chevalier anglais mort en 1380 repose d'ailleurs dans une tombe gothique du cimetière.) Elle abrite aujourd'hui un musée.

LES BÉATES

Comme les Béguines du Moyen Âge (mais plus obéissantes…), les Béates étaient de saintes femmes qui vivaient une vie spirituelle en communauté, sans pour autant avoir fait de vœux religieux. Leur institution prit son essor au XVIIème siècle, particulièrement en Velay, en Vivarais et en Gévaudan. Fille d'un procureur du roi, Anne-Marie Martel fonda en 1665 au Puy, sur les conseils des Sulpiciens, une congrégation de l'Instruction de Saint-Enfant Jésus, ouverte aux laïques. Ses Béates se consacraient à leur village, gardant les malades, assistant les mourants, veillant les morts, donnant une instruction élémentaire aux enfants, enseignant la dentelle aux jeunes filles.
Les Béates vivaient soit en commun,

PÉNITENTS ET PÈLERINS…

Saugues était un point de rencontre de pèlerins, ceux du Puy, ceux qui avaient remonté la vallée de l'Allier, et ceux qui venaient par des voies secondaires du Cantal et du Puy-de-Dôme. L'ancien hôpital Saint-Jacques, devenu hospice, existe toujours. À côté, la chapelle des Pénitents avec, sur son retable du XVIIème, les instruments de la Passion, est le siège d'une confrérie semblable à celle du Puy. Ses pénitents défilent aussi en cagoule blanche le Jeudi saint, sauf ceux qui, en rouge et pieds nus, portent croix et "colonne aux outrages". La collégiale Saint-Médard, surmontée d'un clocher octogonal sur porche, a, dans son trésor, une des plus belles vierges romanes assises qui soient, une Pietà du XVème siècle, des

croix processionnelles Renaissance en argent dues aux orfèvres du Puy. On y voit encore la châsse de saint Bénilde (1805-1862, canonisé en 1967), frère des Écoles chrétiennes et premier instituteur de la localité.

 ## LA BÊTE DU GÉVAUDAN

Et voici, en panneau, une terrifiante bête du Gévaudan : si beaucoup furent commis dans la proche Lozère, bon nombre de ses méfaits eurent pour théâtre la région de Saugues. Est-ce un grand loup solitaire ? ou plusieurs loups ? Sans doute, plutôt que l'hyène échappée de la ménagerie de Beaucaire dont on parla. Et, même pour un loup, la nature des carnages – des enfants et des femmes dévorés, la tête séparée du corps – ne laisse pas d'étonner. La première victime fut une fillette d'Abals-en-Vivarais, le 3 juillet 1764. Puis les morts furent multiples à travers le Gévaudan. Et l'on en fit des estampes dans toute l'Europe. La panique inspirait des témoignages étranges, décrivant la Bête grande comme un âne, avec des écailles, les pattes plus courtes devant. Il y eut des héros : Jeanne Jouve, du Mas de la Vaissière, ayant défendu son enfant contre elle, reçut 300 livres du roi, et le jeune portefaix de Villeret qui avait sauvé sa sœur reçut, lui, 400 livres. Admis aux écoles, il devint officier d'artillerie. On mobilisa contre la Bête des corps de volontaires aux ordres du capitaine Duhamel, puis de M. Antoine, lieutenant des chasses du roi. Il ramena à la cour de Louis XV un gros loup empaillé, tué le 20 septembre 1765. La cour applaudit. Il y eut encore des enfants tués. La cour n'y crut plus. Jean Chastel, qui avait échappé de peu à la mort, pour cause de sorcellerie, tua, en juin 1766, la Bête avec des balles faites de médailles fondues. Et, cette fois, le calme revint.
Mais ne parlez pas en Gévaudan, n'en déplaise à Brigitte Bardot, de réintroduire des loups !

Linteau au Villeret-d'Apchier

Saugues
Saint-Alban-sur-Limagnole

AUJOURD'HUI, c'est une belle et longue traversée au cœur de la Margeride qui laisse dans votre dos la tour des Anglais pour aller à travers de nombreuses forêts de résineux où le granit affleure çà et là en de jolis chaos. En cours de chemin, la tour de Clauzes posée en équilibre sur un rocher est l'occasion d'une belle pause avant d'aller chercher l'agréable vallon du Virlange, au-delà du Villeret-d'Apchier. La lente montée dans le bois de hêtres, et un peu de route, permettent d'atteindre l'étonnant domaine du Sauvage (variante du GR 65). Ici la solitude est de mise : on imagine aisément les rigueurs de l'hiver battre le granit imperturbable des murs épais du gîte. Si vous n'y faites pas escale,

vous abandonnerez le département de la Haute-Loire pour entrer dans celui de la Lozère à la hauteur de la chapelle Saint-Roch. Peu de changement dans le paysage : vous êtes toujours en Margeride.

🌐 CARTES UTILES

- 🌐 IGN 50 Saint-Étienne – Le Puy, au 1/100 000
- 🌐 2636 E Saugues, au 1/25 000
- 🌐 2636 O Le Malzieu-Ville, au 1/25 000
- 🌐 2637 O Saint-Chély-d'Apcher, au 1/25 000

Granit ouvragé à la Clauze

La tour de la Clauze

🏃 Renseignements pratiques

✤ LE FALZET (43170)
hameau de Chanaleilles

→ Gîte, 3 ch., 1/2 pension 27 €/pers., coin cuisine, panier repas, Mme Delcros, 04 71 74 42 28

✤ CHANALEILLES (43170)

→ Alimentation (400 m hors GR), restaurants

→ Café du Pont, 20 pl., dortoir 10,50 €/pers., ch. 15,20 €/pers., pdj 2,30 €, repas 10 €, coin cuisine, panier repas, Mme Richard, 04 71 74 41 63

→ CH, 6 pl., 1/2 pension 30 €/pers., fermé de nov. à mars, Mme Pontier, 04 71 74 43 29

✤ LE SAUVAGE (43170)
hameau de Chanaleilles

→ Gîte d'étape Domaine du Sauvage, 19 pl., dortoir, 7 €/pers., coin cuisine, Mme Chausse, 04 21 24 40 30

✤ SAINT-ROCHE (48120)
commune de Lajo, proche GR

→ Gîte d'étape, 14 pl., dortoir 6 €/pers., ch. 8 €/pers., pdj 4 €, repas 11 €, coin cuisine, accueil équestre, ouvert du 01/05 au 30/09, Mme Astruc, 04 66 31 53 22

✤ LES FAUX (48120)
hameau de Saint-Alban, hors GR

→ Gîte et hôtel l'Oustal de Parent, 13 ch., 1/2 pension 27 €/pers., dortoir (19 pl.), 1/2 pension 25 €/pers., coin cuisine, panier repas, ouvert du 15/02 au 12/11, M. Gilbert, 04 66 31 50 09

✤ SAINT-ALBAN-SUR-LIMAGNOLE (48120)

→ Tous commerces, services

→ SI, mairie, rue de l'Hôpital, 04 66 31 57 01

→ À voir : église du Xème siècle

→ Gîte et HR du Centre** (20 ch.), 20 €-46 €/pers., repas + pdj 17 €, et gîte (18 pl.), 1/2 pension 25 €/pers., Grande rue, Mme Gomes, 04 66 31 50 04

→ Camping le Galier**, 70 empl., tente 9,20 €/pers., accueil équestre, ouvert du 01/03 au 15/11, route de Saint-Chély-d'Apcher, environ 1 km après Saint-Alban (D 987), M. Camand, 04 66 31 58 80

0,00 Saugues. Du carrefour central, prenez la rue Ménard en direction de Saint-Alban, par la D 589. Dépassez la place Limozin pour descendre la rue de la Margeride. À la trifurcation, continuez en face, vers Le Malzieu, route du Mont-Mouchet.

00,6 Carrefour : allez en face et traversez le pont sur la Seuge. Laissez ensuite l'accès au marché couvert à droite et, un peu plus loin à gauche, empruntez un chemin blanc.

01,6 Prenez une petite route à gauche et, à la bifurcation 900 mètres plus loin, allez à gauche vers…

0h45 03,0 Le Pinet. Au premier pâté de maisons, allez à droite et dans la deuxième partie du hameau, virez à gauche sur le goudron. Face aux dernières maisons, prenez un chemin blanc à droite. 400 mètres plus loin, laissez venir un embranchement de droite. Le chemin longe plus loin un bois de pins.

04,5 Carrefour en T : allez à droite. 100 m plus loin, laissez un chemin à droite.

Vous entrez ensuite en forêt et vous laissez tous les embranchements secondaires. Laissez un chemin à gauche dans une clairière. Plus loin, votre chemin est encadré par deux clôtures.

06,1 Carrefour avec une piste plus large que vous laissez sur la droite pour continuer en face. Vous dépassez ainsi une maison et passez le pont de pierre sur la Seuge. À la bifurcation suivante, continuez à droite sur le chemin le plus raviné et plus raide. Sur le haut, il se déroule entre deux murettes.

07,1 Vous suivez le goudron ; au carrefour qui suit continuez en face. Un peu plus loin, laissez un chemin à droite. Au petit carrefour suivant remontez à droite.

1h50 07,3 La Clauze. Suivez la route à gauche et laissez la tour vers la gauche. Dans la courbe, laissez un chemin en contrebas et poursuivez sur le goudron. Délaissez tous les chemins à droite comme à gauche en restant sur la route.

09,2 Au carrefour sur un point haut (1152 m), continuez sur la route à gauche vers le Falzet.
Sur le bas, laissez un large chemin blanc à gauche. Au carrefour après le gîte d'étape continuez à droite.

10,0 Le Falzet. Au carrefour allez à gauche et, 200 mètres plus loin, au T, prenez la route à gauche. Un peu plus de 100 m plus loin, dans un virage, quittez le goudron pour un chemin en face. 600 mètres après, il devient goudronné.

2h50 11,1 Le Villeret-d'Apchier. Au carrefour avec la D 587, continuez en face, légèrement sur la droite, pour descendre une rue assez raide. Aux embranchements suivants, virez d'abord à gauche et, 50 m plus loin, allez à droite. Le goudron est remplacé par un chemin blanc qui longe le ruisseau.

11,5 À la bifurcation après le pont sur la Virlange, prenez à droite sur un chemin raviné. Il se transforme en sentier, file en

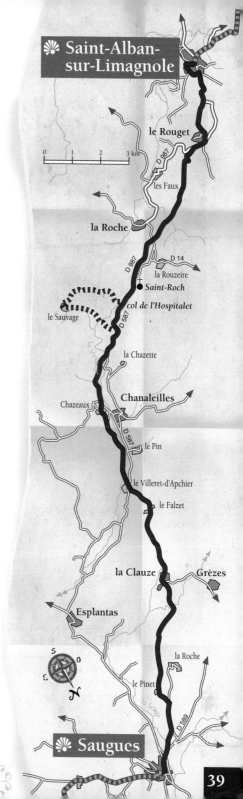

Croix sur le chemin après le Rouget

bordure de prairie, puis rejoint un autre chemin à suivre à droite.

12,3 Carrefour au Moulin du Pin : continuez à gauche sur un autre chemin blanc qui plus loin devient plus herbeux.
Au goudron, descendez à droite et, 200 mètres plus loin, au carrefour de Contaldès (1134 m), poursuivez sur un chemin à gauche.

3h30 14,0 Chazeaux. Quand vous retrouvez le goudron, aux premières maisons allez à droite et, 70 mètres après, descendez à droite un chemin blanc sur 120 m. Traversez la route en biais pour continuer sur un autre chemin blanc pendant 800 m environ.

15,0 À la bifurcation en lisière de bois, allez sur le chemin de gauche fermé par un portail. Après avoir pris soin de le refermer, empruntez un sentier à droite qui monte en forêt. Il passe sous une ligne à haute tension que vous retrouvez 600 m plus loin. Traversez ensuite deux petits ponts et passez un autre portail de clôture. 50 m au-dessus, empruntez la...

16,2 D 587 : suivez cette route à gauche.

4h20 17,4 Laissez le **chemin** blanc à gauche (Est) vers **le Sauvage** (variante du GR 65 : voir ci-dessous) et continuez sur la route.
Au col de l'Hospitalet (1304 m), à la hauteur du foyer du ski de fond, laissez à gauche le chemin qui vient du Sauvage et poursuivez toujours sur la route.

19,2 Entrée dans le département de la Lozère et chapelle Saint-Roch. La D 587 devient D 987. Une centaine de mètres après le refuge, quittez le goudron dans une courbe pour un chemin herbeux et raviné, en face.
Vous rencontrez un autre chemin et poursuivez en face.

21,1 Traversez la D 987 et continuez sur le chemin en face. 100 m après, poursuivez en face. 500 mètres plus loin, allez toujours en face. En suivant, vous traversez trois petits ponts faits de dalles de granit. Le chemin s'enfonce sous les pins.

22,6 Carrefour (gîte indiqué vers la gauche) : allez en face dans la forêt du Rouget. Après 600 m, laissez un embranchement qui vient de droite et 140 m plus loin faites encore de même.
À la bifurcation prenez à droite un chemin herbeux. Plus bas il se rétrécit et exécute un lacet serré.
Prenez à droite à la bifurcation sous deux lignes électriques.

6h30 25,5 Le Rouget. Traversez la D 987, descendez en face dans le hameau et, à la bifurcation, prenez à droite. À la sortie et après le goudron, continuez sur un chemin blanc. 200 mètres plus loin, au carrefour en étoile, allez en face. À la bifurcation après un virage, allez à droite sur le goudron d'abord, puis de nouveau sur un chemin empierré.
Carrefour sous une ligne électrique (1028 m) : allez en face et laissez ensuite les embranchements secondaires. 400 mètres plus loin, à la bifurcation en Y avec une petite croix en pierre, prenez à droite. Sur le haut, ce chemin passe entre deux clôtures.

27,2 Prenez la D 987 à gauche sur une

centaine de mètres. Panneau d'entrée de Saint-Alban-sur-Limagnole et carrefour : allez à gauche (sur une route de crête). À la bifurcation, continuez à gauche, et au carrefour en T prenez à droite en laissant l'hôpital à droite (en fait vous le contournez). À la bifurcation 100 m plus loin, continuez à gauche, et à la suivante 200 m après descendez à droite.

Laissez la rue qui mène au château et passez devant l'entrée de l'hôpital. Descendez en face ; au carrefour en T prenez à droite. Sur le bas, prenez à gauche une rue en sens interdit et allez tout droit.

7h30 29,2 Saint-Alban-sur-Limagnole. Petite place et église (953 m).

VARIANTE PAR LE SAUVAGE

Ce détour allonge de près de 4 km et ne se comprend que dans l'hypothèse d'y faire étape.

4h20 17,4 Quittez la départementale et empruntez le chemin blanc à gauche. Au bout de 2,1 km, vous parvenez à…

4h50 La ferme et le gîte du Sauvage.

Pour retrouver le GR 65, contournez la ferme par la gauche et descendez le chemin vers le sud. À la bifurcation, allez à droite dans la forêt sur un chemin empierré.

1500 mètres après le Sauvage, à la rencontre avec une autre piste, allez en face. 700 m plus loin, laissez un embranchement à gauche.

Au terme de 2,9 km de marche depuis le gîte, vous parvenez au col de l'Hospitalet (1304 m), après le foyer de ski de fond. Suivez la D 587 à gauche.

◗ L'ARCHITECTURE DE LA CLAUZE

Une tour du XIIème siècle, perchée sur un bloc de granit, domine la Clauze, entourée des bases de deux autres tours, hautes encore de 5 mètres. Ce sont les vestiges d'un château qui joua son rôle dans les guerres de Religion.

Caractéristiques de l'architecture du Gévaudan, sobre, puissante et noble, les maisons ont des blocs de granit dans leur façade ou leurs chaînages d'angle, des toitures à tuiles creuses sur une charpente sans chevrons, aux voliges posées directement sur les pannes, la panne sablière, à l'extérieur, reposant sur des corbeaux, à moins qu'un bandeau de pierre ou une génoise ne coiffe la façade. "Assemblée" (en ruine, mais belle !) au cœur d'un bel ensemble d'immeubles, petite croix et travail de maréchal-ferrant en pierre.

◗ LES GRENOUILLES DIABOLIQUES

Selon la légende, un pauvre paysan de la Clauze avait enterré ses deux enfants, morts sans baptême, dans un terrain vague. Sa fille y menait paître leur vache.

Elle fut, un jour, mordue par deux grosses grenouilles qui la poursuivirent. Alerté, le père ne vit rien mais prévint le curé qui bénit le sol et y planta la croix. Et les grenouilles, qui retenaient les âmes des enfants anabaptistes, disparurent à jamais.

◗ LES LINTEAUX ANIMALIERS DU VILLERET-D'APCHIER

Au Villeret-d'Apchier (qui a perdu son église), la maison du maçon est ornée d'une sculpture. Elle n'est pas la seule dans cette contrée où l'on sait travailler la pierre. Il y a d'extraordinaires linteaux de portes avec lions, canards ou crocodiles ! Et certains piquets de clôture sont taillés dans le granit. La source du bas du village passe pour guérir des maladies. À gauche, à la hauteur de la D 587, une carrière montre, au milieu du granit de la Margeride, un dyke, petit filon vertical de basalte.

LES TEMPLIERS DU SAUVAGE

À 1 292 mètres, isolé au sommet de la Margeride, face à une large vallée orientée au nord, le domaine du Sauvage comporte des bâtiments en pierre de taille, au bord de la forêt et bordés de pièces d'eau alimentées par la Virlange, ici proche de sa source. C'est une ancienne domerie des Templiers, rachetée par le département de la Haute-Loire, qui le donne en location pour l'élevage de bestiaux. Grâce à quoi, on y trouve à la fois gîte, produits de la ferme… et un accueil digne de ce cadre merveilleux.

Des historiens ont affirmé que l'Hospitalet (le petit hôpital) fut fondé en 1198 par Hélie de Chanaleilles et Hugues de Thoras, puis confié aux mêmes Templiers. Confisqués en 1314 comme tous les biens de l'ordre, domaine et hôpital auraient été dévolus à l'Hôtel-Dieu du Puy, les revenus allant aux hospitaliers de Saint-Jean et le culte étant assuré par les prêtres de Saugues. Gérard Jugnot n'aurait cependant trouvé aucune trace de ces affirmations et penche plutôt

Église de Saint-Alban

La Margeride est la montagne qui sépare la vallée de l'Allier de celle de la Truyère, c'est-à-dire le bassin de la Loire du bassin de la Garonne. Culminant à 1 450 mètres et cœur du Gévaudan, c'est une des plus vieilles montagnes d'Europe, au sol acide où se plaisent la bruyère et le hêtre fayard.

Et aussi : framboises, myrtilles, lièvres, sangliers. Mamelonnée, immense, avec quelques villages nichés près des sources, couvertes de pâturages entrecoupés de bois, elle est parsemée de blocs de granit aux formes bizarres et, aujourd'hui, prospectée pour l'uranium. Sur sa partie centrale que nous traversons, on trouve un beau granit le feldspath de la Margeride.

CHEMIN FAISANT VERS SAINT-ALBAN

- Le village du Rouget tire son nom du grès rouge oligocène d'un petit fossé d'effondrement, utilisé pour la construction des maisons, des murettes et des croix.

- À la sortie de ce hameau, croix de fer forgé sur fût pyramidal et socle en gradins.

- À Saint-Alban, le chemin longe l'hôpital psychiatrique : 600 malades, 400 emplois.

Agrandi et modernisé, il a succédé à l'ancien asile d'aliénés créé en 1821 au château d'Apcher, cédé par la famille Morangiès qui en était propriétaire depuis 1621.

- On passe d'ailleurs devant le portail fait de moellons de grès à facettes portant sur son tympan le blason, érodé, des Apcher et donnant sur la cour du château. Il garde quelques vestiges de la forteresse féodale du XIIIème siècle, mais c'est pour l'essentiel un bâtiment Renaissance à trois galeries superposées. Vente d'objets d'ergothérapie.

pour une fondation directe par l'Hôtel-Dieu du Puy. Quoi qu'il en soit, les guerres de Religion ruinèrent les édifices. Mais le culte de saint Roch, qui avait supplanté celui de saint Jacques, resta attaché à la fontaine.

LE BERGER DANS SON ATEUIL ROULANT

Jusque vers 1960, les villages de la Margeride confiaient leurs troupeaux (souvent mille têtes) à un berger responsable de la production de laine et d'agneaux. Il devait aussi assurer la fumure des terres de chacun, selon un parcours dont il restait maître, en enfermant de nuit le troupeau entre des claies mobiles. Pour lui-même, il disposait d'un abri roulant nommé *ateuil*, pourvu d'un timon. Il y aménageait deux litières de paille ou de feuilles de hêtre, pour lui et pour le parent venu le ravitailler. Les bergers transhumant pour leur compte obéissaient aux mêmes règles.

Église d'Aumont-Aubrac

Saint-Alban-sur-Limagnole
Aumont-Aubrac

OURNÉE de transition entre les plateaux de la Margeride et de l'Aubrac où le relief plus tourmenté de chaque côté de la vallée de la Truyère égayera votre étape, heureusement assez courte pour vous reposer de celle de la veille. Quelques petits bourgs rythmeront votre marche au cœur de la Lozère.

Il faudra passer la Truyère au pont des Estrets pour pouvoir s'insinuer dans les forêts de résineux, hélas dévastées par la tempête de 1999. Avec l'aide probable de la main de l'homme, le temps effacera doucement cette blessure. L'harmonie et la sérénité qui règnent dans le bourg d'Aumont-Aubrac, joliment préservé et restauré, combleront votre étape.

Sur l'église d'Aumont

🌐 **CARTES UTILES**

🌐 IGN 58 Rodez – Mende, au 1/100 000
🌐 2637 O Saint-Chély-d'Apcher, au 1/25 000

🥾 **RENSEIGNEMENTS PRATIQUES**

❖ **FONTANS (48700)**

→ Gîte d'étape, 18 pl., 1/2 pension 27 €/pers., coin cuisine, ouvert du 01/04 au 15/10, les Estrets, M. Rousset, 04 66 31 27 74

❖ **AUMONT-AUBRAC (48130)**

→ Tous commerces, services, gare SNCF
→ OT, maison du Prieuré, rue de l'Église, 04 66 42 88 70
→ À voir : église Saint-Etienne

43

→ Accueil salle paroissiale Saint-Etienne, hébergement sommaire, coin cuisine, abbé Robert, 04 66 42 81 62 ou 04 66 42 93 25, permanence à la paroisse 14h30 - 18h30 en été

🐚 Gîte d'étape le Calypso et Aubrac Hôtel, dortoir (14 pl.): nuitée de 10 à 55 €/pers, pl. du Foirail, M. Pic, 04 66 42 99 00

→ Camping municipal, 100 empl., tente 5,80 €/pers., ouvert du 01/06 au 30/09, N 9, mairie 04 66 42 80 02

❖ SAINTE-COLOMBE-DE-PEYRE
(48130), hors GR

→ À voir : église Sainte-Colombe (XIIème siècle)

→ CH le Chaudoudoux, 4 ch., 37 €/pers., 46 €/2 pers., pdj compris, repas 14 €, las Fonds, Mme Pauc, 04 66 42 93 39 (environ 4 km d'Aumont-Aubrac)

La Bête à Aumont-Aubrac

00,0 **Saint-Alban.** Face au porche de l'église, prenez à gauche une ruelle en sens interdit et devant l'école allez à gauche, rue de la Cournelle. Ensuite, traversez la place sur la gauche et encore sur la gauche en prenant la route.

00,5 Au carrefour, suivez la D 987 à droite et dépassez le stade.
Après le panneau de sortie d'agglomération, empruntez à droite un chemin blanc. Il vire à gauche un peu plus loin dans le bosquet de pins. À la bifurcation, 500 m plus loin, montez à droite sur un chemin qui se ravine au-dessus. Une croix vous attend sur le point haut. À la hauteur d'une maison, poursuivez sur le goudron ; dans un virage vous laissez un chemin à droite.

02,4 Hameau de Grazières-Mages : au carrefour, allez à gauche et à la bifurcation suivante prenez à droite.
Au carrefour suivant prenez encore à gauche et traversez deux ponts. Dans le virage prenez tout droit un bout de sentier.

02,7 Traversez la D 987 et prenez en face un chemin qui part de biais. Il s'avère raviné et se réduit rapidement en un sentier qui file entre deux clôtures sous les pins sylvestres. Sur le haut, à découvert, il redevient chemin.

1h10 **04,7** Allez à droite sur la route, contournez le hameau de **Chabanes-Planes*** (1017 m) et montez la route des Estrets vers le Sud-Est.
Au point haut, prenez un sentier en creux comportant des passages boueux sur 200 m.

05,6 Au carrefour de chemins, poursuivez en face. Vous longez un bosquet entre deux clôtures, puis à travers champs à la sortie du bois.
Le chemin s'enfonce de nouveau dans un bosquet de pins et descend assez raide en deuxième partie, puis il sort du bois.

1h50 **07,4** **Les Estrets.** Descendez le goudron d'accès à une maison sur 50 mètres, puis prenez à droite une ruelle au-dessus de l'église. Ensuite, tournez à gauche et 40 m plus loin utilisez à droite la rue prin-

cipale. Au carrefour, allez à gauche en laissant un gîte à 50 mètres (panneau).
Traversez la N 106 ; 60 mètres plus loin
virez à droite.

08,0 Le pont des Estrets : traversez le
pont sur la Truyère et, 50 m après, tournez
à gauche entre les maisons. Rapidement,
virez à droite après les maisons et remontez
un petit chemin sablonneux entre deux clôtures. Au coude d'une petite route (996 m
d'altitude ; à 50 m de la D 7), vous descendez à gauche.

2h20 09,1 Hameau de **Bigose.** Montez
vers la droite (poteau électrique). Le chemin
remonte doucement le vallon, puis traverse
le ruisseau. Plus loin il vire à gauche et s'é-
lève plus fortement. Sur le haut, il traverse
un bosquet de pins ravagé par la tempête.

11,0 Vous rencontrez une autre piste que
vous suivez à droite et 100 m après, au carrefour, continuez tout droit. Puis, 40 mètres
plus loin, laissez un embranchement à gauche. Cette large piste court longuement
entre deux clôtures.

12,8 Prenez la D 7 vers la gauche (Sud-
Ouest). Plus tard, vous laissez une route à
gauche (vieux pigeonnier).

13,8 Quittez le goudron pour un sentier
à droite marqué par une croix avec une
coquille (1087 m). 500 mètres après, retrouvez la D 7 que vous n'empruntez pas pour
suivre une petite route à droite sur 200 m.

14,5 Après le stop, suivez de nouveau la
D 7 pour entrer dans Aumont-Aubrac.
Dans une courbe, descendez un petit escalier (gîte à droite), puis en suivant traversez
la place et l'avenue du Repos. En face et un
peu à gauche, prenez la rue du Prieuré. Au
bout, vous pouvez aller à l'église et la place
du Cloître, sinon montez à gauche.

3h50 15,2 Aumont-Aubrac. Place
du Portail et sa fontaine.

** En VTT, évitez les 200 m de sentier boueux
après Chabanes-Planes. Il suffit de continuer sur
la route et prendre le premier chemin à droite.*

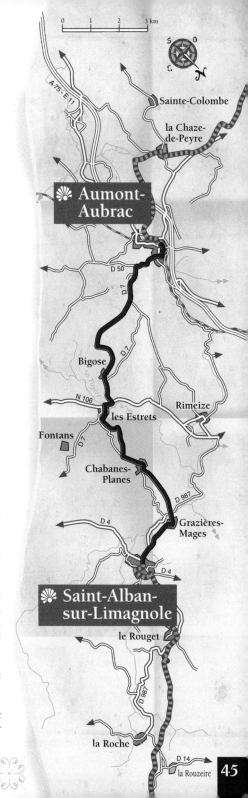

Le moulin des Estrets

⬡ L'ÉGLISE ROUGE DE SAINT-ALBAN-SUR-LIMAGNOLE

Saint-Alban-sur-Limagnole (2 000 habitants) est au cœur d'un bassin d'effondrement de grès rouge et d'argiles bariolées, prolongé au nord vers le Malzieu. La Limagnole, affluent de la Truyère, le traverse. Le bourg s'est établi sur le versant sud au débouché des cols de la Margeride, autour du château féodal et de l'église dédiée à saint Alban, premier martyr d'Angleterre : église romane plusieurs fois remaniée. Le clocher-mur, à trois baies et trois cloches, est surmonté d'un autre clocheton. L'abside XIᵉᵐᵉ siècle (?) est garnie d'une arcature en plein cintre aux sveltes colonnes cylindriques. Dans la nef où le grès rouge local joue dans un appareil polychrome, chapiteaux sculptés de feuilles d'acanthe, d'imbrications, de figures grotesques, de griffons et sirènes.

⬡ CHEMIN FAISANT VERS LA TRUYÈRE

- En quittant Saint-Alban, sur une hauteur, grande croix sculptée au socle en gradins : d'un côté le Christ, de l'autre la Vierge.
- On retrouve là le granit porphyroïde de la Margeride. Plus loin, la granulite (granit à mica blanc) est exploitée, non loin de la D 987.
- Sur le plateau en granit et granulite de Chabanes-Planes, avant le village, des quartz roulés alluvionnaires.
- À la sortie de Chabanes, à droite

de la route, bâtiment voûté de 1794, restauré en 1900 : lavoir ou fontaine avec bassin et canalisation, gardant sur le mur du fond, dans une niche, une petite Vierge noire.

⬡ LES PASSAGES DES ESTRETS

Les Estrets (étroiture en oc, à moins que ce ne soit *strata*, route en latin) est une ancienne commanderie des Hospitaliers de Saint-Jean-de-Jérusalem, dépendant de Cap Francès sur le mont Lozère, et contrôlant le passage de la Truyère. Des Estrets à Aumont, on suivra la *Via Agrippa* (voie romaine de Lyon à Toulouse), localement confondue avec l'antique Voie d'Auvergne. Un peu plus loin, le pont des Estrets, où l'on versait péage au seigneur de Peyre qui, à partir du XIIIᵉᵐᵉ siècle, le partagea avec celui de Châteauneuf-de-Randon. La chapelle de la Vierge des Estrets est devenue sanctuaire paroissial en 1843 ; une plaque le dit, l'église actuelle fut édifiée à son emplacement sur l'initiative de Mme Vve Mourgues : édifice au clocher-mur à double arcature, avec statue mariale sous le porche, statues de la Vierge, de saint Blaise et de saint Roch à l'intérieur.

⬡ AUMONT-AUBRAC, LA BÉNÉDICTINE

Aujourd'hui station estivale du Gévaudan, Aumont-Aubrac (de *altum montem*, haute montagne) était au carre-

four des antiques voies d'Auvergne et de Lyon à Toulouse.
De la fontaine à la rue de l'Église, nous suivons la rue du Barri-Haut (un *barri*, mot occitan, est un faubourg), la place de la Croix (celle d'une mission du XIXᵉᵐᵉ), le chemin Royal et la place du Cloître…
L'église Saint-Étienne est un ancien prieuré bénédictin, remontant à 1061, attesté en 1123, au cœur de la baronnie de Peyre. Très remaniée, elle garde des temps romans un chevet en cul-de-four aux nervures en arc brisé et, à l'intérieur, les chapiteaux sculptés des troncs de colonnes reposant sur des culs-de-lampe. Autres culs-de-lampe en forme de masque au bas des ogives des chapelles et des nervures de la nef. Mobilier et vitraux modernes. Le bourg, autrefois fortifié, conserve des maisons des XVIᵉᵐᵉ et XVIIᵉᵐᵉ siècles, aux façades de pierre de taille, aux rez-de-chaussée voûtés s'ouvrant en arceaux. Au-dessus d'une niche vitrée, une pierre sculptée vient peut-être du prieuré : certains y ont vu une svastika, d'autres, plutôt le trigramme JHS (*Jesus Hominum Salvator* : Jésus, sauveur des hommes).

⬡ LES MONTS D'AUBRAC

Des premiers contreforts d'Aumont (1 000 mètres environ, en Lozère) à Saint-Chély-d'Aubrac (808 mètres, en Aveyron), le chemin traverse les monts d'Aubrac. Son point culminant (1 368 mètres), peu avant le village du même nom, marque la frontière des deux départements. Ces monts qui s'étendent entre les vallées de la Truyère et du Lot sont faits d'une immense coulée de lave fluide, épaisse de plusieurs centaines de mètres et devenue le basalte. Leur profil est dissymétrique, en pente douce vers le Gévaudan, abrupte vers le Lot. C'est surtout, passés quelques vestiges de forêt, une terre de pâturages : herbes dures, rocs erratiques, hauteurs dénudées, fonds marécageux.

Draille sur l'Aubrac

Aumont-Aubrac

Nasbinals

OUR BEAUCOUP,
la symbolique
du chemin de la *via
Podiensis* (voie du Puy)
puise son image au cœur du plateau
de l'Aubrac. Cet espace, fait
d'immensité et de solitude,
est devenu un véritable mythe
au point qu'on le redoute peut-être,
mais qu'on l'espère toujours.
En deuxième partie, après l'escale
typique *Chez Régine*, suivez
les drailles, parfumées au printemps.
C'est le temps de la transhumance
où les vaches de race Aubrac,
au regard andalou, occupent,
durant la bonne saison,
les pâturages divisés par
les murettes et les clôtures.
Le vent, la neige parfois, peuvent
surprendre le pèlerin ; quand
le brouillard s'en mêle, les chaos
granitiques deviennent
fantomatiques et réveillent
les légendes. Laissez votre
imagination galoper, mais ne perdez
pas de vue votre chemin.

🌐 CARTES UTILES

🌐 IGN 58 Rodez – Mende, au 1/100 000

🌐 2637 O Saint-Chély-d'Apcher, au 1/25 000

🌐 2537 E Fournels, au 1/25 000

🌐 2537 O Nasbinals, au 1/25 000

🚶🚶 RENSEIGNEMENTS PRATIQUES

✤ MALBOUZON (48270) 2 km GR

➜ Poste, épicerie, boulangerie, café, restaurant

➜ À voir : église avec voûte romane et fonts baptismaux

➜ Centre d'accueil, 1/2 pension 25-28 €/pers., coin cuisine, ouvert de mai à septembre, réservation, maison Bastide, 04 66 32 89 25

Heurtoir à Rieutort-d'Aubrac

→ Gîte communal Maison Richard, 19 pl., 7,50-9 €/pers. (selon saison),coin cuisine, accueil équestre, ouvert du 01/04 au 31/10, rue Principale, 04 66 32 59 47

→ Centre équestre des Monts d'Aubrac, 30 pl., 1/2 pension 24,50 €/pers., panier repas, route de Saint-Urcize, Mme Moisset, 04 66 32 50 65

🐚 Gîte d'étape la Grappière, 16 pl., 15 €/pers., pdj compris, coin cuisine, accès internet, au village, M. Grappe, 04 66 32 15 60

→ Centre d'accueil, 38 pl., ch. 10 €, dortoir 9 €/pers, coin cuisine, pas de repas, 04 66 32 50 42

→ Camping municipal*, 75 empl., tente 6,30 €/2 pers., ouvert du 25/05 au 30/09, route de Sainte-Urcize, 04 66 32 51 87

✣ PRINSUEJOLS (48100) hors GR

→ À voir : le château de la Baume, le Truc des Cocus (ou le Rondel Concut), église romane

→ Gîte communal le Relais Prinsuejols, 50 pl., 9,50 €/pers., 1/2 pension 25 €/pers., coin cuisine, panier repas, accueil équestre, fermé en janvier et février, M. Rodrigues, 04 66 32 52 94

✣ FINIEYROLS
(commune de Prinsuejols 48100)

→ CH et gîte d'étape les Gentianes, 5 ch., prix pèlerin, 1/2 pension 31 €/pers., panier repas, gîte (10 pl.) nuitée 10 €, 1/2 pension 27 €/pers., coin cuisine, accueil équestre, Mme Corriger, 04 66 32 52 77

✣ MARCHASTEL (48260) hors GR

→ CH les Puechs de l'Aubrac, 11 pl., 44 €/2 pers., pdj compris, repas 14 €, ouvert d'avril à novembre, sur variante GR 62A, Mme Boyer, 04 66 32 53 79

✣ NASBINALS (48260)

→ Commerces et services, guichet bancaire dans le bar-restaurant Chez Bastide

→ OT, 04 66 32 55 73, http://ot.nasbinals.free.fr

→ À voir : l'église Sainte-Marie et son mobilier, le buste de Pierrounet, l'aligot et la charcuterie

00,0 Aumont-Aubrac. De la place du Portail, partez en direction de Nasbinals, puis empruntez la D 987 après la bifurcation. Passez sous la voie ferrée et, de suite après, suivez à gauche une petite route sur 370 m.

00,8 À la hauteur d'une grange, quittez le goudron pour un chemin fermé à la circulation par une chicane en bois. Il monte raide et tout droit sur une sorte de plateau. Vous retrouvez le goudron que vous suivez à droite et vous laissez, 60 mètres plus loin, une route à gauche.

01,6 Dans une légère courbe à droite, prenez à gauche un chemin qui longe un instant l'autoroute avant de passer dessous. À la sortie du tunnel continuez à droite sur 50 m avant de prendre, à gauche, un chemin blanc que vous suivez longuement.

03,8 Empruntez à droite une petite route (alt. 1016 m). À la bifurcation, à hauteur du cimetière, prenez à droite.

1h10 04,7 Chaze-de-Peyre. Au premier carrefour, allez à droite et passez devant le monument aux morts. Prenez ensuite à droite la direction d'Aumont-Aubrac. À la bifurcation avec un lavoir, suivez à gauche la direction de Labros.
Passez un point haut avec une croix et un réservoir, poursuivez tout droit.

05,8 Carrefour à la **Chapelle de Bastide** :

empruntez la D 987 en laissant plusieurs petites routes.

1h40 **06,7 Labros.** Traversez le village ; à sa sortie, prenez une petite route à gauche. En bas, 300 m plus loin, laissez un chemin à gauche. À la fin du goudron, poursuivez sur un chemin empierré sur 100 m et laissez un embranchement à gauche.

07,9 Au carrefour en T tournez à gauche ; 400 mètres plus loin suivez une petite route en face. 100 mètres encore et laissez le GR de Pays avec un chemin à gauche. De nouveau, après le goudron, continuez sur un chemin blanc. À l'angle d'un bosquet, laissez un chemin à gauche.
Après un petit pont, le chemin devient gris, mais au point haut il retrouve sa couleur blanche.

2h40 **10,6** Carrefour (1174 m) des **Quatre Chemins,** à la hauteur du café Chez Régine : poursuivez en face. 150 m plus loin, empruntez sur la D 987 sur environ 300 m.
Quittez alors le goudron pour un chemin à gauche fermé par une chicane en bois. 80 m après, continuez en face entre deux clôtures (de chaque côté la forêt dévastée par la tempête).

11,9 Vous passez un tronc couché et un petit ruisseau. Quelques zones boueuses parsèment le parcours sur cette traversée du plateau de l'Aubrac.
Carrefour de chemins : laissez à gauche la direction du gîte d'étape de Prinsuéjols et poursuivez tout droit.
Passez une clôture que vous prendrez soin de refermer.

13,3 Traversez une petite route non loin du moulin de la Folle pour continuer en face sur un chemin entre deux murettes. Vous laissez un peu plus loin un embranchement à gauche. Vous passez de nouveau une clôture.
Après le pont de pierre, le chemin s'élargit et devient gravillonné.

15,4 Coude d'une petite route près de la

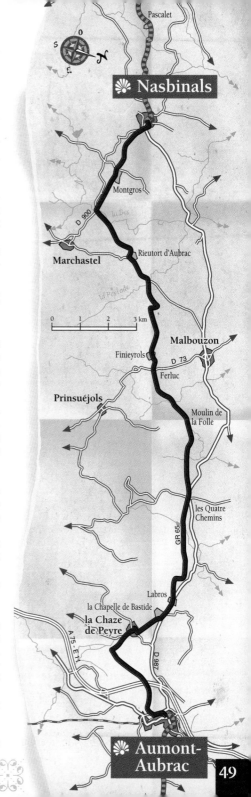

Devant l'église de Nasbinals

ferme de Ferluc : poursuivez en face et au carrefour, 50 m plus loin, faites de même.
Traversez la D 73 et prenez en face la direction de Finieyrols (route interdite aux véhicules).

4h00 **16,2** Hameau de **Finieyrols.** Juste à la sortie, tournez à droite (une source se trouve 50 m à gauche) sur un chemin gravillonné qui monte et vire vers la gauche.
À la bifurcation après un ruisseau (1192 m), montez à droite un chemin entre clôtures et murettes. Point haut (1245 m), au Roc des Loups.

18,5 Carrefour en T avec une piste gravillonnée : suivez-la à droite.

19,0 Empruntez la route à gauche et passez le pont sur le ruisseau de la Peyrade. Poursuivez sur le goudron pendant 900 m.

5h00 **20,0** **Rieutort-d'Aubrac.** Traversez le hameau. À la bifurcation (cabine téléphonique), continuez tout droit sur la route, dans la vallée de la Dévèze.

22,0 Carrefour avec la D 900 que vous

suivez à droite pour traverser le pont sur le Bès (1153 m). Ensuite, à la bifurcation, laissez la branche de gauche et, juste après une borne kilométrique, quittez le goudron pour un chemin caillouteux qui monte à droite. Après 800 mètres, retrouvez le goudron que vous suivez à droite.

6h00 **23,8** **Montgros.** Au carrefour, laissez la *Maison de Rosalie* (gîte) à droite et poursuivez tout droit. À la sortie du hameau, au carrefour avec une croix, allez en face deux fois pour prendre un chemin entre deux murettes. Passez un ru et virez vers la gauche.
Traversez une petite route en biais et poursuivez sur le chemin en face. Au carrefour suivant (croix), continuez toujours en face.

25,7 Empruntez une petite route sur 50 m avant d'emprunter la D 900 à droite. Allez en face aux deux stops.

6h40 **26,3** **Nasbinals.** Église romane.

VACHES, FROMAGE ET THÉ D'AUBRAC

L'Aubrac est divisé en quelque trois cents "montagnes", secteurs que se partagent les troupeaux de cent neuf communes.

Les ovins ont cédé la place aux bovins, mais ceux-ci, environ 50 000, ont des lettres de noblesse : la race d'Aubrac, d'un blond fumé, aux cornes harmonieuses, les yeux cernés de noir, et très sobre, descend du *bos longifrons.*

L'estive, sans étable, dure 145 jours à partir de la Saint-Jean. Quelques *cantalès*, chefs d'équipes, et leurs pâtres moulaient encore récemment dans leurs burons, surtout grâce au tourisme, ces tomes ou fourmes que nous appelons du cantal. Autour d'eux, l'Aubrac se dépeuple dangereusement.

Il y a aussi le "thé d'Aubrac" : c'est l'une des 12 800 plantes qui fleurissent sur cette montagne, le calament, une labiacée haute de plus de 30 centimètres, à la feuille argentée et dentée, aux fleurs en grappes roses, à l'odeur suave, qui pousse dans les clairières ensoleillées. La tisane de fleurs séchée est sédative, tonique et digestive.

CHEMIN FAISANT PAR LE ROC DES LOUPS

- La Rimeyre, petit affluent de la Truyère, alimente le moulin de la Folle, devenu centre de rassemblement de bestiaux, et le barrage de Malpertus ("mauvais passage").

- Le Roc des Loups, de sa hauteur de 1 273 mètres, nous rappelle que les bergers eurent à cohabiter avec ces meutes de prédateurs.

- Rieutort-d'Aubrac (*rieutort* : ruisseau tortueux), village isolé, est construit tout en pierres : deux beaux abreuvoirs à fontaine pyramidale et cuves de granit, un four banal, une porte arquée de jardin.

- À droite du chemin, sur le Bès, le

Ravitaillement en eau à Rieutort

moulin de Bouquincan, devenu un élevage de bovins, doit son nom à une défaite subie là par le capitaine anglais de Buckingham.

- En face, à gauche, une carrière de granit produit des piquets de clôture, des marches de perron, des pierres tombales.

L'ÉGLISE AUVERGNATE DE NASBINALS

À Nasbinals, centre de tourisme et marché aux bestiaux, l'église romane du XIème siècle est typiquement auvergnate : murs de basalte brun sous toit de schiste, nef unique, abside ornée d'une galerie d'arcatures et deux absidioles, croisée du transept en coupole sur quatre arcades et quatre forts piliers supportant le clocher octogonal, voûtes en berceau, sauf la nef, refaite en ogives à l'époque

gothique. S'ouvrant au midi sur la place publique, portail à double voussure en plein cintre, avec trois chapiteaux à décor végétal et un quatrième évoquant le combat d'un sagittaire et d'un lancier. Christ du XVIème siècle et mobilier polychrome du XVIIIème.

LE CONTRE-RÉVOLUTIONNAIRE ET LE REBOUTEUX

Deux fils de Nasbinals sont célèbres : le rebouteux Pierrounet Brioude (1832-1907), berger, puis cantonnier, qui "pétassait" foulures et fractures et qu'on venait voir en train et diligence de toute la France, puis d'Europe ; devenu aveugle, il soignait toujours ; et le notaire Charrier, député du Tiers État, qui créa un véritable maquis contre-révolutionnaire dans la Lozère et fut exécuté en 1793 à Rodez.

La domerie d'Aubrac

Nasbinals
Saint-Chély-d'Aubrac

ES DERNIERS pas sur le plateau d'Aubrac ne sont pas les moindres. Les 1368 mètres d'altitude du col entre Nasbinals et Aubrac en font un des points le plus hauts de tout le parcours. On ne retrouve ces hauteurs que dans la traversée des Pyrénées, si loin encore…

Il est toujours bon de cheminer à travers les pâturages où, à notre grand regret, les burons abandonnés ne fleurent plus ce fromage d'Aubrac si goûteux et si parfumé. Un manque que l'on peut toutefois combler au prestigieux hameau d'Aubrac, étape historique. Ici, la puissance dégagée par les bâtiments de la domerie rassure le pèlerin au cœur des grands espaces. Ensuite, la transition paysagère se fait petit à petit dans la descente, jusqu'à Saint-Chély-d'Aubrac. Un compromis entre le plateau que l'on vient de quitter et la vallée du Lot à venir. L'UNESCO a reconnu la particulière beauté de cette étape, considérée comme jalon historique et symbolique du patrimoine mondial des "Chemins vers Saint-Jacques-de-Compostelle" en France.

Anémone sur l'Aubrac

Ancien buron

⊕ CARTES UTILES

⊕ IGN 58 Rodez – Mende, au 1/100 000

⊕ 2537 O Nasbinals, au 1/25 000

👫 RENSEIGNEMENTS PRATIQUES

✤ AUBRAC (12470)

➔ Restaurants, cafés

➔ À voir : l'église, la tour des Anglais, les vestiges de la dômerie, la tente des Mongols, le jardin botanique, salles de présentation de la faune, de la flore, des arts et traditions de l'Aubrac par Les Amis d'Aubrac, projection et exposition à la Maison d'Aubrac

➔ Gîte d'étape la Tour des Anglais, 24 pl., nuitée 6,50 €/pers., pas de repas, coin cuisine, ouvert du 15/06 au 15/09 à partir de 17h30, 05 65 44 21 15

➔ Village-Vacances le Royal Aubrac, accueil pèlerin suivant disponibilités, poss. de cuisiner, 14 €/pers., pdj 3,50 €, 1/2 pension 25 €/pers., M. Chialcholle, 05 65 44 28 41

➔ Hôtel-restaurant de la Dômerie**, 24 ch., étape pèlerin 50 €/pers., ouvert du 01/04 au 15/11, 05 65 44 28 42

✤ SAINT-CHELY-D'AUBRAC (12470)

➔ Tous commerces, services, guichet bancaire

➔ OT (bon accueil, coin documentation), route d'Espalion, 05 65 44 21 15, www.stchelydaubrac.com

➔ À voir : pont des Pèlerins sur la Boralde (UNESCO), pèlerin sculpté

🐚 Gîte communal, 19 pl., nuitée 6,50-8,50 €/pers., pas de repas, coin cuisine, accueil équestre, ouvert du 01/04 au 31/10, accueil groupe du 01/11 au 31/03, réservation OT

➔ Gîte de Grèzes, 26 pl., 9 €/pers., coin cuisine, accueil équestre, ouvert du 03/05 au 15/09, M. Marfin, 05 65 44 26 25

🐚 Gîte Saint-André, 20 pl., nuitée 14 €, pdj 4,50 €, 1/2 pension 30 €/pers., coin cuisine, accueil handicapé, M. Bichwiller, 05 65 44 26 87

➔ Camping municipal, 17 empl., tente 3,80 €/pers., ouvert du 15/06 au 31/08, Mme Miquel, 05 65 44 25 28

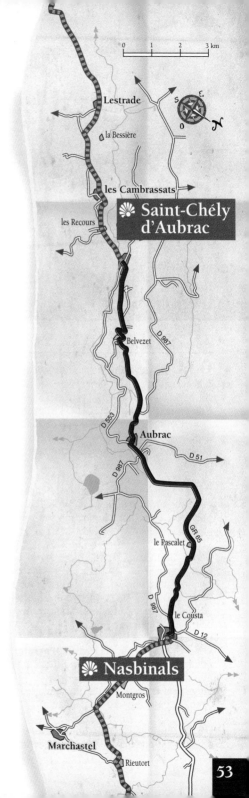

Bosquet sur le plateau

A - DE NASBINALS À AUBRAC

00,0 Nasbinals. Montez la petite rue devant le porche de l'église. Au stop, suivez à gauche la D 987 ; sortez de Nasbinals. Après 500 m, quittez la D 987 au lieu dit le Cousta et montez à droite deux fois. Rapidement le goudron se termine et vous poursuivez sur un chemin ombragé au départ.

01,1 Vous rencontrez un autre chemin que vous suivez à droite. Un bon kilomètre plus loin, à une première bifurcation, vous prenez la branche de gauche.

03,0 Bifurcation : descendez à droite pour traverser un pont sur le ruisseau de Chamboulès, une centaine de mètres plus bas. Poursuivez sur la piste sur environ 300 m : ne tenez pas compte des anciennes balises dans la prairie à droite.

0h50 03,4 Avant la ferme **le Pascalet,** prenez à droite un sentier qui longe une murette. Après la montée, le GR 65 se dirige vers le Sud-Ouest et passe plusieurs clôtures (passages pour randonneurs).

04,4 Portillon métallique : continuez toujours sur une trace bien marquée dans la prairie. Après un autre passage de clôture, vous longez de nouveau une murette.
Deuxième portillon en fer : restez en lisière de bois sans descendre. Après le bosquet de hêtres, remontez à droite pour contourner une murette qui effectue une courbe et descend ensuite vers le Sud. Passez alors un grand portail métallique.

06,4 Au point bas, passez le ruisseau sur des buses et montez en face sur une draille.

07,4 Petit abri sur le point haut, à 1368 m. Poursuivez en descente vers le Sud-Ouest. Vue sur la Dômerie d'Aubrac.
Après une clôture, retrouvez la D 987 que vous suivez à droite en laissant l'accès au centre de vacances et la direction de Laguiole à droite.

2h10 08,6 Aubrac. Église et tour des Anglais, gîte d'étape, hôtel et restaurants ; altitude : 1307 m (remettre les compteurs à 0).

Remarque
Entre Nasbinals et Aubrac, le VTT est possible mais rendu pénible par le passage des clôtures, surtout si vous êtes chargés. Préférez alors suivre la D 987 pour atteindre Aubrac.

B - D'AUBRAC À SAINT-CHÉLY-D'AUBRAC

00,0 Aubrac. Empruntez la D 987 en direction d'Espalion.

00,7 Quittez la D 987 pour un sentier à gauche, en contrebas de la route. Après une croix en bois, descendez sous le couvert arboré en suivant un ancien chemin.
Passez un ru à gué et remontez un peu. Après le bois, le chemin vire vers la droite, monte et devient empierré.

03,0 Collet avec une croix et rencontre avec un autre chemin : continuez en face. 150 m plus loin, quittez ce chemin pour un autre, en terre, à gauche.
Nouvelle bifurcation : allez à gauche par un sentier qui se trouve pavé un peu plus bas.
Bifurcation face à un piton rocheux volcanique que vous contournez par la droite.

Piton volcanique vers Saint-Chély-d'Aubrac

1h00 04,2 Belvezet. À la hauteur d'une maison, empruntez une petite route vers la gauche. Au carrefour, dans le hameau, descendez à droite. Après le goudron, virez sur la gauche, puis à droite derrière une maison. Le chemin devient rapidement sentier rocailleux entre deux murettes. Au carrefour suivant, prenez à droite toujours sur un sentier entre deux murettes ; il présente parfois des portions humides et boueuses.
Après un petit pont, le sentier file à gauche en légère descente. Vous y rencontrerez un portillon, puis un autre 50 m plus loin. Ensuite la pente se fait plus forte.

06,0 Vous retrouvez le goudron à la hauteur d'une ancienne ferme (Del Sail). Il vous mène à une petite route que vous descendez à gauche. Laissez d'abord un chemin à droite, puis une petite route à droite à l'entrée de Saint-Chély-d'Aubrac.
Empruntez la D 19 à droite pour accéder au centre du village. 140 mètres plus loin, avant la poste, tournez à gauche.

1h50 07,3 Saint-Chély-d'Aubrac.
Place Joseph-Bonnal : mairie, monument aux morts et commerces. Altitude : 792 m.

Remarque VTT
Ce parcours est trop difficile pour les VTT : préférez la D 553 au départ d'Aubrac.

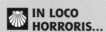

EN SUIVANT LES DRAILLES
Les drailles que nous suivons, notamment la "grande draille" descendant sur la plaine, sont les pistes de transhumance suivies à l'aller et au retour par les troupeaux venant estiver sur les montagnes.
En Lozère, elles sont souvent larges et parfois bordées de murettes de pierres sèches. Parcours tout indiqué

pour les sentiers de randonnée : notre chemin et le Tour des monts d'Aubrac se rencontrent près de la ferme de Ginestouse, pour faire draille commune jusqu'à Aubrac.

IN LOCO HORRORIS...
In loco horroris et vastae solitudinis...
En ce lieu d'horreur et de profonde solitude : ces mots empruntés au

cantique de Moïse (Deut. 32, 10) étaient gravés au fronton de la façade occidentale du monastère d'Aubrac disant bien l'impression qu'inspirait, avant sa construction, la sombre et profonde forêt percée seulement par la *Via Agrippa* des Romains. On n'y affrontait qu'en groupe, neige, loups, sangliers... et brigands.
En 1120, Adalard, vicomte des Flandres et "jacquet" de marque, y fut

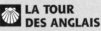
T'as d'beaux yeux...

C'est un donjon construit en toute hâte en 1353 par Durant Olivier, mais qui n'empêcha nullement les routiers commandés par Berducat d'Albret de s'emparer d'Aubrac en 1360, ni leurs successeurs de 1385 de rançonner les moines de 1 000 florins d'or. Entre la tour et l'église, joli petit jardin d'herbes médicinales.

 NOTRE-DAME-DES-PAUVRES

De la domerie, il reste surtout l'église qui a grand air malgré son émouvant dénuement : édifice de transition romano-gothique, achevé en 1120, aux murs épais de deux mètres en belle pierre appareillée, aux huit contreforts, aux voûtes en berceau brisé, soutenues par des arceaux reposant sur des imposres en culs-de-lampe. La tour, qui fut fortifiée, abrite "Maria", l'unique rescapée des cinq cloches. Il y eut un beau jubé, mais il a disparu.

Maria était la cloche des perdus : celle qui sonnait durant les longues heures de neige et de brouillard pour ramener les pèlerins égarés. Son inscription le dit : *Errantes revoco* (je rappelle ceux qui errent). Brisée en 1595, lors de l'attaque des Ligueurs, refondue en 1668 sous Sickaire Gintrac, elle fut deux fois enlevée, en 1841 et 1848, par les paroissiens de Saint-Chély, qui furent condamnés à la remettre en place.

 LE SÉJOUR DE FRANÇOIS IER

Une demeure du XVème siècle, devenue maison forestière, subsiste des dépendances du monastère d'Aubrac. Elle garde une cheminée Renaissance et, sans doute, cachée sous le plafond, une voûte portant sculptée une tête d'Adalard...

François Ier y habita trois jours, du 20 au 22 juillet 1533. Il allait du Puy vers Saint-Sernin de Toulouse et voulut remercier, au passage, les moines qui avaient généreusement contribué à sa rançon, huit ans plus tôt, lors de sa capture à Pavie. Il s'y plut, y chassa les oiseaux autour du lac de Salhiens et garda le souvenir "du plus beau vol de hérons qu'il ait vu de sa vie".

 L'ALIGOT DU PÈLERIN GASTRONOME

Le pèlerin-gastronome ne quittera pas l'Aubrac sans avoir goûté l'aligot (difficile à manger pour un barbu !) : deux tiers de purée épaisse de pommes de terre, un tiers de tomme fraîche de 48 heures, beurre, crème et épices, brassés à feu vif jusqu'à ce que "ça file" à un mètre au-dessus de la marmite de fonte.

TROIS ÉVÊQUES POUR UN MÉNAGE À TROIS

Une légende est liée à la croix des Trois Évêques (à une heure plus au nord), où se rencontrent les frontières de la Lozère, du Cantal et de l'Aveyron, donc de Languedoc-Roussillon, Auvergne et Midi-Pyrénées. Ces prélats durent se réunir pour trancher la sombre histoire de la belle Tétradie enlevée à son brutal seigneur de mari par son cousin Virus. Le seigneur tua Virus, mais le comte de Toulouse épousa Tétradie, et le mari réclama la dot. Or Tétradie était languedocienne, Virus toulousain, et le mari auvergnat…

PAR SAINT-CHÉLY-D'AUBRAC, CHEMIN FAISANT

- Le hameau de Belvezet (1144 mètres) est dominé par les vestiges du château de ses seigneurs : connus dès le XIIIème siècle, ils avaient leur tombeau à Saint-Côme, dans la chapelle de Bouysse.
- À Saint-Chély-d'Aubrac, calvaire du XVIème siècle sur le vieux pont enjambant la Boralde : un pèlerin, bourdon d'une main, chapelet de l'autre, est sculpté sur le socle. L'église est en partie du XVème siècle.

attaqué par des bandits au point le plus haut, et ne leur échappa que pour être, à son retour, cloué au sol par une tempête de neige ; il comprit ce signe de Dieu et décida d'y construire, aidé par les seigneurs locaux, l'hospice Notre-Dame-des-Pauvres. À sa mort, en 1135, le monastère déjà puissant abritait, liés par la règle de saint Augustin, douze religieux contemplatifs, des moines-chevaliers qui guidaient les pèlerins, des frères au service des pauvres, des dames de qualité sous l'habit, des donats laïcs qui exploitaient les fermes. Par la porte des miches du pain était distribué à tous ceux qui en demandaient. Au XVIIIème siècle, la domerie d'Aubrac (nom donné aux monastères dont l'abbé avait le titre de dom) comptait encore, avec ses commanderies, quatre-vingts membres.

LA TOUR DES ANGLAIS

Malgré les ruines des siècles de guerre, le village monacal d'Aubrac reste saisissant quand on le voit apparaître dans l'immensité déserte, puissant et groupé, fait de quelques bâtiments entourant deux tours carrées. Au centre, haute de 30 mètres, la Tour des Anglais abrite le gîte d'étape.

Le vieux pont de Saint-Chély

Saint-Chély-d'Aubrac

Espalion

UJOURD'HUI, vous quittez définitivement l'Aubrac pour plonger dans la vallée radieuse du Lot. Mais d'abord, le GR décide, après la traversée du vieux pont sur la Boralde, de traverser une belle forêt de hêtres après le hameau du Recours avant de cheminer sur un petit plateau entre les Cambrassats et l'Estrade. Après l'épisode forestier à l'ombre des hêtres et des châtaigniers, l'habitat plus dense annonce l'arrivée sur un des "plus beaux villages de France" : Saint-Côme-d'Olt. Son église dresse un étonnant clocher vrillé au cœur d'une petite cité moyenâgeuse où il est heureux de flâner un moment. Vous finirez par une escapade rive gauche du Lot avant de gagner un peu de hauteur

sur le Puech boisé de Vermus et de visiter l'étonnante église romane de Perse, aux portes d'Espalion.

🌐 **CARTES UTILES**

🌐 IGN 58 Rodez – Mende, au 1/100 000

🌐 2538 O Saint-Geniez-d'Olt, au 1/25 000

🌐 2438 E Espalion, au 1/25 000

👥 **RENSEIGNEMENTS PRATIQUES**

✤ **PROCHE DE CASTELNAU-DE-MANDAILLES (12500)**

➔ Restaurants, poste

➔ À voir : la Maison et le Jardin du Bois, le château, l'église (dédiée à Saint-Thomas et Saint-Roch)

➔ 1 km hors GR : CH la Molière, 5 ch., 44 €/2 pers., coin cuisine, accueil équestre, ouvert de mars à novembre, sur la D 557, Mme Lombardo, 05 65 48 72 17

✤ **SAINT-COME-D'OLT (12500)**

➔ Tous commerces, services

➔ SI, 05 65 48 24 46 (en saison)

➔ À voir : un des plus beaux villages de France, l'église de la Bouïsse au clocher flammé

Le portail de l'église de Perse

➜ Gîte communal del Roumiou,
19 pl., 7,60 €/pers., coin cuisine, accueil
équestre, ouvert du 01/04 au 30/10, rue du Greffe,
réservation Mme Kravier, 05 65 48 18 84, hors
saison mairie 05 65 44 07 09

➜ CH et gîte le Jardin d'Eliane, 26 pl.,
nuitée 12 €/pers., pdj 4 €, repas 10 €,
3, av. d'Aubrac, Mme Battedou, 05 62 48 28 06

➜ CH, 4 studios équipés 2-3 pers.,
19, av de Saint-Géniez, 11,50 €/pers.,
coin cuisine, accueil équestre, 18, rue du Terral,
Mme Fréval, 05 65 48 12 52 ou 05 65 44 06 32

➜ Camping Bellerive**, 71 empl., prix pèlerin,
tente 4,90 €/pers., ouvert du 01/05 au 15/09,
rue du Terral, 05 65 44 05 85

✤ ESPALION (12500)

➜ Tous commerces, services, gare routière

➜ OT, rue Saint-Antoine, 05 65 44 10 63,
www.ot-espalion.fr

➜ À voir : l'église de Perse, le vieux palais
Renaissance, le Pont-Vieux (UNESCO), le musée
du Rouergue et le musée Joseph-Vaylet consacrés
aux arts et traditions populaires, le musée
du Scaphandre, le fort de Calmont-d'Olt

➜ 1 km avant Espalion : CH Boraldette
la Fresquette, 7 pl., 30 €/2 pers., pdj compris,
poss. de cuisiner, accueil équestre, acheminement
poss., route d'Espalion, M. Burguière, hors GR
sur la D 987, (HR) 05 65 44 10 61

➜ 200 m avant Espalion : camping Roc
de l'Arche**,48 pl., tente 5,20 €/pers., dortoir
7,20 €/pers., poss. location caravane, ouvert
du 01/04 au 30/09, rue Maurice-Lagriffoul,
M. Rocher, 05 65 44 06 79

➜ Gîte communal, 20 pl., 11 €/pers., pdj 3,80 €,
coin cuisine, 5, rue Saint-Joseph, mairie
05 65 51 10 30 ou 06 77 58 53 08

➜ Gîte communal, 8 pl., 11 €/pers., pdj 3,80 €,
coin cuisine, 21, rue Arthur-Canel, tél. mairie

➜ VVF gîte clair Le Rouergue, accueil hors été,
15 €/pers., pdj 4,50 €, accueil équestre,
coin cuisine, ouvert du 01/03 au 15/11,
66, av. de Saint-Pierre, Mme Négrier, 05 65 44 02 15

➜ Centre d'accueil les Boraldes, nuitée 13 €,
pdj 3,90 €, 1/2 pension 26,50 €/pers.,
accueil équestre, route de Saint-Pierre,
réservation M. Gracieux, 05 65 48 04 08

00,0 **Saint-Chély-d'Aubrac.** De
la place Joseph-Bonnal, descendez la rue
des Ponts-des-Pélerins en laissant l'église
bien à droite. 200 mètres plus bas, passez
devant la fontaine de Boralde, puis traversez le vieux pont en pierre. Continuez par
les lacets de la route et prenez ensuite un
chemin herbeux à droite qui passe au-dessus du cimetière.
Vous retrouvez la route (D 19) que vous
remontez à droite.

01,1 Quittez la D 19 pour aller à droite
en direction de Recours. Après ce hameau,
poursuivez sur la petite route quelques
instants avant de prendre un sentier à
droite. Il descend d'abord, puis traverse le
ruisseau et vire vers la droite. Devenu chemin, il traverse à l'horizontale la forêt de
hêtres. Après un passage boueux, il remonte et se rétrécit. À la sortie, il exécute une
courbe vers la gauche où vous laissez un
chemin à droite.

02,6 Empruntez une petite route à droite
sur 280 mètres avant de prendre la direc-

Le clocher de Saint-Côme-d'Olt

tion de Cambrassats. Dans ce hameau (919 m), prenez un sentier à gauche.

0h50 **03,5** Dans l'ancien hameau de **Foyt,** prenez le chemin qui monte à gauche. 100 m plus loin, tournez à droite sur un sentier à l'horizontale.
Empruntez à droite la route en crête sur 1200 mètres en laissant plus loin la route de Vennac à gauche, puis celle de la Bessière à droite.

05,1 Quittez la route pour un chemin à droite en direction de Lestrade (panneau). Un peu moins d'un kilomètre plus loin, laissez un chemin à droite, puis virez à gauche à la hauteur d'une étable.

1h40 **06,4 Lestrade.** Prenez la route à droite. Après 100 m, à la fin du goudron et à la bifurcation, continuez tout droit sur un chemin. Quand celui-ci vire, il descend plus fort et entre dans la forêt. Il s'ensuit une longue descente (peu de balises) sur plus de 3 km.

09,8 Bifurcation : allez à gauche et traversez une petite route pour descendre en face (légèrement à gauche) sur un chemin fermé à la circulation.
220 mètres plus loin, poursuivez à gauche sur un sentier raviné et parfois assez raide.

10,9 Traversez une passerelle en béton sur un ruisseau et, une centaine de mètres au-dessus, descendez une petite route vers la droite. 150 m plus bas, au coude d'une route, empruntez un chemin en face. À une bifurcation, le GR 65 part à droite et passe sur un vieux pont recouvert de végétation. Il se poursuit ensuite sur la route à gauche, passe un pont et remonte.

12,1 Après la grande courbe (alt. environ 400 m), abandonnez le bitume pour un chemin à droite, assez raide (Nord-Ouest). Plus haut ce chemin passe à droite d'une ferme.

3h10 **12,6 La Rozière.** Au carrefour de ruelles flanqué d'une petite statue de la Vierge, continuez sur le goudron. À la bifurcation, 80 m plus loin, l'itinéraire vire

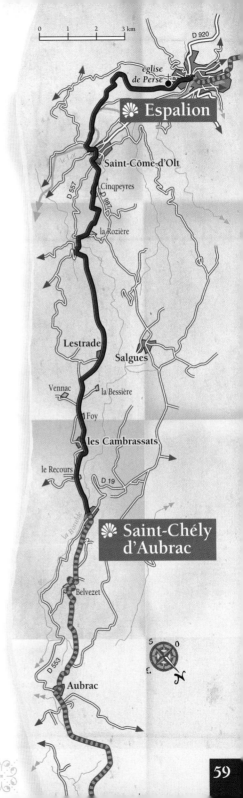

Dans l'église de Perse

à gauche où le goudron se termine pour un chemin empierré. À la bifurcation suivante, c'est à droite que vous descendez sur 100 m avant de prendre un sentier à droite. Après avoir passé un ru, le sentier vire vers la gauche.

13,7 Vous trouvez le goudron à la hauteur d'une maison : suivez en face. 100 m après, continuez sur un chemin empierré dans le virage. À la bifurcation, 70 m plus loin, allez à gauche où le chemin devient plus herbeux, plus bas. En suivant, laissez deux chemins à gauche.

14,6 Cinqpeyres : suivez de nouveau le goudron et au Y prenez à gauche. Quand vous arrivez à la route, continuez en face et 40 m plus loin laissez un embranchement à gauche. 50 m après, et 30 m avant la D 987, utilisez un sentier à gauche. Il rejoint une petite route à suivre à droite avant de prendre la rue de la Draille à droite sur plus de 500 m.

Au carrefour en T, en allant à droite sur 40 mètres, vous rejoignez la D 987 (385 m) que vous suivez à gauche. Après 250 m, quittez-la pour une rue en contrebas à droite. Vous passez ainsi sous la départementale et remontez la rue Mathat. À son terme, continuez en face et passez sous le porche. La ruelle vire à gauche (gîte d'étape à droite) et atteint la place.

4h10 16,3 Saint-Côme-d'Olt.
Place du château de Castelnau.

B - SAINT-CÔME-D'OLT - ESPALION

00,0 Saint-Côme. Dos au porche de l'église, partez en face dans la rue de l'Église puis, avant la porte fortifiée, prenez à gauche la rue du Four. Place Barrieyre, prenez la rue de Terral en face, puis descendez à droite et traversez l'avenue pour franchir le pont sur le Lot.

Au bout du pont, prenez la direction de Combes sur une petite route qui côtoie le Lot un peu plus loin.

Après 1,4 km et un petit pont, vous quittez cette route (les VTT continuent sur la route pour atteindre Espalion) pour un sentier à gauche. Dans un vallon, un petit pont et un passage aménagé permettent de passer un ru.

03,4 Carrefour de chemin : allez à droite. 600 mètres plus loin, bifurcation au-dessus d'une ferme : utilisez la branche de droite pour continuer ensuite sur la route à droite, 80 m plus loin.

1h10 **04,7** Fin du goudron sous un **pylône :** poursuivez sur un chemin et, au carrefour, montez en face (panneau d'interdiction à tous véhicules). Au-dessus, quand le chemin vire, prenez un sentier raide, tout droit. Celui-ci rejoint la piste plus haut, à la bifurcation allez à gauche et tout de suite prenez un sentier à droite. Descendez ensuite quelques marches, longez une prairie et passez entre les broussailles. Plus loin, laissez monter un sentier à droite.

06,1 Descendez un chemin à la hauteur d'une maison et en bas franchissez le pont sur le ruisseau de Perse (l'église du même nom se trouve perchée au-dessus, à gauche). Continuez sur le chemin de Perse, puis rue de Perse.
Passez ensuite entre le *Café des Sports* et le boulodrome, traversez le square et la rue en face. Prolongez par la place du Plô et la rue en sens interdit Athur-Canel. Tournez à droite, vous laissez le vieux pont pour suivre le quai Henri-Affre à gauche.

1h50 **07,4 Espalion.** Carrefour avec le boulevard Joseph-Poulenc au deuxième pont.

Perse, détail

 LE CLOCHER EN VRILLE DE SAINT-CÔME-D'OLT
Saint-Côme-d'Olt a grandi autour de la chapelle romane de Bouysse (Xème siècle, Saint-Pierre puis Notre-Dame), longtemps siège des Pénitents blancs, aujourd'hui désaffectée, mais qui n'en garde pas moins toiture carénée, clocher "peigne" et modillons décorés. Un hôpital était mentionné au XIIème siècle, à côté. Mais il y eut aussi, dès le XIIIème, une autre église, devenue paroissiale et qui a

été reconstruite en 1552 : l'actuelle Saint-Côme-et-Saint-Damien, remarquable par son clocher flaminé, en vrille. Portail aux vantaux sculptés Renaissance. Près de l'église, ancien hôtel du XIIIème siècle des seigneurs de Calmont et Castelnau. Dans l'enceinte de la cité, maisons des XVème et XVIème siècles.

 L'OLT, DEVENU LE LOT...
Nous rencontrons à Saint-Côme-d'Olt le Lot qui passe aussi par Saint-

Geniès-d'Olt, Sainte-Eulalie-d'Olt, Saint-Laurent-d'Olt. C'est tout un. La rivière s'appelait l'Olt en occitan quand les Français simplifièrent son nom en Lot (affluent de la Garonne, cours de 481 km).

 PERSE, JOYAU ROMAN DE GRÈS ROSE
L'église de Perse, en grès rose, est de style roman très pur : chœur et absidiole de droite du XIème siècle, le reste du XIIème, sauf la chapelle nord

En arrivant à Espalion

qui est de 1471. Le clocher-mur à quatre arcades se dresse sur l'arc triomphal. Sur le portail nord, parent de celui de Conques : en haut la Pentecôte, au-dessous Apocalypse et Jugement dernier, à gauche une Adoration des Mages et, peut-être, sur le cordon de l'archivolte, Charles Martel.

À l'intérieur, sur les chapiteaux : Christ enseignant, combat de chevaliers et de fantassins, oiseaux antithétiques. Une dalle carolingienne a été réemployée dans le transept. Chevet appuyé sur huit contreforts et orné d'arcatures en plein cintre.

ET SAINT HILARIAN LAVA À LA SOURCE SA TÊTE COUPÉE...

L'église de Perse fut édifiée au lieu où saint Hilarian aurait été, en 730, décapité par les Sarrazins : l'iconographie le représente portant sa tête coupée, qu'il va laver à la source de Fontanges...

Il y eut, dès 1060, un monastère dépendant de l'abbaye de Conques à qui Hugues de Calmont l'avait donné.

Bientôt prieuré et hôpital, il fut sécularisé en 1537 et détruit dans les guerres de Religion. Mais sa chapelle subsista et devint église paroissiale jusqu'en 1742, date où Espalion étendit son quartier sud.

SUR L'AUTRE RIVE, LES TEMPLIERS

À la hauteur de Perse, sur la rive nord du Lot où passe la route, la villa le Temple garde le souvenir des Templiers, qui accueillaient aussi les pèlerins. C'est dans leur chapelle que fut, en 1266, signée la charte communale d'Espalion.

ESPALION ET LES SEIGNEURS DE CALMONT

Espalion, environ 4 000 habitants, produisant des meubles, des matelas et des gants, a perdu en 1926 son rôle de sous-préfecture hérité d'une longue histoire.

Une voie romaine secondaire y franchissait déjà le Lot à l'emplacement du pont gothique de pierres roses à quatre arches. Celui-ci a été construit à l'époque de saint Louis et était alors

gardé par deux tours, aujourd'hui disparues. Il faut noter que les soubassements sont plus anciens.

La ville était, au propre comme au figuré, du Xème siècle à la Révolution, dominée par le château de basalte des seigneurs de Calmont, dont subsistent, au sud, les ruines de Calmont-d'Olt ; sans doute ces seigneurs descendaient-ils d'un lieutenant mis en place par Charlemagne.

PREMIER SOURIRE DU MIDI

L'adage "Espalion, premier sourire du Midi" a un sens profond, surtout pour le pèlerin venu du nord par d'austères chemins.

Au musée d'histoire et d'ethnographie Joseph-Vaylet (c'était un conteur, majoral du félibrige), installé dans un palais Renaissance de 1572, on verra une Vierge allaitant de bois sculpté, et une tête de saint Jacques en basalte noir.

Une croix de mission (pour la conversion des protestants...) a été élevée au XVIIIème siècle, sur le pont. Des maisons anciennes de tanneurs bordent le Lot.

L'église de Bessuéjouls

Espalion

Golinhac

L E VIEUX PONT et l'enfilade des maisons aux balcons de bois se reflètent dans l'eau : telle est l'image que vous emporterez d'Espalion. Vous quittez cette ville tranquillement en suivant le Lot quelques instants avant de tracer votre "route" vers le premier monument de la journée : l'église de Béssuéjouls qui cache une chapelle au premier étage, au sein de son vieux clocher du XIème siècle. Revenus dans la vallée du Lot, vous succomberez au charme d'Estaing, dont l'accueil est très apprécié des marcheurs. On y fait étape ou seulement une pause. Après cette dernière, l'itinéraire longe encore le Lot avant de "s'évader" par le haut par une rude montée sur Montégut et naviguer à travers une campagne forestière jusqu'à Golinhac. Un bourg,

attaché à son calme, parfait pour reposer les marcheurs après une étape assez longue.
(De Saint-Côme à Estaing : classement UNESCO.)

🌐 CARTES UTILES

🌐 IGN 58 Rodez – Mende, au 1/100 000

🌐 2438 E Espalion, au 1/25 000

🌐 2438 O Estaing, au 1/25000

🚶 RENSEIGNEMENTS PRATIQUES
✤ ESTAING (12190)

→ Tous commerces, services

→ SI, 24, rue François-Estaing, 05 65 44 03 22, www.estaing.info

→ À voir : un des plus beaux villages de France et son site, le pont gothique avec la statue de François d'Estaing (UNESCO), l'église Saint-Fleuret et ses vitraux, sa châsse reliquaire, le château, la chapelle de l'Ouradou

🐚 Gîte communal, 20 pl., 7,20 €/pers., coin cuisine, M. Durand, 05 65 44 71 74

→ CH, 12 pl., 30 €/1-2 pers., pdj 3 €, 8, rue Saint-Fleuret, Mme Lison, 05 65 48 05 07

Toiture à Golinhac

→ CH, 9 pl., 29 €/2 pers., pdj 4 €, ouvert
du 01/04 au 01/11, les Chenevières, Mme Dijols,
05 65 44 71 51

→ CH, 5 ch., 36 €/2 pers., pdj compris,
coin cuisine, route du Camping, ouvert de mai
à septembre, Mme Vieira, 05 65 44 71 03

→ Hospitalité Saint-Jacques, accueil pèlerin, 18 pl.,
repas, pdj, participation obligatoire, 8, rue du
Collège, M. Tandeau de Marsac, 05 65 44 19 00

→ 2 km après Estaing : camping communal
la Chantellerie*, tente 8,70 €/pers., ouvert de mai
à septembre, mairie 05 65 44 70 32
ou 05 65 44 72 77

→ 3 km après Estaing : camping la Cavalerie,
tente 5,75 €/pers., ouvert du 15/06 au 15/09,
l'Ouradou, Mme Alaux, 05 65 44 71 94
ou 05 65 44 18 45

✤ CAMPUAC (12580) variante GR 6

→ 1,5 km après Campuac : rando-gîte du Barthas,
10 pl., nuitée 10 €/pers., pdj 4 €, repas 11 €,
1/2 pension 25 €/pers., coin cuisine, fermé
du 23/10 au 01/04, 600 m hors GR, M. Amichaud,
05 65 48 04 29

✤ GOLINHAC (12140)

→ Épicerie, poste

→ 2 km avant Golinhac, hors GR :
CH et gîte d'étape, ferme auberge le Battedou,
30 pl., nuitée de 11 à 22 €/pers., repas 12 €,
gîte prix pèlerin, 1/2 pension 29 €/pers.,
CH 1/2 pension 35 €/pers., accueil équestre,
Mme Tison, 05 65 48 61 62

→ Les chalets de Saint-Jacques,
camping Bellevue***, tente 10,20 €/2 pers.,
gîte communal 18 et 13 pl., 1/2 pension
14,50 €/pers., coin cuisine, accueil équestre,
réservation 05 65 44 58 44

A - ESPALION - ESTAING

00,0 Espalion. Depuis le pont, que
vous n'empruntez pas, descendez quelques
marches pour aller le long du Lot. Quittez
ensuite le chemin pour un sentier herbeux
toujours sur la rive.

À son terme, empruntez le goudron de la
rue Jean-Capoulade à gauche sur une centaine de mètres avant d'utiliser la rue
Eugène-Salettes à droite. 300 m plus loin,
à la fin du goudron, poursuivez en face
sur un chemin gravillonné qui devient herbeux quand il vire à gauche pour contourner une prairie. Un sentier raide et raviné
prend la relève sur une centaine de mètres.
Avec le retour du goudron, suivez la rue
en face.

01,6 Stop avec la D 556 : suivez-la à
droite. Plus loin, laissez la direction des
Roumes à gauche.

02,8 Quittez la D 556 pour la direction
de l'église romane, à gauche (Sud-Ouest).
Laissez le cimetière à gauche et descendez
pour passer à gauche de l'église. Continuez

Saint-Pierre-de-Bessuéjouls

à descendre, laissez un chemin en face pour traverser le pont à droite.

0h50 03,5 Saint-Pierre-de-Béssuejouls.
Allez à droite sur la D 556E en laissant la mairie à droite (335 m). Puis montez une petite route à gauche, interdite à la circulation. Au-dessus, empruntez un sentier après un portillon. Assez raide, il monte au-dessus du hameau. À un croisement, 570 m plus haut, il poursuit la montée en face.
Vous suivez plus loin une petite route à gauche.

05,4 Hameau de Briffoul : au croisement, continuez sur la route à gauche ; 170 m plus loin empruntez un chemin à droite, d'abord empierré, puis herbeux ensuite.
Le chemin devient sentier et passe entre les buis quand il vire à droite. Il s'élargit puis de nouveau se rétrécit.
Plus bas, à la bifurcation, poursuivez à gauche sur un passage en creux et boueux.
Au manoir abandonné de Beauregard, utilisez une petite route à droite en descente. 100 m plus bas, allez à gauche.

1h50 07,3 Carrefour de **l'église de Trédou :** continuez à gauche. 300 m après, laissez un chemin à droite, puis 200 m plus loin (les Camps, 362 m), tournez à droite.
Au carrefour suivant, continuez en face sur un chemin blanc pendant 250 m avant de virer à gauche au T (Sud-Ouest).

09,0 Prenez la route à droite ; aux maisons (les Lilas) laissez une petite route à gauche. Dans un virage prenez en face une autre petite route en laissant à gauche la direction de la Rive.
Au hameau de Verrières, au T, virez à gauche. Passez le pont et suivez la route à droite (Nord-Nord-Est).

10,3 Stop : suivez la D 100 à gauche en laissant d'abord le chemin des Costes. 100 mètres après la Roque, montez par un sentier à gauche, assez raide au départ. Il coupe une grande courbe de la D 100 que vous reprenez à gauche 800 m plus tard.

3h00 12,3 Estaing. Carrefour et pont sur le Lot (320 m).

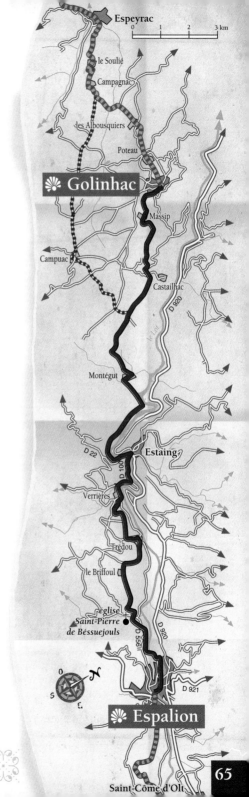

L'église d'Estaing

droite et, 150 m au-dessus, ignorez la direction de Campredon à gauche.

Après une courbe, la route se calme et passe devant une ferme abandonnée (la Bernarderie, 608 m). 400 m plus loin, vous ignorez une voie sans issue à gauche.

07,0 Fontaine, eau potable. Passez ensuite le hameau de la Sensaguerie. Au carrefour, continuez en face vers la Devèze (Nord-Ouest). 200 mètres plus loin, laissez cette dernière direction à droite pour suivre une petite route en face.

Sur le bas, laissez les Costes à droite pour aller en face vers le Mas. Après ce hameau, laissez une allée goudronnée à gauche.

Carrefour : continuez en face en laissant à droite la direction du Brol. 200 m plus loin, laissez aussi la direction de Castaillac et suivez le CD 135 qui va virer au Nord.

09,8 Quittez la route pour monter un chemin à gauche (Ouest). Plus de 600 m plus loin, vous croisez une petite route pour suivre en face un chemin prolongé par un sentier. Ce dernier se faufile en sous-bois. Il traverse un ruisseau et s'élargit en petit chemin toujours à l'ombre des arbres.

11,7 Croisement : montez à gauche, puis en descendant laissez un chemin à droite. Poursuivez sur le goudron pendant 300 m.

B - ESTAING - GOLINHAC

00,0 Carrefour du **pont d'Estaing.** Allez d'abord à gauche sur la D 22 (Sud), puis 30 m après prenez à droite (320 m) la direction de la Rouquette. Cette petite route longe le Lot sur près de 4 km.

03,0 Bifurcation avant la Rouquette : empruntez à gauche un chemin partiellement blanc. 500 m plus loin vous laissez une piste à gauche.

03,8 Franchissez un pont en fer. 100 mètres après, quittez la petite route pour un sentier à gauche. Plus haut vous retrouvez le bitume que vous remontez à gauche. 360 m après, laissez un embranchement à gauche en direction de Montégut-Bas. 50 mètres après, reprenez un sentier à gauche sur 180 m avant d'utiliser une petite route à droite. Au bout de 80 m montez encore un sentier à gauche.

1h15 **05,0** **Montégut-du-Haut.** Poursuivez sur la route à gauche. En montant, laissez l'embranchement de Riou du Prat à

3h10 **12,4** **Massip.** Après la ferme, suivez la route à droite en laissant l'accès au hameau à droite. À sa sortie, dans une courbe, quittez le bitume pour un sentier à droite, assez raide, dans la forêt. En bas, prenez une petite route à gauche sur une centaine de mètres avant d'emprunter un chemin à droite. À la bifurcation sur ce chemin continuez à droite.

13,8 Retrouvez une petite route à prendre à droite. Au carrefour en haut avec une croix, laissez une route à droite et poursuivez en face (Nord).

Laissez une rue et le *Proxi* à gauche, descendez la rue en face sur une centaine de mètres.

3h45 **14,3** **Golinhac.** Église, 649 m.

Estaing dressé

LES JACQUES-LA-COQUILLE DE LA SAINT-FLEURET

Au pont d'Estaing sur le Lot, les pèlerins venus de Laguiole, ou du plateau de la Viadène, se joignaient à ceux du Puy. L'église de Saint-Fleuret, édifiée au XVᵉᵐᵉ siècle à l'emplacement d'un prieuré roman, abrite un Christ du XVᵉᵐᵉ siècle, une pietà du XVIIᵉᵐᵉ et un saint Jacques dans un retable doré. Au-dehors, sur le fût d'une croix contemporaine de l'église, un pèlerin au chapeau à large bord, agenouillé, implore le Christ.

Saint Fleuret, évêque d'Auvergne mort ici, où sa relique fut ramenée en 1361 par le cardinal Pierre d'Estaing, s'identifie probablement à saint Flour. Patron d'Estaing, il y est célébré le premier dimanche de juillet depuis six siècles, par une procession costumée de deux cents personnes où, entre les grands noms de l'Église et de la famille d'Estaing, figurent des pèlerins de Compostelle, sous le nom de Jacques-la-Coquille.

LE GRAND DESTIN DES D'ESTAING

Le pont gothique porte une statue du bienheureux cardinal comte François d'Estaing, constructeur du clocher de Rodez ; il existe une rue et un quai qui portent son nom. Le château d'Estaing, avec terrasse, haute tour polygonale et échauguette, date du XVᵉᵐᵉ siècle ; il domine le confluent du Lot et de la Coussane. Il est habité par des religieuses qui en autorisent la visite.

Un d'Estaing fut compagnon de croisade de Richard Cœur de Lion, un autre, Tristan Dieudonné, sauva à Bouvines la vie de Philippe Auguste qui octroya trois fleurs de lis à son écu. La famille compte cinq prélats.

La branche aînée s'éteint avec l'amiral Charles-Hector qui combattit aux Indes, défit la flotte anglaise à la Grenade dans la guerre de l'Indépendance américaine, reprit du service sous la République et fut néanmoins guillotiné pour son amitié avec Marie-Antoinette. "Envoyez ma tête aux Anglais, dit-il au bourreau, ils vous la paieront cher." Il faut connaître ce palmarès familial pour comprendre le mot féroce prêté à de Gaulle à l'égard de son secrétaire d'État aux Finances : "Un emprunt Giscard d'Estaing ? Certes : vous avez un beau nom d'emprunt".

LE PÈLERIN DE GOLINHAC

Une croix de pierre à l'entrée sud du village de Golinhac porte, sur son fût, un petit pèlerin tenant le bourdon, encore un…

C'est, avec le lieu-dit Estrade (de *strata*), l'indice d'un passage très ancien. Et l'église Saint-Martin (bel autel) conserve les assises romanes d'un prieuré du XIᵉᵐᵉ qui dépendait de l'abbaye de Conques. En contrebas dans la vallée du Lot, l'usine E.D.F., d'une capacité de 138 millions de kWh, porte le nom de barrage de Golinhac.

Vue générale de Conques

Golinhac

Conques

A VERDURE du haut Rouergue vous accompagne toute la journée, rythmée par la succession d'un bel échantillon de villages et de hameaux qui déposent chacun leur témoignage. Cette étape assez facile permet d'en profiter pleinement. Nul n'est insensible aux charmes d'Eysperac, sur le bord du Daze, et à la richesse des monuments de Sénergues. Une fois dépassé le hameau de Saint-Marcel, un rude sentier caillouteux plonge à la découverte de Conques : un site hautement prestigieux sur le chemin de Saint-Jacques. C'est ici qu'est venu s'installer le moine Dadon au VIIIème siècle, au cœur de la vallée du Dourdou, en "ce lieu désert, asile des bêtes sauvages". La descente dans les ruelles fièrement restaurées vous plonge au cœur de la cité, attirés par la grandeur de l'abbatiale Sainte-Foy, un chef d'œuvre de l'art roman. Cette belle étape se termine face à son tympan historié.

🌐 CARTES UTILES

🌐 IGN 58 Rodez – Mende, au 1/100 000

🌐 2438 O Estaing, au 1/25 000

🌐 2338 E Marcillac – Conques, au 1/25 000

🚶🚶 RENSEIGNEMENTS PRATIQUES

✢ ESPEYRAC (12140)

→ Épicerie, dépôt de pain

→ Gîte d'étape communal, 12 pl., 10 €/pers., coin cuisine, ouvert du 01/04 au 30/10, mairie 05 65 69 88 69

✢ SENERGUES (12320)

→ Tous commerces, services

🏠 Gîte le Domaine de Sénos, 40 pl., prix pèlerin, 1/2 pension 26 €/pers., coin cuisine, panier repas, accueil équestre, ouvert du 01/04 au 30/11, chemin de Compostelle, M. Zeller, 05 65 72 91 56

→ 2 km après Sénergues : camping ferme auberge le Fraysse, 6 empl., tente 4,50 €/pers., repas 14 €, accueil équestre, ouvert de Pâques à la Toussaint, le Fraysse, Mme Cabrolier, 05 65 72 87 79

→ 4 km après Sénergues : CH Chemin du Cœur, 8 pl., prix pèlerin, 1/2 pension 30 €/pers., poss. panier repas, ouvert du 15/02 au 31/12, accueil équestre, Pressoires (900 m hors GR), Mme Hart, 05 65 72 93 44

✥ CONQUES (12320)

→ Tous commerces, services

→ OT, place de l'Abbatiale, 05 65 72 85 00 ou 08 20 82 08 03, www.conques.fr

→ À voir : un des plus beaux villages de France, l'abbatiale Sainte-Foy et le trésor présenté au musée attenant (UNESCO), le Centre d'Art et de Civilisation Médiévale, le pont sur le Dourdou (UNESCO), artisans d'art

🐚 Accueil de l'abbaye Sainte-Foy, 94 pl., dortoir 8 €, CH 20 €/pers., pdj 4 €, repas 10 €, frère hôtelier, 05 65 69 89 48

→ Gîte communal, 35 pl., 8 €/pers., coin cuisine, accueil équestre, ouvert d'avril à octobre, rue Émile-Roudié, réservation OT

→ CH, 5 ch., prix se renseigner, coin cuisine, ouvert de Pâques à Noël, rue du Château, Mme Bony, 05 65 72 88 41

→ Camping Beau Rivage★★★, 60 pl., prix pèlerin, tente 11,50 €/2 pers., repas 15 €, location mobil home poss., ouvert du 01/04 au 30/09, M. Lacombe, 05 65 69 82 23

→ Résidence Dadon, 75 pl., à partir de 8 pers., 1/2 pension 26 €/pers., nuitée + pdj 20 €/pers., nuitée 16 €/pers., rue Émile-Roudié, réservation, Mme Guibert, 05 65 72 82 98 ou 08 20 82 08 03

→ 3 km après Conques : CH les Chambres de Montignac, 4 ch., 40 €/2 pers., pdj compris, repas 14 €, ouvert de Pâques à la Toussaint, Montignac, Mme Achten, 05 65 69 84 29

✥ GRAND-VABRE (12320)
à 4,5 km de Conques

🐚 Gîte Grand-Vabre, Aventures et Nature, 20 gîtes 4-6 pl., prix pèlerin, 1/2 pension 35 €/pers. (si 4 pers.), ouvert du 01/04 au 30/10, acheminement poss., les Passes, Mme Alaux, 05 65 72 85 67

La tour carrée de Sénergues

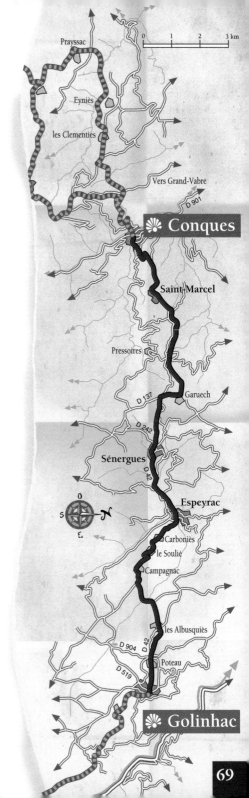

00,0 **Golinhac.** Face à la porte de l'église, montez la D 519 à gauche pour prendre rapidement la première rue à gauche. Après 30 m, virez à droite dans une ruelle qui se poursuit par un petit chemin à la hauteur d'un portail de maison. Au-dessus, retrouvez le goudron que vous suivez tout droit sur 70 m jusqu'au carrefour en T où vous allez à droite.

Carrefour avec une croix : allez en face sur un chemin entre deux clôtures, il aboutit près d'un hangar où vous descendez le goudron à gauche.

01,2 Le Poteau (643 m) : carrefour de la D 904 et la D 42. Poursuivez en face en direction d'Espeyrac. 450 m plus loin, quittez le goudron pour un chemin qui part en biais à droite et traverse un bosquet. Rejoignez le goudron qu'il faut suivre à droite.

02,2 Les Albusquiès. Au centre du hameau, descendez à gauche une ruelle qui se divise en deux : allez à gauche. Après le goudron, l'itinéraire suit un bout de chemin sur 40 m avant de descendre à droite sur un petit chemin en creux bordé d'arbres. Après le ruisseau, il vire à droite et passe en sousbois avant de longer une clôture et de récupérer un chemin à suivre.

03,3 Sur la route continuez à gauche (Sud). Après 800 m, au carrefour au point haut (647 m), virez à droite. Dans le virage suivant, laissez un chemin en face pour suivre les lacets et traverser ainsi le hameau de Campagnac. À la sortie, laissez le GR 6 partir à gauche et poursuivez en descente sur la route. Plus loin, laissez la direction de la Saline à droite, puis la Condamine à gauche dans un virage.

1h30 **06,0** **Le Soulié.** Traversez ce hameau pour atteindre 1 km plus loin celui de Carboniès (440 m). 100 mètres après ce dernier, quittez la route pour utiliser un chemin à droite sur une vingtaine de mètres avant de partir sur un sentier à gauche. Celui-ci file sous le couvert des arbres avant de rejoindre un chemin.

07,6 Descendez la route sur cent mètres avant de descendre à gauche un sentier assez raide (panneau "Cami d'Olt"). À la trifurcation, le GR 65 utilise le sentier de droite qui monte un peu avant de descendre près du ruisseau que vous longez à droite avant de traverser le petit pont vers la gauche. Une bifurcation se présente rapidement où vous continuez à gauche sur le sentier qui plus loin se déroule en balcon.

2h10 **08,5** **Espeyrac.** Aux premières maisons, descendez à gauche pour suivre plus bas la D42 sur 50 m avant de traverser la place de la mairie, à gauche. Passez devant l'église pour descendre la ruelle qui suit. À la bifurcation, tournez à droite pour doubler un hôtel.

Stop : traversez la D 42 pour un chemin goudronné en face. Il passe devant le cimetière et se termine avant le ruisseau. Franchissez la passerelle et poursuivez sur un sentier qui file sur la gauche. À la hauteur d'une maison, continuez sur son chemin d'accès pour retrouver plus loin le goudron. Au coude d'une route (408 m), suivez-la à droite sur 160 m pour la quitter et prendre à gauche un chemin prolongé par un sentier. Enjambez le ruisseau du Tayrac sur une passerelle en bois.

09,9 D 42 : suivez-la à droite sur environ 600 m en laissant une route à gauche vers la Pradine. Après un pont, tournez à gauche à la hauteur d'une ferme (Célis) et montez à droite de l'étable un chemin qui se réduit après le hangar et passe sous le couvert.

Vous suivez le goudron que vous retrouvez à la hauteur du cimetière ; après le gîte d'étape tournez à droite.

2h50 **11,4** **Sénergues.** Longez l'église (eau potable ; 506 m) pour descendre un passage pavé et atteindre la rue principale (D 42) à suivre sur la gauche. À la bifurcation, prenez à gauche la direction de Lunel par la D 242. Dans la courbe suivante, quittez-la pour un raccourci, avec des marches, à droite. Au-dessus, traversez la route pour un chemin qui monte, en face, à droite de la maison. Plus haut, dans le lotissement, remontez tout droit une rue qui se poursuit par un chemin et entre dans la forêt départementale de Sénergues. En haut, laissez un chemin forestier à gauche et progressez en bordure de la forêt.

12,9 Après une étable à gauche et à 20 mètres de la D 42, allez tout droit sur un chemin blanc qui se rétrécit plus loin. Au bout, suivez la D 42 à gauche sur 60 m.

13,5 Carrefour multiple (625 m, croix) : empruntez la route à droite vers Garuech sur 450 m et virez ensuite à gauche sur un chemin bordé de clôtures.
Vous tombez sur un autre chemin à suivre à gauche sur 50 m (boueux en temps de pluie) pour en prendre un autre à gauche. Celui-ci longe un champ, puis continue entre deux clôtures.

15,1 D 42 : suivez-la à droite longuement en laissant à 300 m la route de Pressoires à gauche, puis celle de la Souquayrie à droite.

17,1* Quittez la D 42 pour prendre en face (Ouest) la direction de Saint-Marcel, en laissant le chemin de la Borie à droite.

4h30 **17,9** Église de **Saint-Marcel**. Traversez tout droit le hameau. À la sortie, bifurcation où vous continuez en face, toujours sur la route.

19,0 Un peu avant un réservoir d'eau, quittez le goudron pour un chemin gravillonné à gauche (panneau "Conques 30 minutes") qui, après 260 m, à la hauteur d'une maison, devient sentier creux assez raide et rocailleux.
Plus bas, le sentier croise un chemin que vous ignorez pour descendre quelques marches en face. Vous retrouvez le goudron à descendre tout droit pour traverser ensuite la route et suivre en face une voie sans issue. À la fin du goudron, poursuivez sur le pavé de la rue Emile-Roudié. Dans cette rue, allez à droite à la bifurcation et laissez le gîte d'étape à droite un peu plus bas. Ensuite, descendez à gauche en direction de l'Office de Tourisme. Plus bas, allez à droite et à gauche dans la rue de l'Église.

5h15 **20,8 Conques.** Porte de l'église Sainte-Foy ; 280 m.

* *Les VTT suivront la D 42 pour atteindre Conques.*

Conques,
la porte du Barry

REMARQUE

Il est bien évidemment possible de partir de Conques pour aller vers Compostelle. La gare la plus proche se situe à Saint-Christophe-Vallon. Un balisage jaune permet de rejoindre Conques en 6 heures. Un service de transport par bus existe également : Cie Bousquet, tél. 05 65 72 64 56, prévenir la veille.

Le trésor du musée de Conques

pointus où dominent les trois tours de la basilique Sainte-Foy.

Il y a trop à voir pour que tout puisse être décrit : la basilique bien sûr et ce qu'on a pu reconstituer de cloître, mais aussi les façades aux colombages en X remplis de schistes, les maisons en encorbellement, la chapelle Saint-Roch (XVIème) sur sa butte rocheuse, le château d'Humières avec haute tour et fenêtres à meneaux, la porte romane de la Vinzelles par où repartaient les pèlerins, une tour de l'ancienne enceinte, etc.

SAUVÉE DE LA DÉMOLITION PAR MÉRIMÉE

Il y eut, dans le désert de Conques, un ermitage dès le IVème siècle : les Sarrasins le détruisirent, il renaquit au VIIème siècle, dans le mouvement lancé par Benoît d'Aniane (voir : *Le Chemin d'Arles*). Le moine Dadon s'installa "en ce lieu désert, asile des bêtes fauves et des oiseaux mélodieux", bientôt rejoint par d'autres bénédictins. Donateur, entre autres faveurs, d'un reliquaire, Charlemagne est représenté parmi les personnages sculptés du portail. Et Pépin II, roi d'Aquitaine, apporta aussi son aide en 838. Peu après, la relique de sainte Foy (pourtant très mal acquise, on va le voir...) n'en profite pas moins au monastère de Conques qui, le pèlerinage aidant, est propriétaire de nombreuses dépendances depuis l'Alsace jusqu'au-delà de Pampelune. Pourtant, la décadence a commencé, ainsi que la concurrence des abbayes cisterciennes du Rouergue. En 1424, Conques est sécularisée. Au XVIème siècle, les huguenots l'incendient. En 1838, des édiles ignares décident sa démolition. Heureusement, Prosper Mérimée, inspectant les monuments historiques, vient à Conques. Deux ans trop tard pour sauver le cloître, qui a déjà servi de carrière, mais à temps pour le reste qui sera préservé.

ET LE PÈLERIN D'ESPEYRAC RECOUVRE LA VUE...

Espeyrac est bâti en amphithéâtre, avec rues pentues et ruelles en escalier, sur un promontoire rocheux, face à la vallée. À l'entrée, vieille croix de pierre qui était autrefois sur le chemin du hameau de Falguières. L'église Saint-Pierre d'Espeyrac rappelle le souvenir d'un prieuré disparu, qui dépendait de Conques, où l'on verra la relique de sainte Foy. La légende sacrée place justement ici l'un de ses miracles : un pèlerin agressé par des bandits devint aveu-gle, il l'implora et recouvra la vue. On voit du chemin, au sud, le village de Sénergues et son château : tour carrée et isolée du XIVème, corps de logis borné de deux tours rondes.

CONQUES LA MÉDIÉVALE

La vue de Conques est saisissante pour qui vient de l'est : descendant dans la combe encaissée de l'Ouche, on débouche sur le ravin perpendiculaire du Dourdou (qui se jette un peu au nord dans le Lot) et la ville étale alors devant vous, sur la pente en partie boisée, ses gradins de toits

⬚ LE VOL DES RELIQUES DE SAINTE FOY

Peu après l'an mil, un lettré nommé Bernard, maître de l'école épiscopale d'Angers, séjournant à Conques, fut tellement charmé par les miracles de sainte Foy qu'il les décrivit dans le *Liber miraculorum Sancte-Fidis*. On connaît deux exemplaires de ce précieux manuscrit, l'un ici dans le Trésor, l'autre à Sainte-Foy-de-Sélestat, qui dépendait de Conques.

Sainte Foy (ou sainte Foi), chrétienne de douze ans, avait été soumise au feu puis décapitée en 303 à Agen, où ses reliques étaient jalousement conservées.

Un moine de Conques, Ariviscus, se fit alors moine agenais pendant dix ans et fut si zélé qu'on lui confia la garde du reliquaire. En 866, parvenu à ses fins, il enleva les reliques et les transporta à Conques.

Contrairement à tant de vierges mariales que la légende fait revenir au lieu où on les avait trouvées, sainte Foy ne tint pas rigueur du vol : les miracles se multiplièrent à Conques. Elle guérissait les aveugles et libérait les captifs. Une lecture exégétique de ses bienfaits montre qu'elle symbolisait en fait une tendance de l'Église, soucieuse de soulager le malheur des humbles.

⬚ LE PORTAIL DU JUGEMENT DERNIER

Troisième étape d'une construction plusieurs fois recommencée, l'actuelle Sainte-Foy a été édifiée entre 1031 et 1140. L'élancement à l'extérieur de ses tours, deux carrées à l'entrée, la troisième polygonale, refaite au XVème siècle, sur la croisée du transept, l'élancement à l'intérieur de ses piliers, sont familiers à tous par l'image et le timbre-poste.

Le plan est celui des grandes églises de pèlerinage : déambulatoire à trois absidioles rayonnantes, transept foi-sonnant, nef à six travées. On y voit des dizaines de chapiteaux historiés, un bas-relief de l'Annonciation, un enfeu de 1107, mais le chef-d'œuvre reste le tympan du portail sur le thème du Jugement dernier. Inscrit dans une voûte romane, sous un fronton triangulaire, il se développe sur quatre bandeaux inégaux autour d'un Christ en majesté : en haut les phalanges célestes, au milieu Marie, Pierre, les abbés, Charlemagne et les anges chassant les méchants vers la trappe. Puis sainte Foy, les morts sortant du tombeau, saint Michel et les démons de part et d'autre de la balance à peser les âmes. Tout en bas, enfin, à la droite du Christ, Abraham et la Jérusalem céleste, à sa gauche Satan et ses diablotins torturant les damnés.

⬚ LA COMPOSITE MAJESTÉ D'OR DE SAINTE FOY

Les innombrables trésors de Conques sont répartis en deux collections, reliquaires d'or et d'argent du VIIIème au XIIIème siècle, dans l'abbaye, tapisseries, tableaux, croix au musée du Docteur-Joseph-Fau. La pièce la plus célèbre est la Majesté d'or de sainte Foy : nous ne pouvons plus la voir avec l'émerveillement de Bernard d'Angers en 1010, pour qui elle ressemblait à une figure humaine suivant des yeux les paysans agenouillés, mais son étrange présence fascine encore du fond de sa rotonde.

On la sait très composite depuis le démontage pour restauration en 1955 : les bras tendus sont du XVIème siècle, les sandales du XIXème, la couverture d'orfèvrerie, gothique, la "monstrance" trilobée permettant d'entrevoir la relique du XIVème siècle, le diadème est une vraie couronne de roi carolingien raccourcie, et le visage aux yeux d'émail bleu profond une tête d'empereur romain rapportée. Mais le corps fait d'un bois d'if ajouré date bien de l'époque du vol de la relique, et celle-ci, doublée d'argent, est bien la calotte crânienne d'une toute jeune fille.

⬚ L'ANGE QUI PARLE ARABE

L'un des anges du registre intermédiaire du portail de Conques porte, sur sa robe, une inscription en "coufique fleuri", où les arabisants lisent Al-houm, "à Dieu la louange". On trouve ailleurs Ma-ch'allah, "ce qu'a voulu Dieu". Étonnant œcuménisme, dû sans doute aux artisans mozarabes d'Espagne avec qui le chemin permettait le contact.

⬚ PAR LE BARRY, CHEMIN FAISANT

- Rue Charlemagne à Conques, un corbeau de l'ancienne abbaye réemployé dans une maison en encorbellement représente Adam croquant la pomme.

- La ville avait trois portes. Il reste celle du Barry (faubourg, rappelons-le), grand arc de grès rouge du XIIème ou XIIIème siècle.

- Et la fontaine du Barry, romane, a un réservoir voûté en berceau. À quelques mètres, la chapelle Saint-Roch, déjà décrite.

- Le pont sur le Dourdou dit romain (mais peut-être faut-il comprendre "roumieu") a été construit en 1410 sur des assises antérieures.

- À une demi-heure, la chapelle Sainte-Foy, lieu de pèlerinage, offrait sur la ville une vue panoramique. Et sa source miraculeuse guérissait les yeux. La forêt cache aujourd'hui le paysage et l'oratoire abandonné est ouvert à tous vents. Le site reste néanmoins paisible et reposant, après la cohue de Conques !

- Au bout d'un chemin de croix venant de Noailhac, nouvelle chapelle Saint-Roch joliment perchée sur une crête dénudée et comportant un abri.

- Le nom de Laubarède ("l'aube rède") signifie l'aube fraîche. Le chemin de crête qu'on y suit était nommé *lou camin conquet* (de Conques).

Conques

Livinhac-le-Haut

VOUS ne quitterez pas facilement les murs de Conques, la beauté et le prestige vous retiennent sur le pavé. Un nombre certain de pèlerins y consacrent une journée de repos. Une fois franchi le pont "romain" sur le Dourdou, le sentier raide vous oblige à vous concentrer sur vos pas pour atteindre la chapelle Sainte-Foy, perchée à mi-pente. Un dernier coup d'œil sur la cité de Conques et vous filez sous les châtaigniers à la découverte des moutonnements verdoyants du Rouergue. Vous irez par les hameaux des Clémenties et Prayssac, devenu l'itinéraire classique du GR 65, ou par la variante de Noailhac et la chapelle Saint-Roch. Puis ce sera Decazeville, une grande ville qu'il vaut mieux dépasser pour préférer la tranquillité de Livinhac-le-Haut, entouré par un méandre du Lot. Vous pouvez aussi choisir de partir vers le sud en empruntant la variante passant à Villefranche-de-Rouergue et ainsi rejoindre Varaire par le GR 36 (voir page 187). Comptez alors une journée de marche supplémentaire.

🌐 CARTES UTILES

- 🌐 IGN 58 Rodez – Mende, au 1/100 000
- 🌐 2338 E Marcillac – Conques, au 1/25 000
- 🌐 2338 O Decazeville, au 1/25 000

🚶🚶 RENSEIGNEMENTS PRATIQUES

✤ NOAILHAC (12320) variante du GR

→ Café, restaurant

→ Gîte communal, 18 pl., nuitée 6,50 €/pers., coin cuisine, restaurant du Chemin Saint-Jacques, 05 65 72 91 25 ou mairie 05 65 69 85 81 (lundi 9h à 12h / mardi, jeudi, vendredi 14h à 18h)

→ Ferme équestre Montbroussous, 17 pl., dortoir 9,50 €/pers., pdj 4 €, repas 10,50 €, CH 35 €/2 pers., pdj compris, Mme Saunders, 05 65 72 85 74

➜ 200 m après Noailhac : CH, 8 pl., 36 €/2 pers., pdj compris, panier repas, Montbigoux, Mme Falip, 05 65 69 85 01

➜ 2,5 km après Noailhac, hors GR : gîte et CH l'Englès, 12 à 15 pl., nuitée 18 €/pers., pdj 3 €, repas 14 €, 1/2 pension 35 €/pers., coin cuisine, accueil équestre, M. Schmitt, l'Englès, M. Schmitt, 05 65 72 83 82

✢ 6 km après Noailhac sur le GR

➜ CH, 10 pl., 30 €/pers., 45 €/2 pers., pdj compris, coin cuisine, repas à partir de 12,50 €, M. Weatherall, 05 65 64 79 46

✢ DECAZEVILLE (12300)

➜ Tous commerces, services, cars SNCF.

➜ OT, Square Jean-Ségalat, BP 48, 05 65 43 18 36, www.decazeville-tourisme.com

➜ À voir : le chemin de Croix de Gustave Moreau, la mine à ciel ouvert de la Découverte, le musée Régional de la Géologie

🐚 1,5 km avant Decazeville : gîte le Buscalien, 8 pl., nuitée 13 €, 1/2 pension 27 €/pers., coin cuisine, accueil équestre, la Buscalie Haute, Mme Mazenc, 05 65 63 63 23 ou 06 85 76 19 27

✢ LIVINHAC-LE-HAUT (12300)

➜ Tous commerces, service (fermés lundi) sauf guichet automatique

➜ Mairie, 05 65 63 33 84 (HB en après-midi)

➜ Gîte d'étape communal, 30 pl., nuitée dortoir 7 €/pers., ch. 10 €/pers., coin cuisine, impasse Panassié, tél. mairie

🐚 Gîte et CH, 14 pl., dortoir 10 €/pers., pdj 5 €, coin cuisine, ch. 30 €/pers., 40 €/2 pers., accueil équestre, la Magnanerie, 170, rue du Faubourg, M. Robertson, 05 65 43 25 56 ou 06 09 49 15 68

L'église de Livinhac-le-Haut

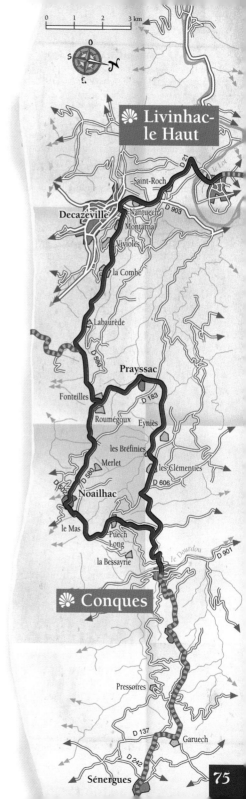

00,0 Conques. Dos à la porte de l'abbatiale, allez en face par la rue de l'Église, puis prenez l'escalier à gauche pour descendre le pavé de la rue Charlemagne. Dépassez la porte du Barry et laissez un chemin montant à droite. En suivant, ignorez un sentier à droite et la ruelle à gauche qui mène à la chapelle Saint-Roch. À la hauteur du goudron que vous laissez à droite, descendez quelques marches et le pavé de la ruelle en face.

Traversez la route au carrefour pour passer en face entre deux maisons et franchir le pont de pierre sur le Dourdou. Poursuivez sur la petite route. Dans la première épingle, empruntez un sentier raide et rocheux. Celui-ci traverse la route au-dessus et se poursuit en sous-bois.

01,2 La chapelle Sainte-Foy perchée fait face à Conques. Continuez à droite ; au-dessus laissez la piste pour un sentier à droite, encore raide. Sous les châtaigniers, croisez un sentier ; à la sortie de la forêt, le sentier finit par se calmer et se poursuit par un chemin bordé par deux clôtures.

0h40 02,5 Carrefour de chemins (544 m) et séparation de deux itinéraires. Laissez en face la variante par Noailhac et allez à droite vers Prayssac (Nord-Ouest). Après 300 m environ, traversez la route pour descendre en face une piste empierrée.

04,0 Au point bas, remontez vers la droite. 200 mètres après, laissez un embranchement à gauche et descendez en face. 600 m plus loin, à la bifurcation, montez à gauche.

05,4 D 606 : suivez-la à droite et à la bifurcation, 250 m plus loin, allez à gauche vers les Clémenties où vous laisserez un chemin à droite.

1h40 06,7 Les Clémenties. Traversez le hameau ; 100 m après le panneau de sortie, utilisez un chemin à gauche. Vous y laisserez un embranchement à droite.
À la ferme les Bréfinies vous retrouvez le goudron à suivre tout droit.

08,1 À l'entrée d'Eyniès, descendez un court chemin avant de remonter une trentaine de mètres le goudron pour prendre à gauche un chemin de terre qui descend fortement. Plus bas, laissez un chemin à droite. Au point bas, traversez un ruisselet à gué.

08,8 Empruntez la passerelle faite de deux poteaux électriques et continuez par un sentier raide sur le premier tronçon. Après une petite crête, le GR s'assagit en montée légère.
Après un passage humide, passez un portillon pour descendre un sentier. Il rejoint un chemin que vous suivez à gauche. Après le point bas, ce chemin devient très raide ; à la sortie du bois il s'adoucit et devient herbeux.

10,5 Traversez la D 183 pour prendre en face un petit chemin herbeux (croix à droite). Rapidement, vous trouvez le goudron (chambres d'hôtes à droite) que vous suivez à gauche.

2h45 10,9 Bifurcation (511 m) à **Prayssac :** continuez sur la gauche, laissez de suite un chemin à gauche et descendez sur le chemin qui fait suite au goudron.
Au point bas, passez le ruisseau et montez vers la gauche sur un chemin qui devient plus herbeux et raviné. Sur le haut, laissez un embranchement à droite pour dépasser les premières maisons.

13,0 Roumégoux : continuez à gauche sur le goudron. Prenez plus loin à gauche la D 580 (581 m) sur 200 m.

3h45 13,9 Prenez un chemin herbeux à droite marqué par une borne de la **méridienne verte** (vous retrouvez la variante qui passe par Noailhac). Plus loin, poursuivez en face sur un chemin peu gravillonné ; à la bifurcation allez à gauche.

15,4 Carrefour avec une petite route (la variante par Villefranche-de-Rouergue descend à gauche). Continuez en face par le GR 65 sur un chemin herbeux que vous quittez 200 m après pour emprunter un sentier à droite, entre deux clôtures.
Passez un portillon et plus loin suivez le chemin sur 40 m avant de reprendre un

sentier sur la gauche. Vous retrouvez plus tard un chemin près de deux bâtiments agricoles.

16,3 Empruntez la route à gauche (sous Labaurède). À 500 m, bifurcation où vous allez à droite. Vous laissez ensuite l'accès au Fromental à droite.

18,1 Traversez la Combe et dans le deuxième virage allez tout droit vers le Madieu en laissant après un chemin à droite (circuit des Familles).
À la bifurcation, prenez la direction de Decazeville ; à 300 m laissez un chemin à droite.
Au carrefour, allez à droite route de Vivioles (352 m), qui descend fortement.
À la bifurcation suivante, prenez à gauche la route de Montarnal. Allez à gauche en descente.

5h10 20,6 Decazeville.
Au stop, allez à gauche ; après le magasin de la presse, prenez à droite un sens interdit pour suivre la rue Camille-Douls en laissant à droite l'avenue Edmond-Sautet. Altitude : 207 m.
260 m après, aux feux tricolores, utilisez l'avenue Laromiguière (D 963) à droite sur 50 m, pour monter ensuite à gauche la route de Nantuech. Après un coude à droite, la rue se redresse sérieusement.

22,1 Après Nantuech, au carrefour la Baldinie (croix), allez en face et 100 m plus loin prenez à gauche le chemin de Boutigou. À la fin du goudron, poursuivez sur un chemin gravillonné ; quand vous retrouvez le bitume poursuivez tout droit.
Prenez la route à gauche, puis de suite à droite (347 m).

5h45 22,9 À l'église **Saint-Roch**,
prenez à gauche et traversez le bourg. Au carrefour avec deux pistes continuez en face.

23,9 Après une maison (Bégot), prenez un chemin herbeux à droite. En sous-bois, il devient plus raide avec des passages humides et boueux*.

24,9 Quand vous parvenez sur la D 21, allez tout d'abord à gauche, puis à droite,

Statue de saint Roch, en son église

pour traverser le pont sur le Lot (188 m). Ensuite, prenez la première route à gauche et 200 m après, au stop, traversez la D 21 pour aller en face et rapidement à gauche dans la rue de la République. Vous arrivez sur la place du 14 Juin, après l'église.

6h30 25,8 Livinhac-le-Haut.
Mairie.

* Les VTT éviteront ce passage en continuant tout droit après le carrefour de la Baldinie pour prendre un peu plus loin la D 963 à gauche, puis la D 21, pour retrouver le GR 65 au km 24,9.

VARIANTE DE NOAILHAC

Cet itinéraire est plus court que le précédent d'environ 2 km.

02,5 Carrefour de chemins (544 m) : continuez en face sur 300 m. Suivez la route à gauche et laissez à gauche celle qui descend aux Caugnes. Plus loin, laissez un embranchement à droite.

04,2 Au carrefour, prenez à gauche la D 606 et laissez rapidement à gauche l'accès à Puech Long.

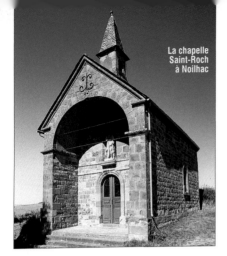

La chapelle
Saint-Roch
à Noilhac

04,9 Laissez la direction Conques et la D 232 à gauche et continuez sur la D 606. 200 m plus loin, laissez une petite route à gauche vers la Bessayrie.
Dépassez un chemin à droite marqué par une croix en bois.

06,2 Au croisement avec la D 580, descendez à gauche vers Noailhac. Dans le virage suivant, laissez partir une route en face vers le Mas. Plus bas ignorez à droite le Cambarel.

1h40 06,8 Noailhac. Au carrefour, prenez la D 502 à droite et, 100 m après, quittez-la pour monter à droite une petite route vers la Merlaterie. Sur cette route, laissez un embranchement à droite et, dans le virage au-dessus, allez en face sur un chemin de terre, herbeux. Plus haut, laissez un embranchement à gauche.

07,8 D 580 et chapelle Saint-Roch (vous pouvez rejoindre cette chapelle directement par la D 580 sans passer par Noailhac (au croisement D 606 et D 580, prenez à droite sur 1250 m). Poursuivez longuement à gauche sur la D 580. Laissez Merlet à droite et plus loin passez à gauche d'une grande antenne.

09,3 Carrefour multiple : continuez en face, toujours sur la D 580.
Laissez Fagegaltier à droite et, plus tard, de même pour Fonteilles.

3h00 11,7 Vous retrouvez le GR 65 à la borne de la **méridienne verte.** Quittez le goudron pour le chemin herbeux à gauche. Livinhac est à 12 km, soit 3 heures de marche.

 ### DECAZEVILLE, LA VILLE DU DUC DECAZE

Ville et nom sont récents : pour les vieux habitants du pays, le lieu s'appelait La Salle, qui indiqua au Moyen Âge une maison forte de petite noblesse. C'est le charbon qui a causé le changement. La Salle en produisait, dès le XVIème siècle, qu'on exportait par le Lot vers Bordeaux, mais petitement. Tout vint de ce que Louis XIV et ses successeurs, malgré les protestations de la paroisse, dotèrent de mines leurs maîtresses. Ainsi le duc Decaze, qui en hérita, put-il fonder en 1826, le polytechnicien Cabrol aidant, les Houilleries et Fonderies de l'Aveyron, qui allaient faire de ce village-rue un grand centre sidérurgique. Et, sous Napoléon III, la cité reconnaissante prit le nom de Decazeville, tandis que le grand

homme était statufié en toge romaine. L'apogée fut atteint au début de notre siècle avec neuf mille travailleurs et un million de tonnes de fonte par an. Puis vint le déclin, le Marché commun, la reconversion des bassins non compétitifs. On peut visiter, au sud de la ville, la dernière mine à ciel ouvert, sorte de ziggourat en creux, avec la pointe au fond du trou. L'activité a cessé en 2001. Dans l'église moderne, chemin de croix XIXème siècle du peintre Gustave Moreau.

 ### LA HALTE DE LIVINHAC

Encore une chapelle Saint-Roch, banale, à mi-chemin de Livinhac. Puis, à la dernière ferme avant le pont, un dernier oratoire Saint-Roch (récent celui-ci, mais preuve que le chemin vit). Le qualificatif de Livinhac-de-Haut est nettement exagéré, sa péné-

plaine étant à peine plus haute que le Lot. Le principal intérêt du bourg réside pour nous dans son pont et dans son gîte qui permettent, l'un de franchir le fleuve, l'autre de dormir. À part cela, quelques vieilles maisons, un couvent, une rue Laromiguière et une église dont la nef et le portail semblent garder quelque chose de roman. Flagnac et son église véritablement romane sont en face, sur l'autre rive du Lot, mais à une bonne heure de marche et de goudron.

DES H ET DES AC

Livinhac, Flagnac : la terminaison en ac est d'origine gallo-romaine. Souvenons nous aussi que l'h occitan est la marque d'un son mouillé : on devrait dire *golignac* ou *livignac*, même si les prononciations d'aujourd'hui sont souvent francisées.

Sur le Chemin, avant Figeac

Livinhac-le-Haut

Figeac

A LONGUE TRAVERSÉE du GR 65 dans l'Aveyron s'achève aujourd'hui pour s'insinuer dans le joli département du Lot, aux limites sud du Cantal. Vous quittez les rives de l'affluent de la Garonne pour préférer un cheminement sur les hauteurs. La richesse agricole est notable, où l'élevage et les vergers priment dans le paysage. Ce n'est qu'aux abords de Figeac que l'on commence à ressentir l'influence des causses et à voir une des premières cazelles, ces cabanes de berger en pierres sèches et en forme d'igloo. L'abbatiale Saint-Sauveur, l'église Notre-Dame-du-Puy et les ruelles médiévales de Figeac, où vous ne découvrirez malheureusement pas la pierre de Rosette, combleront votre curiosité culturelle en cette fin d'étape. (De Montredon à Figeac : classement UNESCO.)

🌐 CARTES UTILES

🌐 IGN 57 Cahors – Montauban et 58 Rodez – Mende, au 1/100 000

🌐 2338 O Decazeville, au 1/25 000

🌐 2238 E Figeac, au 1/25 000

🚶 RENSEIGNEMENTS PRATIQUES

✤ **BOISSE-PENCHOT(12300)**
proche Livinhac, à 2 km du GR

➜ Camping de Roquelongue**, 66 empl. tente 8,50 €, mobil home 20 €/2 pers., coin cuisine, ouvert du 01/03 au 31/12, Boisse-Penchot, 05 65 63 39 67

➜ Gîte d'étape, 12 pl., prix pèlerin, 16 €/pers., pdj complet compris, coin cuisine, accueil équestre, acheminement poss., Malaval, Mme Roux, 05 65 64 82 14

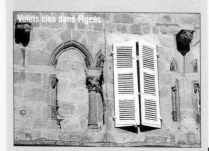

Volets clos dans Figeac

➜ CH Rando-Étape, 11 pl., 1/2 pension
32 €/pers., accueil équestre, ouvert de mai à fin
septembre, Mme Debray, 05 65 34 38 20

❖ FIGEAC (46100)

➜ Tous commerces, services, gare SNCF,
de nombreux hôtels et restaurants

➜ OT du Pays de Figeac-Cajarc,
Hôtel de la Monnaie, pl. Vival, 05 65 34 06 25,
www.ville-figeac.fr

➜ À voir : la vieille ville médiévale,
exposition permanente à l'Espace Patrimoine
(rue de Colomb), le musée Champollion, la place
des Écritures, le musée du Vieux Figeac (à l'OT),
le musée de l'Hôtel Médiéval (41, rue Gambetta),
l'hôpital Saint-Jacques (UNESCO)

➜ Gîte et hôtel de la Voie romaine, 12 pl.,
11 €/pers., repas 4,5 €, coin cuisine,
prix pèlerin,1/2 pension 29-38 €/pers.,
coin cuisine, 4-6, av. de Toulouse, réservation,
Mme Noël, 05 65 34 22 95

➜ 1 km après Figeac : gîte de Sylviane,
13 pl., nuitée 11 €/pers., pdj 4,5 €, coin cuisine,
accueil équestre, accès gîte en bus gratuit,
26, chemin du Bataillé, réservation,
Mme Faivre-Pierret, 05 65 50 01 83

➜ 1 km après Figeac : camping les Rives
du Célé***, 103 empl., tente 7 €/pers.,
restauration à proximité, ouvert d'avril à septembre,
domaine de Surgié, 05 65 34 59 00

Figeac, place Carnot

00,0 Livinhac. Face à la mairie, descendez à droite la rue Camille-Landes qui vire sur la droite.

Après 200 m, au carrefour, traversez la D 21 pour prendre en face la direction de Capdenac par la D 627 et laissez un peu plus loin la route de Pontet, à gauche.

A la bifurcation avec un calvaire, allez à droite sur un bout de goudron. Après l'étable, grimpez en face un sentier à l'ombre et en creux (sauf VTT). Plus haut, à découvert, il monte à travers champs.

01,1 Au carrefour de routes, poursuivez en face en montée assez raide vers le Thabor ; après 300 m laissez la direction d'Aumont à gauche.

Sur le haut, dans le virage en épingle, prenez un chemin à droite après une plantation d'épicéas.

Quittez ce chemin qui vire pour en prendre un autre, herbeux, en face entre deux clôtures.

03,1 La D 21 : suivez-la à gauche sur 300 m avant de tourner à gauche en direction de Feydel. 80 mètres plus loin, quittez le goudron pour une piste à droite. 200 m après, vous retrouvez le goudron dans une ferme (Feydel-Haut) où vous continuez en face.

Ignorez un chemin balisé en jaune, à gauche. Après une ferme, laissez un chemin herbeux qui descend à droite ; plus loin laissez-en un autre à gauche.

Parvenu sur la D 2, allez à gauche et une centaine de mètres après, au carrefour avec une chapelle, montez à droite en laissant la direction de Bagnac.

1h20 05,4 Montredon. Église et carrefour : allez à gauche (396 m).

Au carrefour en T, 250 m plus loin, poursuivez à droite et passez devant le gîte *La Mariotte*. En bas, au carrefour de Lalaubie, allez en face, puis prenez la direction de Sournac, en face.

À la bifurcation, poursuivez à gauche en direction de Tournié ; dans un virage laissez un chemin à gauche. Traversez le hameau de Tournié, continuez sur la petite route et passez ainsi une ferme.

Au carrefour qui suit, allez en face sur 600 m.

08,0 Hameau de Lacoste* : tournez à gauche. Après les maisons et la fin du goudron, suivez un chemin de terre sur 300 m environ. Tournez à droite et descendez un sentier en creux qui plus bas devient plus raviné, rocailleux et glissant. Il rejoint un bout de chemin, puis le coude d'une allée goudronnée où vous allez à gauche. 50 m après, suivez une petite route à gauche.

2h10 **08,6 Chapelle de Guirande.**
Passez à sa droite (herbeux) avant de prendre la D 2 (277 m) à droite. Après la première maison, prenez une petite route à droite.
Après le hameau de Guirande, empruntez un chemin herbeux ombragé à droite. Il vire vers la gauche ensuite (cette partie peut être très boueuse en cas de pluie).

09,4 Prenez un chemin à gauche (vieux panneau de l'aérodrome !). Sur le haut, laissez un embranchement à droite.
A la bifurcation, au niveau d'un petit hangar, continuez sur la droite sur un chemin herbeux. Au coude d'un chemin goudronné, allez en face.

10,3 Carrefour avec la D 41 : continuez à droite.
Ferme et croisement sur le point haut : allez à gauche (Ouest) vers le Terly. En bas, traversez l'étang et laissez ensuite un chemin à droite.

11,6 Ferme le Gévaudan : allez en face sur un chemin herbeux en descente (ornières et zone très boueuse en cas de pluie). À la bifurcation continuez à gauche (Sud).

3h15 **12,8** Au hameau de **Bord**, allez à droite sur une petite route qui se termine après 300 m. Prenez alors un chemin herbeux à droite ; 90 m après, tournez à gauche. 120 m plus bas, au niveau d'une mare, continuez à droite ; en montant laissez un chemin à droite.

14,0 La Cipière : vous retrouvez le goudron que vous suivez en face.
Empruntez la D 2 sur la gauche (Sud-Est) sur 400 m pour aller ensuite à droite en direction de Saint-Félix. En remontant, lais-

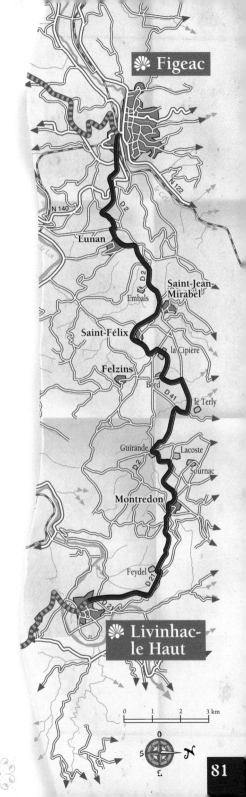

sez une petite route à droite et dépassez le cimetière.

3h50 15,4 Centre de **Saint-Félix.** Juste

après le restaurant, prenez le passage à gauche (les VTT continueront sur la route) et empruntez ensuite un sentier en face, entre deux murettes d'abord, puis entre deux clôtures. En haut, 180 m après, tournez à droite sur un petit chemin sous les arbres. Empruntez la route à droite sur 140 m ; au croisement de la Croix Jordy allez à gauche. 90 mètres plus loin, quittez le goudron pour un sentier à droite, le long d'une clôture. À la route, virez à droite et au carrefour suivant montez en face sur 400 m.

16,7 D 206 : suivez-la à gauche avant de la quitter plus loin pour un sentier à droite, sur 150 m. Vous retrouvez la D 2 que vous suivez à gauche. Au carrefour de la Devèze, 100 m après, poursuivez en face en laissant la D 206 à gauche. Plus loin, vous laissez une route à droite.
À la sortie de Saint-Jean-Mirabel, laissez la direction de la Serre et plus tard celle d'Embals, à gauche.

18,6 Dans une courbe de la route, prenez un chemin à gauche sur 180 m. Empruntez ensuite sur 70 m une petite route à gauche avant de prendre la direction de l'Hôpital, à droite.
200 m après, dans la descente, tournez à droite dans un chemin de terre. Plus loin, il se rétrécit entre deux murettes et devient sentier. Remontez un chemin d'accès à droite sur 60 m.

5h00 19,8 Stop avec la **D 2** (379 m) :

allez à gauche**, puis en face prenez la D 210 vers Lunan. 240 mètres plus loin, quittez la D 210 pour une route sans issue à droite. Ignorez un accès à droite.
Poursuivez tout droit après la fin du goudron sur un chemin qui descend fortement et devient caillouteux (non praticable à VTT). Au croisement de chemins, allez à droite et à la bifurcation suivante, continuez en face.
Au niveau d'une maison, suivez un chemin en face et, 60 m plus loin, prenez une petite route à droite (Nord).

21,0 Vous retrouvez la D 2 : prenez-la à gauche sur une centaine de mètres avant de tourner encore à gauche sur la route marquée d'un panneau 12 T. 200 mètres après, laissez une route à droite.

5h30 22,0 Séparation des GR 6 et 65.

Quittez la route pour un petit chemin à droite. Vous passez près d'une belle cazelle (cabane en pierre sèche). Plus loin, ce chemin en croise un autre : continuez à descendre en face.

22,9 Vous retrouvez la D 2 que vous descendez sur la gauche sur 300 m en laissant une route à droite dans un virage.

23,2 Croisement avec la N 140 : suivez-la en face sur 200 m et quittez-la à gauche pour une petite route en sens interdit.
Ensuite, au carrefour prenez à droite le chemin d'Embiane. La descente vous offre une belle vue sur la ville de Figeac. En bas, passez la voie ferrée rue de Londieu ; 200 m après, tournez à gauche sur l'allée Victor-Hugo. Au feu, tournez à droite dans l'avenue Emile-Bouyssou, laissez le GR 65 partir à gauche (vous le retrouverez à l'étape suivante).

6h20 25,3 Figeac. Pont sur le Célé,

190 m.

* Les VTT ne tourneront pas à Lacoste (chemin interdit aux deux roues) mais suivront la route. Au carrefour suivant, ils iront à gauche et au prochain tourneront à droite sur un chemin gravillonné pour retrouver le GR 65 un peu plus loin, avant l'aérodrome.

** À VTT : continuez sur la D 2.

VARIANTE PAR ROCAMADOUR

En onze étapes, les cheminants peuvent rejoindre La Romieu en passant par Gourdon et Agen. Cet itinéraire est entretenu, balisé de façon aléatoire, mais ne fait pas l'objet d'un descriptif. Voir page 211.

LE "MONT ARRONDI" SUR LE "CHEMIN ROMIPÈTE"

Premier village lotois, Montredon (le mont arrondi), s'étale en effet sur un mamelon dominé par l'église Saint-Michel. À sa place, il y eut un prieuré de l'abbaye de la Chaise-Dieu. Sur le linteau du presbytère, une croix de Malte sculptée garde le souvenir des Hospitaliers de Saint-Jean. Au bas du village, la chapelle Notre-Dame, rebâtie en 1958, remplace un sanctuaire ancien dont elle a conservé une statue de pierre de la fin du XVème siècle. Ce carrefour était celui de la route Bourges-Toulouse et du chemin de Figeac à Rodez, qui porte localement le joli nom de *romipète* (sans doute le "sentier des pèlerins").

LA CHAPELLE PEINTE DE GUIRANLE

La chapelle romane de Sainte-Marie-de-Guiranle, ancienne dépendance des augustins de Chalard (Haute-Vienne) a des peintures de la fin du XVème siècle.

Au chevet, Christ en majesté entouré des symboles de saint Jean et de saint Mathieu, au-dessous, sainte Madeleine et saint Namphaise, ermite qu'un taureau éventra, et qu'on implorait pour la guérison de l'épilepsie. Son tombeau est en l'église romane de Caniac, plus au nord, sur le causse de Gramat.

PAR LES TYMPANS ROMANS, CHEMIN FAISANT

- Maisons à lucarne de pierre et ferme datée de 1689 au hameau d'Escordiers qui doit son nom à une ancienne fabrique de cordes, quelques centaines de mètres au nord.
- Peu après, la ferme de la Cipière a une tour carrée qui sert de pigeonnier.
- À Saint-Félix-de-Mirabel, l'église romane Sainte-Radegonde appartenait à l'abbaye de Figeac. Sur le tym-

Notre-Dame-du-Puy à Figeac

pan du XIème siècle, Adam, Ève, l'arbre et le serpent. À l'intérieur, croix de fer forgé de 1783 et saint Jacques en vitrail.

- Hors chemin, à cinq minutes au nord, Saint-Jean-Mirabel, dont l'église était un prieuré de l'abbaye de Conques le tympan du XIIIème siècle représente la crucifixion avec la Vierge et saint Jean, le soleil et la lune.

LES COLOMBES EN CROIX DE FIGEAC

Sur la rive nord du Célé qui traverse son bas quartier, l'antique Figeac est repliée sur elle-même dans le cercle de son enceinte disparue. Selon deux chartes apocryphes, Pépin le Bref, passant par là en 753, vit un vol de palombes en croix et en déduisit qu'il fallait y construire une abbaye, puis venant en 755 la consacrer, le pape Étienne II y fut devancé par le Christ lui-même.

Mais le nom de Figeac (*Fidiacum ?*) était déjà romain, comme les restes de murailles près de Notre-Dame-du-Puy. Lunan détruite, ses moines durent se réfugier à Figeac, dont l'abbaye existait en 992. Rattachée d'abord à Conques, elle se donne en 1074 Hugues de Cluny pour abbé et obtient son indépendance. Les abbés, seigneurs directs de la ville, en nomment les consuls mais, au XIVème siè-

Architecture traditionnelle dans Figeac

rie car la Vierge aurait fait fleurir, en ce lieu à Noël, un rosier sous la neige pour susciter ce sanctuaire, qui fut la première église paroissiale. Très ravagée et très restaurée, elle a un portail du XIVème siècle, des voûtes en berceau, une abside romane aux beaux chapiteaux parfois refaits (dont un calvaire et une Vierge à l'Enfant assise). Retable marial de Jean Loficial, en 1683.

 ## CES LOGGIAS, DITES SOLEILHOS

Les traits marquants de l'architecture ancienne figeacoise sont les colombages, les tourelles en encorbellement, les ouvertures gothiques, mais surtout les *soleilhos* : une haute galerie s'ouvrant sous le toit de tuiles canal entre des piliers de bois, de pierre ou de brique. Offerts au soleil, comme son nom l'indique, ils servaient au séchage du linge pour les ménagères, des peaux pour les tanneurs, des récoltes pour les paysans, voire à de petits élevages.

À TRAVERS LA VILLE DES CHAMPOLLION

- Une chapelle de Notre-Dame-du-Puy était le siège de la confrérie Saint-Jacques. La statue du saint est aujourd'hui à Figeac.
- L'hôpital Saint-Jacques (autrefois d'Anjou, fondé en 1260) existe toujours. Il y en eut trois autres.
- La plus belle des vieilles maisons (arcades, fenêtres gothiques, soleilho, cheminée conique) est l'hôtel de la Monnaie (XIVème), qui semble plutôt la demeure d'un marchand. Voir aussi l'hôtel de Balène.
- La maison des Champollion est devenue un musée d'égyptologie. Ils étaient deux : Jean-François, génial traducteur des hiéroglyphes d'Égypte, qui savait le grec à 9 ans, l'hébreu à 13, l'arabe et le chaldéen à 14 ; et son frère Jean-Jacques, paléographe et historien.

cle, ceux-ci obtiennent qu'elle relève du roi de France. Ils sont élus et frappent monnaie. Figeac résiste aux Anglais qui n'en sont maîtres qu'une année, en 1372. Protestante en 1576, conquise et démantelée par Louis XIII en 1622, elle voit depuis des avenues remplacer les remparts tout en gardant sa vieille ville. Sous-préfecture de plus de 10 000 habitants, elle a ses aspects modernes, telle l'usine aéronautique Ratier (1 000 emplois).

SAINT-SAUVEUR, L'ABBATIALE

La construction de Saint-Sauveur, alors église du monastère, commencée en 1130, dura jusqu'au XIIIème siècle. Malgré les dégâts causés par les guerres et les restaurations hasardeuses, elle garde fière allure par ses dimensions qui rappelle les grandes églises de pèlerinage, de Conques ou

de Toulouse. La haute nef à sept travées repose sur des piliers romans ; ses tribunes surmontent des bas-côtés un peu écrasés, ornés de chapelles gothiques ; le transept, dont les galeries unissent tribunes et triforium, avait une coupole à sa croisée ; écroulée en 1918, elle a été remplacée par une voûte d'ogives ; le chœur est entouré d'un déambulatoire. Il faut chercher les vestiges romans dans les modillons, dans les chapiteaux d'une absidiole, ou dans le bénitier qui est aussi un chapiteau creusé. À voir aussi le portail nord du XIVème siècle.

NOTRE-DAME-DU-PUY FIT FLEURIR LE ROSIER DANS LA NEIGE

L'église Notre-Dame-du-Puy, haut perchée comme son nom l'indique, est aussi appelée Notre-Dame la Fleu-

Falaises près de Cajarc

Figeac

Cajarc

N S'ÉLÈVE rapidement au-dessus de Figeac pour mieux observer cette ville ancienne depuis le tertre du Cingle, flanqué d'une grande croix. Ensuite, le parcours reste sur les hauteurs comme autrefois où les pèlerins préféraient éviter les vallons peu sûrs. Le causse est surtout présent dans la deuxième partie, après Béduer. Le sentier trace son fil sur un sol caillouteux peu enclin aux cultures et où seul le chêne rabougri arrive à pousser. Le Gréalou, avec son vieux puits et l'église romane, est l'occasion d'une pause agréable sous les platanes avant de poursuivre à la rencontre de dolmens, de croix et de murettes. Enfin, au terme de cette longue étape, la descente sous les falaises de Roc Rouge permet de découvrir la cuvette de Cajarc, où il fait bon vivre au bord du Lot. (De Faycelles à Cajarc : classement UNESCO.)

🌐 CARTES UTILES

🌐 IGN 57 Cahors – Montauban, au 1/100 000

🌐 2238 E Figeac, au 1/25 000

🌐 2238 O Cajarc, au 1/25 000

👥 RENSEIGNEMENTS PRATIQUES

✤ FAYCELLES (46100)
5 km après Figeac

🌀 Rando-étape le relais Saint-Jacques, 40 pl., 8,90-11 €/pers., pdj 4,30 €, coin cuisine, dépannage épicerie, accueil équestre, ouvert du 15/03 au 31/10, la Cassagnole, Mme Lefrançois, 05 65 34 03 08

→ CH, 10 pl., 48 €/2 pers., pdj compris, repas 20 €, panier repas, la Valade, Mme Dumoulin, 05 65 34 61 31

✤ BEDUER (46100)

→ Boulangerie, restaurants

→ Camping Pech Ibert, 25 empl., chalet 14 €/pers., caravane 11 €/pers., tente 7 €/pers., coin cuisine, ouvert du 15/03 au 31/12, M. Chassain, 05 65 40 05 85

Dolmen près de Gréalou

❖ CAJARC (46160)

→ Tous commerces, services

→ Bureau d'information, la Chapelle, 05 65 40 72 89, www.quercy-tourisme.com/cajarc

→ À voir : maisons romanes et gothiques, la maison de l'Hébrardie, le Centre d'art contemporain-Maison des Arts Georges-Pompidou, la chapelle des Mariniers, le musée du Rail

→ Gîte communal, 20 pl., nuitée 5,90-6,90 €/pers. (selon saison), coin cuisine, pl. du Foirail, Mme Mignot, 06 14 66 54 89

→ Hôtel Auberge du Pont, 18 pl., 1/2 pension 51 €/pers., 16, av. Coluche (gîte prévu en 2004), M. Lavaur, 05 65 40 67 84

→ Camping communal du Terriol**, 45 pl., tente 5,35 €/pers., ouvert de mai à septembre, le Cuzoul, 05 65 40 72 74

→ Gîte d'étape, 14 pl., 9,50-12,50 €/pers. (selon saison), pdj compris (sauf pain), coin cuisine, 2, av. Marius-Couyban, Mme Cajarc, 05 65 40 65 31

❖ LARNAGOL (46160)
variante vallée du Lot, 4 km de Cajarc
(poss. de rejoindre Saint-Cirq-Lapopie)

→ À voir : maisons troglodytiques dans la falaise, fontaines, dolmens, gouffres

→ Gîte et ferme équestre de Seuzac, 20 pl., nuitée 12 €, pdj 5 €, 1/2 pension 26 €/pers., coin cuisine, accueil équestre, M. Meyzen, 05 65 40 73 16

VARIANTE PAR LA VALLEE DU CELE
GR 651 et puis GR 36

❖ BEDUER (46100) variante à 900 m
GR 651 proche de Boussac

→ CH domaine des Villedieu, 12 pl., 1/2 pension 47-59 €/pers., repas gastronomique, accueil équestre, acheminement poss., Boussac, M. Villedieu, 05 65 40 06 63

❖ ESPAGNAC-SAINTE-EULALIE (46320)
variante GR 651

→ Gîte d'étape intercommunal**, 19 pl., nuitée 7-11 €/pers., coin cuisine, restauration et accueil équestre poss., ouvert du 01/03 au 01/11, Mme Puel, 05 65 11 42 66

❖ MARCILHAC-SUR-CELE (46100)
variante GR 651

→ Épicerie, restaurants

→ À voir : abbaye bénédictine

→ SI, Maison du Roy, 05 65 40 68 44, www.quercy-tourisme.com/marcilhac

→ Gîte communal, 10 pl., nuitée 6 €/pers., coin cuisine, accueil équestre, mairie 05 65 40 61 43

→ Gîte et CH les Tilleuls, CH 40-42 €/2 pers., pdj compris, gîte (15 pl.) 11 €/pers., pdj 5 €, coin cuisine, Maison Falret, Mme Menassol, 05 65 40 62 68

❖ CABRERETS (46330) variante GR 651

→ OT du Lot-Célé, 05 65 31 27 12

→ Alimentation, restaurants

→ Gîte et CH, 25 pl., dortoir nuitée 10 €/pers., coin cuisine, ouvert de Pâques à fin novembre, pl. de la Mairie, Mme Bessac, 05 65 31 27 04

❖ SAINT-CIRQ-LAPOPIE (46330)
variante GR 36

→ Alimentation, restaurants

→ OT, 05 65 31 29 06

→ Gîte communal, 23 pl., 11 €/pers., coin cuisine, accueil équestre, ouvert du 13/03 au 15/11, maison de la Fourdonne, Mme Le Gallo, 05 65 31 21 51

❖ CONCOTS (46330) variante à 500 m
du GR 36 – 5 km du GR 65 entre Varaire et Bach

→ Gîte d'étape la Logette, 20 pl., nuitée 10 €/pers., draps 3 €, pdj 4 €, repas 10 €, coin cuisine, panier repas, accueil équestre, M. Aillet, 05 65 31 55 04

❖ ARCAMBAL (46090)
vers Cahors sur GR 36

🐚 Gîte et CH le Relais de Pasturat, 25 pl., 1/2 pension 24 €/pers., panier repas, accueil équestre, ouvert du 01/03 au 30/11, à 2 km de Saint-Géry, Pasturat, Mme Charazac, 05 65 31 44 94

00,0 Figeac. Depuis le pont sur le Célé, allez vers le Sud, dos à la vieille ville, pour prendre 20 m après la rue Jean-Jaurès à droite.

Laissez une route à droite et passez à gauche sous le pont de la voie ferrée ; virez alors sur la droite. Quittez la route pour aller à gauche (restaurant), dépassez les maisons et empruntez un chemin ombragé qui monte assez raide. Il exécute deux grands lacets.

01,3 Vous rejoignez un chemin gravillonné non loin d'une antenne que vous laissez sur votre gauche. Ce chemin aboutit à une grande croix (panorama sur Figeac). Prenez la petite route d'accès en suivant.

02,3 Voie sans issue à droite : continuez sur la route à gauche ; à la bifurcation, 200 m plus loin, allez à droite.

0h45 03,0 Carrefour au monument de **l'Aiguille du Cingle.** Prenez à droite et, 200 m plus loin, empruntez la D 922 en face sur plus de 100 m. Allez ensuite à droite dans la zone industrielle vers le Pech de Balajou et au carrefour continuez en face sur la petite route.

04,6 Croisement : laissez la direction Balajou à droite pour aller à gauche vers Buffan. Au point haut, laissez un chemin et un bâtiment à gauche, descendez tout droit.

05,5 Carrefour : continuez en face vers Mas de la Combe. À la bifurcation, 200 m plus loin, allez à droite vers la Forge. Au point haut, avec une cazelle à droite, laissez un embranchement à gauche vers le Causse et continuez tout droit. Brutalement, la route descend et contourne une résidence.

07,6 Laissez une voie sans issue à droite. Bifurcation : allez à gauche et 100 m plus loin allez à droite (pigeonnier à droite).

08,4 Suivez la D 21 à droite, puis 200 m plus loin, au carrefour avec la D 662, allez en face vers Faycelles. Dans un virage en épingle dans le village, allez à droite et montez vers l'église.

Cazelle près de Cajarc

2h15 **09,0 Faycelles.** Poursuivez en face par une ruelle qui descend et remonte. Dans le virage, allez tout droit sur un petit chemin herbeux sur plus de 100 m. Ensuite, suivez la route à gauche et, à la bifurcation, 300 m plus loin, continuez à droite (D 21).

10,3 Laissez une route à droite et, 50 m plus loin, l'accès au stade à gauche.

11,4 Dans un virage, laissez un embranchement à droite et, 50 m plus loin, quittez le goudron pour aller à gauche sur un accès à une maison ; prenez de suite un chemin à droite sous les arbres.
Coude d'une petite route à emprunter seulement 40 m pour prendre un sentier à droite (poteau GR 65).
À la route (mare à droite) allez à droite sur 60 m. Au carrefour du Mas de la Croix (312 m), allez à gauche sur 50 m.

3h10 **12,3 Mas de la Croix.** Carrefour et séparation du GR 65 et du GR 651 (variante par la vallée du Célé). Poursuivez à gauche sur une petite route flanquée d'un panneau 2,5 T.
Dans un virage, laissez un chemin à droite (croix) et prenez à gauche (Sud-Ouest) un sentier en montée.

13,2 À la hauteur d'un réservoir, prenez le bitume en face sur environ 250 m. Puis empruntez un chemin sur la gauche qui devient sentier plus tard. À découvert, continuez sur un chemin herbeux.

14,1 A la route, allez à gauche sur 30 m et, au carrefour, suivez la direction de Surgues à droite. 340 m plus loin, laissez le goudron partir vers Surgues et empruntez à gauche une piste blanche en laissant assez vite un embranchement à droite.
À la bifurcation, continuez à droite et peu après laissez plusieurs embranchements à droite pour aller tout droit.

3h45 **14,8** À l'entrée du mas de **Combes-Salgues,** prenez à droite un sentier. Au carrefour de chemins, 350 m plus loin, prenez le sentier, en face, encadré de broussailles.

16,7 D 38 (350 m) : allez à gauche (Sud-Est) sur 290 m pour prendre un chemin blanc à droite. Vous poursuivez tout droit au carrefour de chemins. Au bout de 350 m, quittez cette piste pour un sentier à droite. Au-dessus, croisez un chemin peu marqué. Le sentier se termine sur un chemin herbeux d'une centaine de mètres

19,3 Le Puy Clavel. Suivez la route à droite sur 80 m pour prendre un chemin herbeux à gauche.

20,2 Suivez un chemin blanc en face, puis prenez la route à droite.
Carrefour avec la D 19 : traversez pour suivre la route en face. À la bifurcation, continuez à droite ; après le réservoir, descendez une petite route à gauche. Au carrefour T, allez à droite et naviguez entre les maisons.

5h15 **20,9 Gréalou.** Au carrefour entre les maisons, allez en face. 30 m plus bas, laissez l'église (388 m) et la place aux platanes à gauche pour utiliser une petite route à droite sur 200 m avant de la quitter pour un chemin qui longe le cimetière par la gauche.
Après 500 m, vous aboutissez sur le coude d'une allée goudronnée que vous empruntez sur 20 m vers la gauche avant de suivre le chemin gravillonné qui la prolonge. 100 m plus loin, vous laissez descendre un chemin à gauche.
Au bout de 900 m, après une légère descente, se présente une bifurcation : continuez à droite.

22,9 Carrefour près du Pech Laglaire avec un dolmen à gauche et une croix de pierre à droite : allez à gauche en descente, sous les arbres, sur un chemin rocailleux. 460 m plus bas, traversez la route en oblique sur la gauche pour une autre piste.

23,7 Carrefour avec une fin d'allée goudronnée : l'itinéraire suit alors un chemin empierré à droite qui passe à droite d'une ferme (Martigne) et d'un hangar tunnel. Continuez tout droit au carrefour juste après.
Le GR retrouve une petite route à suivre à droite sur 200 m.

25,0 Carrefour et **variante du GR 65 :** continuez à droite (Ouest) et dépassez quelques maisons. Dans le virage laissez un embranchement à gauche et un chemin à droite dans le suivant.
Carrefour avec une croix en fer : allez tout droit. La route monte plus loin entre une vigne à droite et une plantation de conifères à gauche.

6h40 26,3 D 82 : empruntez-la à gauche sur une centaine de mètres pour utiliser un chemin à gauche qui entre en diagonale dans le sous-bois. Plus étroit, le chemin se faufile plus loin entre deux champs. Au carrefour, en lisière, continuez en face dans la forêt. Après le carrefour en T, allez à droite sur 50 m seulement.
Traversez la route (D 17) pour un chemin en face qui part en oblique vers la gauche. Ce chemin suit une murette en sous-bois et descend.

28,0 Carrefour, 100 m après une maison : poursuivez à gauche sur un chemin blanc. 460 m après, vous laissez un chemin d'accès à une ferme à droite.
Croisez une route pour descendre un chemin en face entre deux haies. Ignorez des embranchements peu marqués.
Plus bas, poursuivez sur la route en face sur 60 m.

29,5 Dans le virage, laissez un chemin à gauche pour emprunter le deuxième entre deux murettes. Ce chemin aboutit 600 m plus loin à une allée goudronnée à suivre en

Dans les rues de Cajarc

face sur 200 m. Au coude de la route, allez à gauche sur une centaine de mètres.

7h40 30,4 Col (Roc de Conte, 253 m). Quittez la route pour un chemin à droite, interdit à tous véhicules. En balcon, ce chemin permet un point de vue très intéressant sur Cajarc et passe près d'une grotte. Après celle-ci, un sentier prend la relève, cailloux, il descend assez raide.

31,0 Au départ d'un chemin, le GR emprunte un sentier à droite à plat. Vous trouvez le goudron que vous suivez tout droit à travers une petite zone artisanale.
Stop sur la D 662 : suivez à gauche en laissant le GR 65 qui part à droite dans la rue du Cuzoul, en direction de Varaire (étape du lendemain).

8h00 31,6 Cajarc. Carrefour de la D 662 et le boulevard de tour de ville (155 m).

Saint Jacques dans l'église de Cajarc

c'étaient les bornes de la "Sauveté", abbatiale à l'intérieur de laquelle tout droit de poursuite cessait, pour d'autres, des "montjoies" de pèlerins.

- La Cassagnolle, sur la gauche aurait été le hameau natal de Louis le Pieux, fils de Charlemagne et deuxième empereur d'Occident.

- Belvédère sur la vallée du Lot (notamment celui de l'abreuvoir fontaine au-dessus de l'église), Faycelles fut une bastide dont il reste une tour, une porte et de vieilles maisons. Au cimetière, ruines d'une chapelle romane. Sur la butte, l'église actuelle a remplacé le château disparu. On a retrouvé au sud du village une nécropole mérovingienne.

 ## LE CARREFOUR DE BÉDUER

Au village de Béduer, l'ancien château de Barast garde un donjon roman du XIIIème siècle. La famille de Lostange y rivalisa un temps avec l'abbaye de Figeac, régnant entre Lot et Célé. Nous sommes à un carrefour du chemins d'ici part le GR 651, variante par la vallée du Célé.

LES DOLMENS DE GRÉALOU

À Gréalou, la jolie petite église romane Notre-Dame-de-l'Assomption, sur sa place ombragée de platanes, abrite une pietà polychrome (XVème ?) et un bénitier historié en pierre, de 1684.

Nombreux dolmens sur la commune, dont un gros, plus loin au bord du chemin, à côté d'une croix de pierre qu'on dit le plus ancienne de la région. Et un autre à 200 mètres, au sommet du Pech Laglaire.

 ## GARRIOTTES ET CAZELLES

Ce plateau, parsemé de gouffres et de dolmens, annonce un paysage que nous retrouverons demain avec le causse de Limogne. Terre aujourd'hui désertée, mais où les murets de pierres sèches, les garriottes et cazelles

témoignent de la vie passée. Le nom de ces cabanes, tout en pierres plates, mur rond comme toit conique, signifie petite maison.

Autrefois souvent au bord d'une vigne, elles servent parfois encore d'abri pastoral. L'architecture des villages est également typique : toits pentus, celliers ou étables en rez-de-chaussée, escaliers extérieurs en pierre montant à l'étage habitable.

 ## CAJARC, DANS SON CIRQUE DE FALAISES PERFORÉES

Cajarc nous apparaît soudain, enchâssée dans un cirque de falaises calcaires et rougeâtres au pied desquelles serpente le Lot. À gauche, on peut apercevoir le Roc du Conte dominant à mi-pente le château des Anglais. On donna souvent ce nom, pendant la guerre de Cent Ans à des grottes fortifiées dans les falaises pour surveiller la vallée. D'une autre grotte perchée, celle de la Caougne, à 700 mètres au nord de la ville, jaillit une cascade haute de 25 mètres. Le chemin lui-même, dans sa descente, longe une énorme caverne. Les hauteurs sont aussi truffées de gouffres.

AU PAYS DE L'HÉBRARDIE

Dans Cajarc, que ceinture un boulevard, un hôpital existait dès 1269, et le pont sur le Lot fut construit en 1320 pour les pèlerins. L'église, souvent remaniée, remonte au XIIIème siècle, de même que la maison de l'Hébrardie aux fenêtres gothiques, vestige du château de la puissante famille des Hébrard de Saint-Sulpice. Ses seigneurs bâtirent des prieurés et protégèrent la population pendant la guerre de Cent Ans.

Aussi désigne-t-on par Hébrardie la région autour de la vallée du Célé. Longtemps résidence des évêques de Cahors, Cajarc, tout comme Figeac, opta pour la Réforme et fut démantelée par Louis XIII.

 ## PAR L'AIGUILLE DU CINGLE, CHEMIN FAISANT

- La colline du Cingle où le sentier monte en écharpe tire son nom du latin *cingula*, la ceinture : l'image était la même…

- Le monument commémoratif érigé à la mémoire de toutes les victimes de la guerre, d'où l'on voit Figeac, rappelle le lourd tribut payé par la ville pour sa résistance le 12 mai 1944 : ce jour-là, 540 Figeacois furent déportés en Allemagne ; 145 n'en revinrent jamais.

- L'aiguille de Cingle, haut obélisque en pierres maçonnées, date du XIIIème siècle. Il y en avait quatre semblables, il en reste deux : pour les uns,

Lavoir à Limogne

Cajarc
Limogne
Varaire

PEINE retrouvée la richesse des rives du Lot, vous repartez à l'assaut de l'austère beauté des causses après le village perché de Gaillac. Pas de point fort aujourd'hui, mais plutôt un charme permanent dans la lente progression à travers un paysage unique et préservé. La marche solitaire dans les forêts de chênes, la surprise d'un animal sauvage ou la découverte des hameaux isolés ne sont-elles pas l'essence même du chemin de Saint-Jacques ? Si vos pieds ne vous causent pas de souci et si le sac à dos n'est pas trop lourd sur les épaules, le rythme de vos pas vous emportera dans une douce rêverie sur le causse de Limogne, jusqu'à Varaire. Cette solitude sera peut-être seulement troublée par la rencontre d'un troupeau de brebis caussenardes, aux yeux cerclés de noir.

🌐 CARTES UTILES

🌐 IGN 57 Cahors – Montauban, au 1/100 000

🌐 2238 O Cajarc, au 1/25 000

🌐 2239 O Martiel, au 1/25 000

🌐 2139 E Limogne-en-Quercy, au 1/25 000

🚶 RENSEIGNEMENTS PRATIQUES

✤ SAINT-JEAN-DE-LAUR (46260)
à 1,5 km hors GR

→ Résidence de tourisme le Domaine du Gayfié, 10 pl., nuitée 18 €/pers., 30 €/2 pers., pdj 3,50 €, coin cuisine, ravitaillement et repas poss., accueil équestre, réservation, M. Brigel, 05 65 40 62 73

✤ LIMOGNE-EN-QUERCY (46260)

→ Tous commerces, services

→ OT du Pays de Limogne, Grand Place, 05 65 24 34 28, http://perso.wanadoo.fr/tourisme.limogne

→ À voir : musée d'Arts et Traditions populaires et maison du Pays de Limogne (dans l'ancien couvent), architecture rurale

00,0 Cajarc. Du carrefour de la D 662 et du boulevard du Tour-de-Ville, prenez la D 662 en direction de Cahors-Limogne. En haut, avant le virage, prenez à gauche la rue du Cuzoul et passez ainsi devant le camping municipal.

00,7 Ne passez pas sous le pont de chemin de fer mais allez tout droit. Juste avant la maison, tournez à droite pour grimper derrière un sentier en lacets. Vous retrouvez la D 662 que vous suivez à gauche.

01,4 La Capellette : au carrefour avec la chapelle, allez tout droit sur la route Vieille. À la bifurcation suivante, allez en face. Cette route traverse une zone de résidences et descend. Au carrefour en bas, allez à droite pour longer un long bâtiment dans la zone artisanale d'Andressac.

02,4 D 19 : suivez à gauche la route de Limogne pour traverser le Lot.

0h50 03,4 Gaillac. Quittez le goudron pour grimper un court sentier à gauche (panneau "Mas de Borie 8 km - Limogne 14 km"). Remontez la ruelle en face, puis laissez une rue descendre à droite. Au virage suivant, quittez le goudron pour aller tout droit sur un chemin herbeux.

03,9 Bifurcation de chemins : virez à gauche pour monter sous le couvert en laissant rapidement un chemin à gauche. À la bifurcation, après plus de 500 m, continuez à droite et 30 m après suivez le GR 65 sur la branche du milieu. Un peu après, virez à gauche sur un petit chemin.

04,7 Bifurcation après un poteau électrique : empruntez la branche de gauche. Au carrefour multiple, 300 m plus loin, poursuivez à droite. Cette piste principale navigue maintenant sur une croupe et vous ignorez tous les départs de droite comme de gauche. Le chemin est encadré ensuite par des murettes.

06,3 Vous rejoignez le goudron que vous suivez longuement à droite. À 700 m, laissez une piste venir de la droite ; vous doublez ensuite l'entrée du mas de Couderc.

➜ Gîte d'étape communal*, 19 pl., 8 €/pers., coin cuisine, accueil équestre, route de Villefranche, Mme Ribière, 05 65 24 34 12

➜ CH la Bastide de Vinel, 4 ch., 41 €/2 pers., pdj compris, poss. panier repas, route de Cénévières, Mme Gavens, 05 65 24 37 32

➜ Camping Bel Air, 50 empl., tente 9 €/pers., coin cuisine, poss. location caravane, ouvert du 01/04 au 01/10, M. Bach, 05 65 24 32 75

➜ Gîte d'étape les Gloriettes, 15 pl., nuitée 15 €/pers., pdj 5 €, coin cuisine, ouvert du 01/04 au 30/09, route de Cahors, Mme Devos-Jooris, 05 65 22 73 62

✤ 3 km avant Varaire, 900 m hors GR

➜ Gîte équestre Pech Olié, 16 pl., 1/2 pension 28 €/pers., panier repas 8 €, ouvert du 01/04 au 01/11, M. Serre, 05 65 31 59 57

✤ VARAIRE (46260)

➜ Epicerie, café
➜ Gîte Rando-Étape, 13 pl., prix pèlerin, 1/2 pension 26 €/pers., coin cuisine, panier repas, accueil équestre, ouvert du 01/04 au 30/10, Mme Bousquet, 05 65 31 53 85

07,8 Carrefour de petite route que vous suivez à droite en laissant à gauche la direction de Cajarc.

08,3 Quittez le goudron au niveau d'une croix en pierre de 1740 et descendez le chemin (herbeux) le plus à droite. Rapidement, passez devant une ruine et laissez plus loin un embranchement à main droite.

09,1 Vous passez à droite d'un abri (eau potable) et d'un bassin : poursuivez à droite (Ouest) sur une petite route.

2h20 09,5 Carrefour du **Mas de Poulard**, à l'Ouest du village de Saint-Jean-de-Laur. Traversez de biais la route pour emprunter un chemin blanc. Il se prolonge tout droit par le goudron.
Mas de Mathieu : à la fin du goudron, continuez sur un chemin herbeux qui devient un peu plus loin sentier le long d'une murette.

10,5 Croisement avec un chemin : partez à droite, puis ensuite à deux reprises allez à gauche. Plus loin, le chemin fait un coude à 90° à gauche vers le Sud.
Bâtiments agricoles : suivez un chemin empierré. Vous empruntez la route à droite en laissant un chemin à droite, à la hauteur d'un bassin.

3h00 11,9 Mas de Borie. Au carrefour, ne tenez pas compte de la piste à gauche près d'une grande croix en pierre (panneau "Limogne 6 km - Varaire 12,7 km"). Continuez sur la route vers le Sud-Ouest.

12,8 Rencontre avec un bras de l'ancienne D 19 où vous prenez de suite à gauche un chemin ombragé. À la bifurcation flanquée d'une plaque métallique ronde, continuez à droite. Plus loin, vous contournez une prairie.
Quand vous retrouvez le goudron, près d'une propriété, vous le suivez à droite. Ensuite prenez la petite route à droite (ancienne pompe à eau).

14,3 Mas de Dalat : continuez légèrement sur la gauche. Au bout de la ligne droite, quittez le goudron pour un chemin

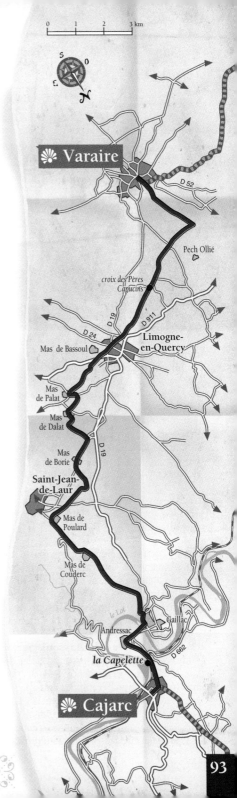

En retrait du Chemin : Saint-Jean-de-Laur

terreux. Au carrefour suivant, allez à gauche puis montez la route à gauche.

15,3 Mas de Palat : au centre du hameau, descendez à droite et, dessous, prenez une autre petite route à droite. Dans le virage, prenez en face un chemin et, rapidement, allez à gauche par un sentier herbeux (croix).
Au croisement en T, allez à gauche.

15,9 Suivez un autre chemin à droite vers Limogne (panneau). Tout droit, croisez une autre piste.

16,6 Quittez le chemin principal pour aller à gauche. Si vous souhaitez faire étape à Limogne-en-Quercy, continuez sur le grand chemin.
Traversez la D 911 en biais à droite pour emprunter un chemin entre deux murettes.

4h20 17,3 Mas de Bassoul. Sur le goudron, faites quelques pas à droite et de suite continuez à gauche entre les maisons.
Au carrefour suivant, continuez en face.
Au carrefour avec une croix à gauche d'un lavoir, suivez la D 24 à droite sur 50 m avant de virer à gauche dans un chemin.
Il se poursuit en face par du goudron qui

traverse un lotissement en laissant un plus loin à droite l'accès au gîte d'étape.

18,3 Traversez la D 19 pour continuer en face à droite du restaurant Bellevue. Au carrefour en Y, allez à gauche sur un chemin (panneau "Varaire 6,8 km - Dolmen de Joncas").
Vous suivez à droite une route goudronnée et vous doublez tout droit une ferme.

5h10 20,5 Carrefour à la **croix des Pères Capucins** (292 m) : allez à gauche et, dans un virage 240 m plus loin, quittez le goudron pour aller tout droit dans un chemin. Dans la descente, bifurquez à droite en passant une clôture que vous pensez à refermer à deux reprises. Le sentier se poursuit entre deux murettes.

21,9 Traversez une petite route et empruntez le chemin en face. Carrefour avec panneau "Varaire 2,7 km" ; laissez à droite l'accès au gîte de Pech Ollié (à 900 m). Dans le virage qui suit, quittez la route pour utiliser tout droit un chemin. Plus tard, celui-ci fait un coude à 90° vers la gauche.

24,7 Empruntez une petite route ; 100 m après, laissez le GR 65 bifurquer sur un chemin à droite (à prendre si vous ne faites pas étape à Varaire…) pour continuer sur la route en laissant un peu plus loin deux chemins partir à droite. 400 m après, laissez l'embranchement à droite avec le balisage qui va vers Bach que vous suivrez demain. Finissez tout droit.

6h30 25,7 Varaire. Place près du lavoir en contrebas à gauche. Le gîte est à droite.

VARIANTE POUR ÉVITER VARAIRE SI VOUS N'Y FAITES PAS ÉTAPE

100 m après le km 24,7 : suivez le GR 65 à droite (panneau "Bach 5 km"). Après 400 m, reprenez le goudron à gauche et traversez le hameau de la Plane. À la sortie, traversez la D 52 (vous retrouvez l'itinéraire qui vient de Varaire) pour prendre en face un chemin flanqué d'un panneau "Bach 4 km".

LE TEMPS DE LA PESTE

Peut-être est-ce le lieu de méditer sur les dangers encourus par les voyageurs médiévaux. Nous avons déjà parlé des loups et des brigands. Voici les maladies. La peste fut la plus redoutable. La chartiste Florence Clavaud en a montré les effets sur Cajarc, à travers ses très riches "rôles de capitation" du XIVème siècle, espèce de recensements à usage fiscal : ils attestent la dépopulation catastrophique qui suivit deux épidémies de peste. Entre 1316 et 1382, le nombre de feux (foyers familiaux, généralement estimés à 4 ou 5 personnes) tomba de 880 à 270, soit une hécatombe des deux tiers de la population. On constate également le repli total de la contrée sur elle-même, alors que cinquante ans plus tôt, elle commerçait aussi bien avec Montpellier qu'avec la Rochelle. Le Barry-Neuf, faubourg par lequel partaient autrefois les voyageurs, était totalement déserté. Et comme un malheur n'arrive jamais seul, il fallut inventer un nouvel impôt, la *suberta,* sorte de racket payé aux brigands "anglais".

L'ESTOFI EMPRUNTAIT LE CANAL SOUTERRAIN

On est à la Capelette sur la dorsale d'un isthme : le Lot fait autour un méandre presque circulaire. Un canal souterrain de 360 mètres le recoupe au plus court. Il alimente aujourd'hui une usine électrique, mais il existe depuis longtemps : il avait été creusé

pour les mariniers qui descendaient et remontaient la Garonne et le Lot en gabare. Ces barques plates apportaient notamment le stockfisch, morue scandinave séchée sans sel et si dure qu'il faut la mettre à tremper huit jours avant de la consommer. La légende assure que les mariniers la trempaient dans le fleuve à la poupe de leur barque, de sorte qu'elle arrivait prête à cuire. Les gabares ont disparu, mais le pays est resté friand

de stockfisch, occitanisé en *estofi*, et qui fournit la base du plat régional appelé *estofinade*.

LE PIERREUX CAUSSE DE LIMOGNE

Gaillac (où le chemin laisse à l'écart un château féodal visible plus loin dans la montée) marque le début du causse de Limogne parsemé de gouffres et de dolmens. Limité au nord par

En passant près de Saint-Jean-de-Laur

le Lot, ce plateau calcaire fissuré est plus sec encore que les causses de Martel ou de Gramat. On y retrouve les murets de pierres sèches, les garriottes et cazelles dont nous avons fait la connaissance hier, et toute l'architecture caussenarde. On verra aussi au Mas de Bories un plan d'eau lavoir caractéristique du causse, avec sa pompe à godets et, au Mas de Dalat, une autre pompe. Et aussi, assez souvent, ces surprenants puits, avens nommés ici les *igues*.

LES GOUFFRES DE L'OULE ET DE L'ANTOUY

Le chemin passe à l'ouest des deux gouffres les plus connus du causse et qui, par leurs résurgences, alimentent le même ruisseau : à 3,5 km au sud de Cajarc, celui de l'Antouy aux eaux d'émeraude profondes de 10 mètres ; et à 2 kilomètres au nord-est de Saint-Jean-de-Laur, celui de l'Oule, ainsi nommé pour sa forme de marmite (*olla* en espagnol). L'Oule ne débite qu'après les fortes pluies. À 80 mètres de l'Antouy, qui dépend aussi de Saint-Jean-de-Laur, ruines d'une église du XIème siècle en fruste appareillage : abside et absidioles semi-circulaires, nef à quatre travées et faibles contreforts extérieurs. Le monastère de l'Antouy fut cité du Xème au XIVème siècle.

LE MARCHÉ AUX TRUFFES DE LIMOGNE

Quand aucune route ne suivait encore les méandres du Lot, Limogne-en-Quercy (au nord du Mas de Bassoul) était un carrefour incontournable entre Cajarc, Cahors, Saint-Cirq, Villefranche, Caylus et Caussade.

Dans un causse déserté, elle est restée un bourg actif, grâce notamment à une conserverie de produits du terroir et à son marché aux truffes, le vendredi en saison. On sait qu'on cherche ce champignon odorant sur les racines de certains chênes à l'aide de gorets ou de chiens dressés : le Lot, comme la Dordogne, est un gros centre de production, et dans le Lot, Limogne plus particulièrement.

À la sortie sud-est, vieux lavoir couvert, aux dalles en V autour du bassin. Aux environs, nombreux dolmens mentionnés sur la carte topographique.

Sur l'autre rive du Lot : Salvagnac-de-Cajarc

Cahors : le pont Valentré

Varaire

Cahors

OUS PARTEZ pour l'une des étapes les plus longues de ce guide si vous voulez dormir à Cahors ce soir. Heureusement, le parcours est pratiquement horizontal et majoritairement forestier, toujours au cœur du parc naturel des causses. Après Bach, le *cami ferrat*, ancienne voie romaine utilisée ensuite par les muletiers, mène tout droit vers Cahors. Il évite les villages de Vaylats et de Lalbenque. Le premier abrite un monastère où le pèlerin peut faire étape, et le second est "mondialement" connu pour sa truffe noire. Au bout du plateau, la descente panoramique sur Cahors clôt une belle journée. La ville protégée par un méandre du Lot est la plus importante sur le chemin du Puy et recèle maints monuments à visiter,

comme le prestigieux pont Valentré. (De Bach à Cahors : classement UNESCO.)

🌐 CARTES UTILES

🌐 IGN 57 Cahors – Montauban, au 1/100 000
🌐 2139 E Limogne-en-Quercy, au 1/25 000
🌐 2139 O Cahors, au 1/25 000

👫 RENSEIGNEMENTS PRATIQUES

✣ VAYLATS (46230)

➜ Boulangerie, épicerie

🐚 Couvent de Vaylats, 15 pl., prix pèlerin, 1/2 pension 18 €/pers., réservation, sœur Monique (de 16 à 19 h), 05 65 31 63 51

✣ LABURGADE (46230) 1,3 km hors GR

➜ Gîte le Pech, 16 pl., 10 €/pers., pdj 4 €, repas 10 €, coin cuisine, accueil équestre, ouvert du 01/03 au 30/10, Mme Latour, 05 65 24 72 84

➜ CH le Mas d'Alice, 4 pl., 34 €/pers., 39 €/2 pers., pdj compris, repas 10,50 €, panier repas, accueil équestre, ouvert de Pâques à octobre, M. Irrmann, 05 65 31 77 17

Pigeonnier près de Lalbenque

❖ CAHORS (46000)

➜ Tous commerces, services, gare SNCF, nombreux hôtels et restaurants

➜ OT, pl. François-Mitterrand, 05 65 53 20 65, www.mairie-cahors.fr

➜ À voir : la fontaine des Chartreux, la cathédrale Saint-Etienne (UNESCO), la chantrerie, la barbacane, la tour du Pape Jean XXII, le pont Valentré (UNESCO), l'horloge de Zachariou, l'arc de Diane, la tour des Pendus, les remparts, la maison Henri IV, le musée Henri-Martin

➜ Foyer des Jeunes Travailleurs et Auberge de Jeunesse, 50 pl., nuitée 9,30 €/pers., pdj 3,30 €, repas 8,60 €, 20, rue Frédéric-Suisse, 05 65 35 64 71

➜ Foyer des Jeunes en Quercy, 20 pl., 1/2 pension 17,53 €/pers., 129, rue Fondue-Haute, M. Tikoutoffi, 05 65 35 29 32

La tour Jean XXII, à Cahors

00,0 Varaire. Depuis la place, longez le lavoir à gauche et empruntez la petite route vers le Nord en bordure du cimetière. Vous laissez une rue à gauche avant d'atteindre une bifurcation (à 450 m du départ) où vous virez à gauche. Allez ensuite tout droit au carrefour.
D 52 : suivez-la à droite jusqu'au point bas 260 m plus loin.

01,0 GR 65 (venant du hameau de la Plane, à droite) : empruntez à gauche un chemin flanqué d'un panneau "Bach 4 km". Après 130 m, l'itinéraire suit le goudron en face et passe à droite d'une ferme. Après celle-ci, prenez le chemin de gauche qui s'enfonce dans la forêt.
Au carrefour à 3 branches prenez le chemin du milieu.

03,6 Près d'un portail de propriété privée, bifurquez à gauche sur la piste. Passez devant une construction récente. Suivez tout droit la petite route près d'une maison.

04,7 Croisement de route et du GR. Poursuivez en face sur Bach (panneau : 1 km). Au carrefour en Y, allez à droite et 140 m plus loin prenez en face la route qui entre dans Bach.

1h20 5,6 Bach. Carrefour avec la D 19 que vous suivez à droite sur près de 600 m en laissant à la sortie un chemin à droite.

06,2 A la hauteur d'un poteau électrique, prenez à droite un chemin pierreux et herbeux qui file au milieu des prairies.
Au carrefour en T, prenez à droite en direction de Mas de Vers sur le "Cami ferrat" (altitude 307 m). À gauche, Vaylats à 1,4 km avec possibilité d'étape.
À la bifurcation un peu moins de 100 m plus loin, continuez tout droit sur un chemin de terre qui passe en alternance en forêt et dans les prairies.

2h10 08,5 Traversez la **D 42** ; 140 m plus loin traversez une autre route. Laissez un chemin à gauche qui va aussi à Vaylats. Croisement dans la forêt du Grézal : continuez tout droit. Vous passez un ru à sec et à l'Y, continuez à gauche.
Vous suivez une piste plus large en face.

12,7 Traversez la D 55 (altitude 274 m). Plus loin à la bifurcation continuez en face. Poursuivez sur le goudron.

3h40 **14,4** **Mas de Vers :** croisement avec la D 26. Poursuivez en face sur une petite route. Plus de 600 m après, laissez un chemin à gauche et un à droite. Continuez toujours sur le goudron.

Carrefour avec une autre route : poursuivez en face sur un chemin empierré. Laissez un peu plus loin à droite un itinéraire balisé vers Pech Petit et continuez vers Cahors.

17,1 Traversez la D 10 pour continuer en face toujours sur le "Cami ferrat" (voie romaine). Après une cabane en pierre (cazelle), le chemin se rétrécit et descend.

Vous rencontrez une petite route que vous suivez à gauche en passant devant le lavoir et la fontaine d'Outriols. Plus loin, dans le virage, laissez à gauche la direction du moulin à vent de Cieurac pour continuer sur la route.

19,3 Au croisement en Y près d'une ancienne carrière, montez à droite en direction de Combe Nègre. Dans le deuxième virage, quittez le goudron pour un chemin de terre à gauche. Il passe devant deux anciens moulins.

À la bifurcation prenez à gauche. Vous rejoignez le goudron (D 49) que vous remontez à gauche.

20,7 Carrefour avec la D 6 : descendez à droite pour passer sous l'autoroute et remontez ensuite.

5h30 **22,0** Quittez la D 6 au lieu dit **le Gariat** (panneau) pour un chemin à droite. En haut, à la hauteur d'un poteau électrique, tournez à droite sur un chemin empierré. Après la maison, continuez en face.

Vous parvenez en 300 m à une bifurcation de chemins : empruntez la branche de gauche qui descend ensuite. Dans le vallon, prenez à gauche à la bifurcation et montez dans la forêt.

Après le point haut et un ancien moulin, vous dépassez le stade et au goudron vous allez tout droit. Après le panneau

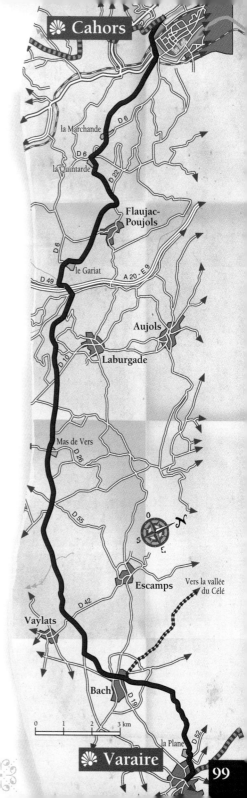

d'entrée de Flaujac-Poujols, prenez à gauche.

23,6 Fin du goudron à l'entrée d'une maison : poursuivez sur un chemin caillouteux. Plus tard, il descend fortement. En bas, allez à droite sur un chemin qui suit le fond du vallon.

24,9 Près de la route (D 22), prenez de suite un autre chemin à gauche qui repart vers l'Ouest. À la prochaine bifurcation, allez à gauche. Quand le vallon se divise en deux, montez en face un petit chemin qui vire à droite un peu plus haut. À la sortie du bois, le chemin fait un virage à gauche.

6h45 26,8 La Quintarde (belle demeure à gauche) : allez à droite sur le goudron. Plus loin, suivez la D 6 à droite et aussitôt la route de la Marchande à droite. Juste après la première maison, prenez à gauche une allée empierrée qui se poursuit par du bitume.

27,6 Traversez la D 6 en biais pour prendre en face une voie sans issue (chemin de Cabridelle). Après le goudron, continuez sur un chemin blanc. À la bifurcation sur une esplanade, continuez à gauche. Le chemin navigue sur une large croupe.

30,2 Vous retrouvez le goudron que vous suivez en face en laissant l'accès à une maison à gauche. Plus loin, vous doublez une antenne ; la route descend fortement (très belle vue sur Cahors). Après deux virages, la petite route vient buter contre la voie ferrée et vire à droite. Croisement en T avec la D 6 que vous suivez à gauche : passez sous la voie ferrée.

31,9 Aux feux traversez le boulevard pour prendre en face une petite route qui plus loin longe le Lot. Traversez le pont des Chartreux.

8h30 33,1 Cahors. Pont Valentré.

⬡ VARAIRE, PÉTRONILLE ET PEYRONÈSE

Le territoire de Varaire s'étend 1 500 mètres plus au sud, jusqu'à une voie antique que nous retrouverons au début de l'étape. Au bord de celle-ci, un petit calvaire de pierre sur un muret, dit croix de Pétronille, marque probablement l'endroit où se trouvaient l'ancien hôpital et l'église de Saint-Jacques de Peyronèse (ou de Peyrounasse), qui existait au XIIIème siècle. De la même époque, demeurent dans le village un tour, vestige du château, et le lavoir communal aux dimensions vraiment seigneuriales car il en fut le vivier. Bach-en-Quercy, où sont d'anciennes carrières de phosphate, ne doit pas son nom (en allemand : ruisseau) à une famille venue d'Allemagne au XVIIIème siècle : l'existence de la paroisse est en effet attestée dès le Moyen Âge.

⬡ VOIE ROMAINE, CAMI GASCO ET CAMI FERRAT

Après le Mas de Barthe, Varaire, nous empruntons un chemin quasi rectiligne qui ne saurait tromper : c'est une voie romaine. On y a trouvé des dalles sous la couche de terre et l'on peut vérifier sur la carte qu'elle est dans l'exact prolongement de la voie antique précédente. On l'appelle à Varaire cami gasco (le chemin gascon) et à Bach cami ferrat (ferré, dans le sens de muletier, appellation fréquente dans le Midi). C'était la route antique de Caylus à Cahors. Près du Mas de Vers, on y a aussi trouvé des tombes gallo-romaines. Nous la suivrons sur quinze kilomètres.

Mais les pèlerins, eux, n'empruntaient probablement pas cet axe oublié et dangereux de solitude. La route départementale, qui va de village en village, était leur itinéraire plus probable.

LA DIVONA CADURCORUM DES GALLO-ROMAINS

Le Lot était habité il y a 40 000 ans, comme le montrent les grottes du val du Célé. Nous avons vu en chemin certains des 500 dolmens témoignant de la densité de vie humaine au néolithique final et au calcholithique. Puis vinrent sur les hauteurs les *oppida* fortifiés des Cadurques, Gaulois tributaires des Arvernes.

Leur place forte, Uxellodunum, qu'on situe mal, fut en 51 av. J.-C. l'un des derniers bastions résistant à César. La capitale des Cadurques romanisés fut Divona Cadurcorum (la source sacrée des Cadurques) devenue Cadurca puis Cahors. On a identifié cette *divona* à la fontaine des Chartreux, jaillissant sous la falaise, non loin du pont Valentré qui fournit toujours l'eau de la ville et dont on sait, depuis 1969, par des spéléologues, qu'elle est une résurgence des gouffres du causse de Limogne. D'autres historiens penchent plutôt pour la source Saint-Georges dont les eaux ont la même origine. La Cadurca romaine périt en 571, incendiée par Théodebert, roi franc d'Austrasie. Il en reste, près de la gare, la Porte de Diane, arc

Le cloître et la cathédrale Saint-Étienne

des anciens thermes, et plusieurs pierres sculptées au musée Henri-Martin.

LA VILLE OÙ NAQUIT UN PAPE

Cahors se releva et saint Didier, dit aussi saint Géry, édifia une première cathédrale en 650. Après les raids des Vikings, Sarrasins et Huns, l'actuelle cathédrale s'élève en 1119. Les évêques sont seigneurs de la ville. L'un d'eux octroie en 1270 aux Cadurciens une charte et des consuls élus. Cahors résiste aux Anglais mais, en 1360, le traité de Brétigny la leur livre. Catholique, elle résiste aussi au protestant Henri IV, ce qui lui coûte cher.

C'est aujourd'hui un chef-lieu de département de 22 000 habitants, actif et gourmand. Parmi ses fils illustres, deux poètes de la Renaissance, Clément Marot et Olivier de Magny, le tribun républicain Gambetta et, bien plus tôt, le pape d'Avignon, Jean XXII, né en 1245 à Cahors d'une famille de banquiers. Il enrichit sa ville natale et y fonda une université qui perdura pendant cinq siècles. On voit, dans la partie haute du boulevard Gambetta, trois immeubles qu'il fit bâtir : Saint-Barthélemy, sobre église languedocienne de briques, le palais de Pierre Duèze, son frère, et à côté la tour Jean XXII, haute de 34 mètres, à cinq étages de fenêtres géminées.

Dans le cloître de Cahors

🐚 DES REMPARTS À LA CATHÉDRALE ROMAINE

Cahors eut plusieurs hôpitaux dont celui de Saint-Jacques qui fut d'abord près de l'actuelle place Galdémar. S'ils ont disparu, pèlerins et touristes trouveront à Cahors bien des vestiges médiévaux, à commencer par les remparts qui, dévalant la pente, fermaient au nord la presqu'île. Il en reste des murs, deux portes, la barbacane, la tour des pendus.

On verra surtout la cathédrale Saint-Étienne, avec ses deux coupoles romanes larges de 18 mètres, à 32 mètres au-dessus de la nef. Elle a été transformée : façade fortifiée, chœur et absides gothiques, chapelles flamboyantes, cloître gothique aussi, où l'on voit sur une pierre carrée se disputer deux pèlerins, dont l'un à la coquille. Mais le portail roman, réalisé entre 1140 et 1150, est toujours là. Il forme un avant-corps sur la façade nord. Sa voussure

en arc brisé abrite deux portes jumelées et un tympan cloisonné portant une Ascension du Christ en mandorle, entouré d'anges, et de la vie de saint Étienne : prédication, procès, lapidation, vision du paradis, programme relativement courant mais magistralement exécuté. Comme à Moissac, que nous verrons dans trois jours, la sculpture déborde le cadre du tympan pour envahir voussures, archivolte et corniche. Malheureusement, une grille empêche d'apprécier toute la virtuosité, la finesse et l'humour de cette œuvre foisonnante.

🐚 LE PONT VALENTRÉ RÉSISTA MÊME AU DIABLE

Le vieux Cahors occupe une presqu'île, cap au sud, entourée d'une longue boucle du Lot. C'est aussi par le sud, au quartier Saint-Georges, où aboutit le CD 22, que le pèlerin des premiers temps franchis-

sait la rivière. À partir du XIVème siècle, la sortie se fit à l'ouest où l'on avait lancé le hardi pont Valentré. Malgré les restaurations, il reste un exemple remarquable de l'architecture militaire lors des guerres franco-anglaises. Avec ses six grandes arches gothiques, ses trois tours dominant l'eau de 40 mètres, ses avant-becs crénelés, il a découragé les assaillants. Ni les Anglais, ni Henri IV ne l'attaquèrent. Seul le diable… La légende dit que le maître maçon, désespérant de terminer à temps, fit appel à son aide. Mais, voulant sauver son âme, l'entrepreneur envoya son sulfureux second à la source des Chartreux chercher de l'eau avec un tamis. Satan revint naturellement bredouille, perdit son marché mais, furieux, ôta une pierre à la tour centrale. Elle manquait toujours en 1879 quand l'architecte chargé de la restauration la remplaça et y fit graver un diable qui essaye de l'arracher…

Église de Labastide-Marnhac

Cahors

Lascabanes

 U HAUT du Pech d'Angély, jetez un dernier coup d'œil sur l'ancienne capitale du Quercy avant de partir de nouveau sur les causses qui se meurent dans les vallées plus riches, à l'ouest du département du Lot. Après une pause agréable au pied de l'église de Labastide-Marnhac, le GR vous propose de choisir de passer ou non par Lhospitalet. Le charme discret de cette ancienne étape vaut-il un détour de près de trois kilomètres ? Après cinq heures et demie de marche, au minimum, les maisons fleuries et la tranquillité de Lascabanes, dans la vallée du Verdanson, sauront vous convaincre de vous poser ici pour la nuit. Le gîte accolé à l'église paroissiale sera le nid douillet de votre halte.

🌐 CARTES UTILES

🌐 IGN 57 Cahors – Montauban, au 1/100 000

🌐 2039 E Cahors – Labastide-Marnhac, au 1/25 000

🚶 RENSEIGNEMENTS PRATIQUES

✤ LABASTIDE-MARNHAC (46090)
proche communes Larozière et Raux-Bas

➜ 3 km avant Labastide-Marnhac : camping à la ferme, pour pèlerin avec tente, acheminement poss., ouvert du 01/06 au 30/08, route de Roux, Sinadelphe, Mme Lenuzza, 05 65 21 04 52

✤ LASCABANES (46800)

➜ Accueil spirituel au monastère des dominicaines de Notre-Dame-d'Escay, 05 65 31 87 15 (pas d'hébergement)

➜ 1 km avant Lascabanes : CH à la ferme l'Happy Cool Teur, 2 ch., nuitée 12 €/pers., pdj 5 €, repas 10 €, coin cuisine, poss. accueil équestre, épicerie bio en dépannage, lieu dit Durand, M. Garnier, 05 65 24 99 82.

➜ Gîte d'étape communal**, 17 pl., 1/2 pension 24 €/pers., panier repas, Mme Maupoux, 05 65 31 86 38

À l'adresse des pèlerins

00,0 Cahors. Dos au pont Valantré, empruntez à gauche et de l'autre côté de la route l'escalier raide qui permet de gravir la paroi de calcaire. En haut des marches, remontez plus calmement une croupe à gauche vers le Sud.
Plus loin, dépassez un réservoir pour remonter son chemin d'accès sur le Pech d'Angély.

01,0 En dessous d'une antenne, empruntez à droite le goudron d'une petite route (chemin de la Croix de Magne).
Au premier carrefour de routes allez à gauche et de même au suivant. Un peu plus loin, après un virage, continuez en face et 20 m après allez toujours tout droit. Cette petite route descend parallèlement à la N 20.

02,7 Passez sous le pont de la N 20. À la sortie du pont, montez le talus à droite pour retrouver la petite route après le pont (raccourci). Au carrefour, 300 m plus loin, poursuivez tout droit dans un vallon qui s'affirme de plus en plus en laissant à droite d'abord la côte d'Arbouis, puis la côte de Nouret.

1h00 04,0 Après avoir laissé la **côte de Bessières,** tournez à gauche vers les Mathieux. Dans un virage, quittez le goudron pour monter à gauche le chemin de la Combe Nègre. En haut, virez vers la droite en longeant une murette.
Suivez ensuite le goudron et à la première bifurcation, à la hauteur d'un poteau électrique, allez à gauche. Dans un virage, laissez le chemin d'al Cayrou à gauche et prenez une voie sans issue.
Après le goudron, continuez tout droit sur un sentier qui plus tard descend fortement pour rejoindre un chemin plus bas que vous suivez à droite. Il aboutit à une route : descendez à gauche.

06,4 Carrefour avec la D 653 que vous suivez à droite sur 120 m. À la bifurcation, prenez la direction de Labastide-Marnhac à gauche sur la D 7.
Après le pont sur le ruisseau de Bartassec, prenez un chemin à droite qui monte dans la forêt. Ce chemin (le Cayrel) file tout droit vers l'Ouest sur une croupe. Dans un virage, quittez le chemin (que vous retrouvez plus tard) pour un sentier en face.
Poursuivez tout droit sur le goudron près des premières maisons du village. Deux minutes plus tard, suivez à gauche une petite route.
Traversez la D 7 et poursuivez en face sur une allée goudronnée.

2h30 10,2 Labastide-Marnhac. Laissez l'église sur votre gauche (point d'eau et wc) et traversez le village tout droit. Laissez la direction de Lhospitalet à gauche. Suivez ensuite la D 7 à gauche sur une centaine de mètres avant de prendre un chemin blanc à gauche, au Sud (cazelle à gauche).
Carrefour de chemin (alt. 287 m) : laissez à gauche la variante qui passe par Lhospitalet (gîte), distant de 3,4 km, et continuez en face. Plus loin, suivez le goudron en face qui disparaît après 450 m pour un chemin empierré.
Bifurcation en Y à la hauteur d'un poteau : allez à droite et passez devant une maison.

Passez un bosquet et au croisement en T (panneau) allez à gauche.

3h20 13,5 Trigodina : empruntez la route à droite en laissant à gauche les balises de la variante qui arrive de Lhospitalet, à 1,5 km. Au croisement de Fabre, continuez tout droit puis laissez une ferme à gauche et une maison à droite pour partir sur un chemin blanc. Plus loin, laissez une piste secondaire à gauche, puis à droite, en restant sur le haut de la croupe. Vous suivez une ligne téléphonique qui vient de la droite.
Au carrefour de plusieurs pistes arrivant de gauche, continuez sur la droite.
À la bifurcation à la fois du chemin et de la ligne téléphonique, tournez à gauche franchement. Plus loin ce chemin devient plus étroit.

16,8 Petite route : suivez-la à gauche sur seulement une trentaine de mètres avant de prendre un chemin blanc en face, dans le virage. Au croisement de sentiers avec panneau directionnel, poursuivez tout droit sur le chemin principal.

19,3 A la route, traversez en oblique pour prendre un autre chemin en face (aire de pique-nique sur la droite).
À la bifurcation à l'angle d'une plantation de pins, tournez à droite et descendez plus tard dans un vallon. À l'autre bifurcation, allez cette fois-ci à gauche : le chemin passe plus loin entre deux haies de buis.

5h20 21,0 Baffalie. Suivez le goudron et un peu plus loin, au carrefour, allez à droite. 230 m plus bas, empruntez un chemin de terre à gauche (croix en bois). Après le lavoir, laissez le pont sur le Verdanson à droite et empruntez la petite route à gauche. Après une grande demeure, prenez à droite, traversez le ruisseau et montez dans le village.

5h40 22,2 Lascabanes. Mairie et carrefour avec la D 7 : le balisage tourne à gauche dans la rue principale, mais vous pouvez aller en face pour rejoindre l'église et le gîte d'étape (vous y retrouvez le GR 65 qui vient de la gauche).

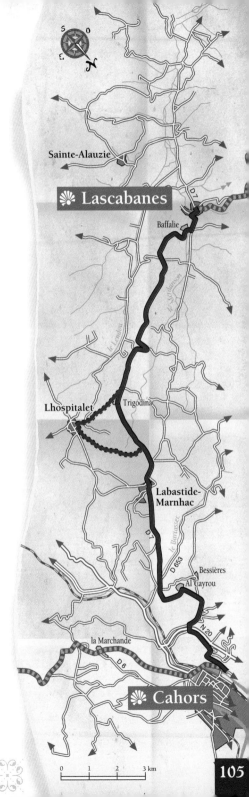

Sainte-Alauzie

❈ **Lascabanes**

Baffalie

Lhospitalet   Trigodina

Labastide-Marnhac

Bessières

Al Cayrou

la Marchande

❈ **Cahors**

0   1   2   3 km

Rue à Lascabanes

🐚 LE PÈLERIN GASTRONOME EN QUERCY

Au pays de Cahors, qui est en Quercy, c'est déjà le foie gras, le jambon et les pruneaux d'Agen, si proche ; c'est encore les truffes du causse, plus l'eau de noix, la liqueur de genièvre, l'eau-de-vie de prune... Et, bien entendu, le vin de Cahors. Il l'a échappé belle : déjà à peu près abandonné sur les causses, le vignoble des vallées était réduit à 1 % de sa surface antérieure après les gelées de 1956. Mais sa reconstitution et sa promotion ont été spectaculaires. C'est un vin charnu et chaleureux basé sur les cépages cot et malbec, avec un peu de tanat et de merlot. Il se marie bien avec grillades et gibiers, truffes et cèpes.

🐚 D'HÔPITAL EN HOSPITALET

- De la croix de Magne où l'on monte à travers chênes et genévriers, belle vue sur Cahors, le pont Valentré et leurs environs. Puis on retourne au causse...
- À un quart d'heure de Labastide-Marnhac, pourvue d'un château, Saint-Rémy (hors chemin) conserve l'hôpital fondé en 1286 pour les pèlerins de Compostelle.
- Après Lascabanes (village joli et paisible), la chapelle Saint-Jean est un lieu de pèlerinage près de la fontaine "miraculeuse" Saint-Jean-Baptiste : il s'agit de la citerne fermée par une grille en contrebas de la route. On pense que, avant même sa consécration, elle était déjà révérée par les druides.
- Le moulin d'Escayrac est un château d'eau aménagé dans un ancien moulin à vent : chaque hauteur portait autrefois un moulin tour de type occitan, à calotte tournante. La base était en pierre appareillée, large et solide pour résister à l'ébranlement du mécanisme de bois sous la poussée des vents.

🐚 À TRAVERS LE QUERCY BLANC

On appelle Quercy blanc la partie méridionale du Lot, au-dessous d'une ligne Fumel-Lalbenque. La craie y domine, d'où son nom, dans un paysage qui annonce déjà le Midi par son ensoleillement lumineux, par ses tuiles roses, parfois par la silhouette d'un cyprès gris ou même en certains endroits celle de moulins à vent à calotte tournante : leur présence s'explique par l'importance qu'avait ici la culture du blé avant l'exode rural ; aussi bien le meunier était-il avant tout un "farinier".

Ce grand plateau blanc propice aux moutons est découpé en *planhès* tabulaires, en *serres*, chaînons coiffés de chênes, en *pech* ou *tuques*, monticules calcaires, par le creusement de vallées descendant lentement vers le bassin de la Garonne le long de leurs couloirs verts et cultivés.

Mais le Quercy blanc n'est qu'une désignation géographique. Du point de vue historique, il faut considérer le Quercy dans son ensemble, vaste province des antiques Cadourques qui s'étendait des portes de Sarlat et de Villefranche-de-Rouergue au nord jusqu'au-delà de Montauban au sud. Elle fut par trois fois cédée aux Anglais, en 1259 par saint Louis, en 1286 par Philippe le Bel et en 1360 au traité de Brétigny, puis reprise, d'où les malheurs de la guerre de Cent Ans.

La chapelle Saint-Jean

Lascabanes

Lauzerte

AUJOURD'HUI, le paysage change peu. Le parcours hésite encore entre les vallons modelés et les croupes crayeuses qui ont donné son nom au Quercy blanc.
Si vous avez fait étape à Lascabanes, une variante évite la cité de Montcuq. Mais si vous souhaitez la visiter, vous pourrez admirer son donjon carré qui domine une organisation médiévale où la pierre blanche des maisons égaye les rues pentues.
Dans sa deuxième partie, le parcours subit montées et descentes dans la traversée des vallons de part et d'autre de Montlauzun.
Pour terminer, un ultime effort est nécessaire pour atteindre Lauzerte. Cette charmante bastide perchée vaut bien une étape ; une attention particulière y est accordée aux pèlerins : la ville leur a dédié un jardin, en balcon, ouvrant largement la vue sur la campagne environnante.

🌐 CARTES UTILES

🌐 IGN 57 Cahors – Montauban, au 1/100 000

🌐 2039 E Cahors – Labastide-Marnhac, au 1/25 000

🌐 2039 O Montcuq, au 1/25 000

🌐 2040 O Moissac, au 1/25 000

🏨 RENSEIGNEMENTS PRATIQUES

❖ SAINT-PANTALEON (46800)

➜ CH Relais de Preniac, 5 ch., prix pèlerin, 1/2 pension 32 €/pers., accueil équestre, ouvert du 01/04 au 01/11, proche GR, 05 65 31 88 51

❖ MONTCUQ (46800)

➜ Tous commerces, services

➜ OT, 8, rue de la Promenade, 05 65 22 94 04

➜ À voir : le donjon, la tour, quartier médiéval

Le heurtoir et la coquille, fable

Gîte d'étape le Souleillou, 30 pl.,
dortoir 9,50 €/pers., ch. 10,50 €/pers., pdj 4 €,
repas 10 €, coin cuisine, accueil équestre,
22, rue du Souleillou, M. Lagane, 05 65 22 48 95

→ CH, 12 pl., nuitée 15 €, 1/2 pension 28 €/pers.,
coin cuisine, 12, rue Faubourg-Saint-Privat,
Mme Simon, 05 65 36 97 46

❖ LAUZERTE (82110)

→ Tous commerces, services

→ OT, pl. des Cornières, 05 63 94 61 94,
www.quercy-blanc.net

→ À voir : un des plus beaux villages de France,
le jardin du Pèlerin et son jeu de l'oie,
le site et son point de vue, la barbacane,
l'église Saint-Barthélemy, l'église des Carmes

→ Gîte d'étape communal, 21 pl., 9 €/pers.,
coin cuisine, ouvert du 01/03 au 31/10,
rue du Tillial, réservation OT

→ CH le Moulin de Tauran, 9 pl., 37 €/pers.,
43 €/2 pers., pdj compris, repas 17-24 €,
coin cuisine, panier repas, accueil équestrc,
Graulat, Mme Chambon, 05 63 94 60 68
ou 05 63 94 18 44

→ Camping Melvin**, 20 empl., prix pèlerin,
tente 5 €/pers., pdj 3 €, repas 9 €, location
caravane (16 pl.) 8 €/pers., les Vignals, M. Edel,
05 63 94 75 60

2 km après Lauzerte : gîte et CH le Chartron,
dortoir (12 pl.)., nuitée 10 €/pers., pdj 3 €,
repas 10 €, CH 40 €/pers., pdj compris,
coin cuisine, accueil équestre, Mme Verdier,
05 63 94 66 82

→ 2 km après Lauzerte : centre équestre, 50 pl.,
priorité groupe, prix pèlerin, 1/2 pension 28 €/pers.,
acheminement poss., accueil équestre, les Bordes,
Mme Favrot, 05 63 94 63 46

00,0 Lascabanes. Derrière le gîte et l'église, prenez la petite route vers le Nord. Dans un virage à 90°, quittez le goudron pour aller tout droit sur un chemin blanc en direction de Sabatier (à droite le très joli domaine de Saint-Géry). Après cette maison, le chemin se rétrécit, monte raide et passe en forêt.
Après une belle cazelle, retrouvez le goudron que vous suivez à droite. Allez ensuite à gauche vers Saint-Jean.

02,1 Chapelle Saint-Jean : dépassez-la, toujours sur le goudron. À droite de la ferme, poursuivez sur un chemin mi-herbeux mi-pierreux. Au premier croisement de pistes, continuez en face vers Montcuq.

03,1 Au carrefour suivant, allez à gauche (on peut aussi aller en face), passez un dôme et traversez un bosquet. À la hauteur d'un ancien moulin devenu réservoir d'eau, allez à droite sur le chemin qui suit en laissant à gauche la direction d'Escayrac. Poursuivez sur le goudron et, dans le premier virage, continuez en face sur un chemin blanc.
D 37 : empruntez-la à droite en descente sur 420 m.
Avant la courbe, prenez à gauche une piste qui navigue ensuite entre les champs et laisse deux chemins sur la droite. Au croisement, continuez en face et à la bifurcation en Y allez à gauche avant un petit dôme. Le chemin exécute plus loin un virage à gauche.

1h40 06,4 Suivez la **D 4** à droite. 600 m après, laissez à gauche la direction du Bousquet et continuez sur 200 m.

07,2 Après la courbe, prenez à gauche en direction de Marnac*. Après 20 m sur le goudron, prenez un chemin herbeux à droite qui passe bien à droite d'une ferme et rejoint son chemin d'accès que vous remontez tout droit.

08,4 Croisement avec la D 55 : poursuivez en face. Laissez plus loin à gauche l'accès pour Marmon et à droite pour Thouron-Haut.
À un autre carrefour, continuez en face sur

un chemin blanc (vue sur Montcuq).

09,8 Carrefour avec panneau direction-nel où vous retrouvez le GR 65 venant de Montcuq : allez tout droit sur une centaine de mètres et suivez la D 28 sur la gauche. Dans le premier virage, quittez-la pour un chemin goudronné en face, en direction de Charry. 250 m après, juste avant de rent-rer dans le bois, allez à droite en lisière (panneau "Bonal 3 km, Monlauzun 5 km, Lauzerte 12 km"). Vous longez plus loin le centre équestre d'un château en traver-sant son chemin d'accès. En face, le sentier traverse un bosquet de pins et continue entre deux rangées de chênes. Il descend en deux lacets raides.

2h50 11,3 Traversez une petite route à l'angle de l'entrée de la ferme **Roux** pour descendre en face un petit chemin avec un passage raide et boueux.
Rejoignez le goudron que vous suivez à droite. Après la ferme Berty, laissez à droite la direction de Rouillac pour continuer sur Carros dont vous laissez le chemin gou-dronné à gauche.

12,4 Au niveau d'une haie qui descend de droite, prenez un chemin de terre à gau-che. Rapidement vous traversez le ruisseau Tartuguié sur une passerelle en fer avant de remonter un chemin herbeux. Au-dessus, il fait un coude à droite et une grande courbe vers la gauche. Il passe à gauche d'un étang et suit une ligne électrique. Sous un verger, allez à droite et remontez jusqu'à la ferme.

13,4 Traversez la ferme Bonal et descen-dez son chemin d'accès (goudron). Plus bas, laissez un embranchement à droite pour continuer en face vers Monlauzun. Dépassez les Grèzes.
Au carrefour en T flanqué d'un gros chêne, virez à droite. Après la ferme le Sorbier allez à gauche et laissez le Poujol à droite. Au carrefour après la ferme Combelle, montez à droite vers Monlauzun.

3h50 15,2 Carrefour sous **Montlauzun :** descendez à gauche sur la route.
Plus bas vous rencontrez la D 45 : suivez-la

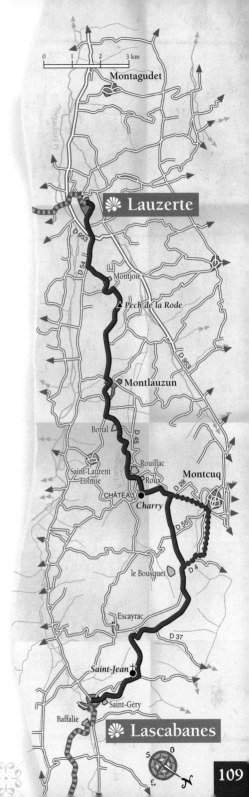

À Montcuq

à gauche vers Saint-Laurent-Lolmie. Après une courbe peu prononcée, quittez le goudron pour aller à droite. Passez devant une vigne et montez à droite par un sentier assez raide sous le couvert (corde !). Après deux lacets et une traversée à découvert, vous longez une haie de chênes.

16,8 Vous parvenez sur un chemin goudronné (panneau de l'auberge paysanne) que vous suivez à droite. Quelques minutes plus tard, au carrefour à plusieurs branches, poursuivez en face sur la route. Dans un des virages, laissez à gauche l'accès à la Truffière.

17,7 A l'angle d'une clôture et d'un portail, quittez le goudron pour aller en face sur un chemin blanc flanqué d'une borne d'incendie rouge. Longez la clôture jusqu'à son terme et tout droit poursuivez sur un sentier parallèle au chemin. Reprenez ce dernier un peu plus loin et suivez-le vers la droite. Après un bosquet, longez un jeune verger. Quittez ensuite le chemin pour un sentier en face qui rentre dans la forêt.
Traversez un chemin goudronné pour aller en face en suivant une petite clôture. Celle-ci contourne un champ avant de descendre raide entre deux clôtures et aboutir sur le goudron près d'une ruine.

18,8 Pech de la Rode. Descendez la petite route à droite sur 300 m environ pour virer, au niveau d'une ferme, à droite sur un chemin herbeux, à plat. En bout de champ il fait un coude vers la gauche, monte ensuite entre deux haies.

20,4 Ferme de Montjoie : descendez par le chemin de terre en creux à droite. Plus bas, croisez un autre chemin où vous continuez en face. Le chemin navigue à travers champs.
Suivez la D 54 à droite.

21,7 Croisement avec la D 953.
(Si vous ne faites pas étape à **Lauzerte** et si vous ne souhaitez pas visiter ce village, suivez à gauche la D 953 pendant 1,2 km en laissant la D 34 à gauche.)
Continuez en face sur Lauzerte. Au carrefour en Y, laissez à droite la D 73 (direction

Toufailles) et poursuivez à gauche. 130 m plus loin, empruntez un sentier à droite : il rejoint une allée goudronnée que vous remontez. Sur la voie au-dessus, allez à droite et, 30 m plus loin, à gauche sur un chemin prolongé d'un sentier. Sur le goudron, allez à gauche.

Prenez la route à droite. Vous entrez dans le village après le monument aux morts par la rue de l'Éveillé(sens interdit).

5h45 22,8 Lauzerte. Place de l'Église.

VARIANTE POUR PASSER À MONTCUQ

A - ALLER

06,4 Laissez la direction Marnac à gauche.

07,6 À la bifurcation de routes, laissez-en une à droite et une petite à gauche qui s'en va vers Monticule. 120 m après, prenez à droite un chemin goudronné suivi d'une ligne téléphonique.

Bifurcation à la fin du goudron : poursuivez en face sur un chemin.

09,2 Retrouvez le bitume à la hauteur d'une antenne et descendez en face. Sur la petite place, allez vers la gauche.

09,6 Montcuq. Carrefour de la D 28 et de la D 45.

B - RETOUR

00,0 Depuis le carrefour de la D 28 et D 45, descendez la route en direction de Monlauzun (D 28). Dans la descente, laissez une petite route sur la droite ; passez un petit pont. Dans le virage suivant, quittez la route pour aller à gauche sur un petit chemin bordé d'arbres. Après la forêt, vous longez un champ et rejoignez un chemin herbeux.

01,5 Au croisement en T avec un chemin pierreux (panneau directionnel et arrivée à gauche de la déviation de Montcuq voir km 09,8), allez à droite…

LE SITE POÉTIQUE DE MONTCUQ

N'oubliez pas que dans les langues d'oc toutes les lettres se prononcent, surtout la dernière ; cela évitera aux gens du nord de dire une incongruité en nommant Montcuq. En fait, l'étymologie en est poétique : *montem cuci* était en latin le "mont du coucou".
Le site aussi est plein de poésie : sur une colline verte qui domine le cours de la Barguelonnette et les vignobles de chasselas, les rues médiévales, parfois en escalier et toujours pentues, montent à l'assaut du dôme rocheux dit "la roque", couronné d'un haut donjon solitaire, vertical, rectiligne, fait d'une tour et d'une tourelle rectangulaires.

DES CATHARES DE 1229 AUX ANGLAIS DE 1991

D'origine romaine, donc. Et au XIIème siècle, chef-lieu d'une châtel-

lenie à laquelle Raymond VII, comte de Toulouse, donna une charte de coutumes. Hélas pour Montcuq : il protégeait les Cathares.
La ville fut prise et reprise par les croisés, Simon de Montfort puis son allié le comte de Beaudoin, récompensé d'avoir trahi son frère. Après le traité de Meaux en 1229, le roi de France fit abattre les murs de la ville et le château, dont il ne reste que le donjon. Il demeurait pourtant attractif : Montcuq fut au XIVème siècle plusieurs fois reprise par les Anglais et, au XVIème, ravagée par les huguenots.
C'est aujourd'hui un bourg actif, ouvert au tourisme, mais riche aussi d'une coopérative agricole et fruitière, et du voisinage de la fabrique de meringues et de gaufres de Saint-Daumes.
Les Anglais y sont de retour, mais pacifiquement : le nombre de leurs résidents est tel que vous trouverez un rayon de livres britanniques à la

librairie et du whisky irlandais et écossais à gogo.

LES VIEILLES PIERRES DE MONTCUQ

- Le donjon du XIIème siècle est ouvert aux visites en juillet et août. Un escalier taillé dans la pierre mène à l'unique porte, celle de la tourelle-escalier. À travers un mur épais de deux mètres, elle donne accès à la tour où se superposent de grandes salles de 12 mètres sur 8, sur quatre niveaux. La salle basse servait de magasin, celles des premier et second étages avaient une cheminée.
- La mairie, du XIVème siècle, possède une cloche du XVIème dans son beffroi ; plusieurs maisons sont des XIVème et XVème siècles.
- L'église Saint-Hilaire, au clocher octogonal, conserve un chœur du XIVème siècle avec de grandes baies gothiques et des vitrages modernes.

- La chapelle du couvent des Cordeliers (quartier Saint-Privat) a un portail du XIIIème siècle.

🐚 CHEMIN FAISANT, SORTANT DE MONTCUQ

- Hors chemin, à gauche, le château de Charry, propriété privée, est du XVIème siècle ; il domine à l'est le val de Tartuguié où était son moulin.
- Dix minutes plus loin, également hors chemin mais à droite, l'église de Rouillac mérite le détour. Sa nef a été reconstruite au XVème siècle mais son abside du XIIème abrite des peintures romanes : Crucifixion, Cène, Adam et Ève, entrée à Jérusalem. Christ entouré des symboles des évangélistes. (Pour visiter, s'adresser au propriétaire de l'ancien presbytère.)
- Le village de Montlauzun est perché sur la crête séparant le val du Tartuguié que nous venons de traverser (c'est un affluent de la petite Barguelonne ou Barguelonnette) et celui du Lendou.
- Nous franchissons la limite du Tarn-et-Garonne à la cote 247, sur le rebord du plateau de Sainte-Juliette.

🐚 LAUZERTE, BASTIDE ET PLACE FORTE

Encore un fort piton, mais celui-ci isolé, visible de loin, au confluent de la Barguelonnette et du Lendou : de son sommet, Lauzerte surveille depuis le XIIème siècle la route Cahors-Moissac.

Raymond VI de Toulouse, qui y possédait déjà un château, y fonda une bastide, en lui concédant des coutumes. Elle connut depuis guerre de Cent Ans et guerres de Religion : aussi fallut-il reconstruire ses églises. On peut y voir, dans la vieille ville, des maisons du XIIIème siècle à façades de bois et fenêtres géminées, d'autres de la Renaissance à fenêtres à meneaux, d'autres encore formant rempart ; colombages et pierres blanches, rues descendantes bordées d'histoire... Un chemin de ronde incliné mène à la place des Cornières aux couverts marchands, des esplanades plus récentes offrent leur panorama.

🐚 LES DEUX RETABLES BAROQUES DE LAUZERTE

Édifiée après la fondation de Lauzerte, l'église Saint-Barthélemy a été agrandie et voûtée d'ogives entre 1591 et 1654 : abside à cinq pans, large nef unique à trois travées flanquée de six chapelles, clocher rectangulaire. Le retable doré de Notre-Dame-de-Vaux (vers 1651) est un chef-d'œuvre d'art baroque. Autre retable baroque en l'église Notre-Dame-des-Carmes, à chevet plat et nef unique, dans le bas de la ville, reconstruite en 1673 : on y voit la Vierge remettant le rosaire à saint Simon Stock et à sainte Thérèse d'Avila. Dans les niches latérales, le prophète Élie et saint Jean de la Croix.

Façade à Lauzerte

Le cloître de Moissac

Lauzerte

Moissac

N PIGEONNIER sur pilotis au bord du chemin, la chapelle Saint-Sernin isolée au fond d'un vallon, celle de Saint-Martin frappée par le vent sur les hauteurs, tout comme l'église d'Espis : voilà la partition culturelle qui attisera votre curiosité. Vos pas vous conduisent d'une ferme à l'autre sur fond de champs aux cultures diversifiées. La vigne apparaît sur les coteaux ensoleillés où le fameux chasselas de Moissac livre dans ses grains dorés toute sa saveur subtile. A l'autre bout, Moissac, étape historique, ne manque pas d'attraits avec l'abbatiale Saint-Pierre : son tympan représente l'Apocalypse selon saint Jean ; le cloître est considéré comme l'un des plus richement décorés avec ses soixante-seize chapiteaux sculptés.

🌐 **CARTES UTILES**

🌐 IGN 57 Cahors – Montauban, au 1/100 000

🌐 2040 O Moissac, au 1/25 000

🏃 **RENSEIGNEMENTS PRATIQUES**

✦ **DURFORT-LACAPELETTE (82390)**

➜ Boulangerie, épicerie

➜ 2 km hors GR : CH et gîte rural les Blés à Faucher, 10 pl., nuitée 20 €/pers., pdj 3 €, prix pèlerin, 1/2 pension 30 €/pers., coin cuisine, acheminement poss., ouvert du 01/03 au 30/11, Mme Fenu, 06 71 62 35 95

🐚 CH, 8 pl., CH 13 €/pers., 1/2 pension 27,50 €/pers., dortoir 10 €/pers., 1/2 pension 24,50 €, ouvert du 26/03 au 15/10, Besses, Mme Jones, 05 63 05 01 92

➜ 1,5 km après Dufort-Lacapelette : gîte rural Accueil à la ferme de la Bayssade, nuitée 16 €/pers., pdj compris, repas 12 €, 1/2 pension 28 €/pers., coin cuisine, acheminement poss., ouvert de mars à novembre, réservation, Saint-Hubert, Mme Favarel, 05 63 04 56 62

Moissac : le porche de la cathédrale

✣ MOISSAC (82200)

→ Tous commerces, services

→ OT, 6, pl. Durand-de-Bredon, 05 63 04 01 85, www.moissac.fr

→ À voir : l'église abbatiale Saint-Pierre et son cloître (UNESCO), les collections d'art sacré et ethnographique, le Centre d'Art Roman (photothèque des enlumineurs moissagais), artisans d'art

→ Centre d'accueil le Carmel, 70 pl., nuitée 10 €, prix pèlerin, 1/2 pension 25 €/pers., coin cuisine, accueil équestre, 5, sente du Calvaire, mairie 05 63 04 62 21

→ Accueil spirituel au presbytère, 6 pl., participation obligatoire, coin cuisine, ouvert de Pâques à la Toussaint, 20, bd. Camille-Delthil, curé 05 63 04 02 81

→ CH et gîte, 12 pl., prix pèlerin, nuitée 18 €/pers, coin cuisine, 40, rue Guilleran, Mme Provensal, 05 63 04 07 88

→ Camping de l'Île de Bidounet***, 100 empl., tente 8,30-11 €/2 pers. (selon saison), bungalow 33 €/pers. (hors juillet/août), caravane 30,50 €/pers., ouvert du 01/04 au 30/09, Saint-Benoît, 05 63 32 52 52

L'église Saint-Sernin

00,0 Lauzerte. De la place, repartez par la rue du Marché sur 50 m avant de descendre la Grande rue à droite (à gauche vous pouvez visiter le jardin du Pèlerin et son point de vue). Poursuivez sur la rue de la Gendarmerie.

Face au porche de la maison de retraite, descendez les escaliers à gauche. À la bifurcation sur ces escaliers, allez à droite, puis traverser la rue et descendez un passage en face. Sur la route, descendez quelques mètres à gauche, puis tournez à droite sur une allée goudronnée.

Plus bas, poursuivez en face et contournez le cimetière par sa gauche.

00,6 Descendez sur la D 2 à droite, sur 60 m, avant de quitter le goudron pour descendre à gauche un sentier herbeux et en creux ensuite.

01,0 Carrefour de routes : prenez à gauche un tronçon de route marqué par un sens interdit. À son extrémité, allez à gauche par la D 953 sur une centaine de mètres.

01,3 Empruntez la D 81 à gauche en direction de Saint-Jean. Une centaine de mètres après le virage de Lamothe, prenez à droite la direction de Periès ; à la bifurcation suivante, allez à droite. Vous passez tout droit sous une maison pour suivre un chemin de terre. Il passe près d'une mare, devient sentier et atteint la forêt où il se redresse.

03,0 Sur le haut, carrefour à trois branches : poursuivez à gauche en laissant en face la Combe de Joucla. 400 m plus loin, et juste après le Chartron et un magnifique pigeonnier, descendez à droite un chemin ombragé. Dans un de ses virages, laissez à droite l'accès à un bâtiment.

1h00 04,2 Église **Saint-Sernin** que vous laissez à gauche pour monter en face un chemin empierré. En haut, suivez la petite route à droite sur 230 m jusqu'à la bifurcation où vous prenez un chemin de terre à droite.

05,3 Ferme Parry où vous prenez à droite sur le goudron. Contournez la ferme et descendez (Sud). 500 m plus loin, au carrefour le plus bas, continuez en face et passez le pont sur la Barguelonne.

1h30 06,4 Carrefour en T : continuez sur la **D 57** à droite pendant 1,4 km.

07,8 Quittez-la après un pont pour un chemin herbeux à gauche (Sud-Sud-Est). Plus haut, il longe un bosquet sur la gauche, vire vers la droite et laisse une maison à gauche (Biscot). Suivez le goudron d'une petite route à gauche.

08,9 Sur le point haut flanqué d'un gros poteau électrique, prenez à gauche et, après 140 m, tournez à droite sur un chemin qui devient sentier. Après une fontaine, l'itinéraire descend dans un chemin herbeux. Plus loin il fait un coude à droite puis un autre à gauche.

09,6 Dans le coude d'une petite route, sous un noyer, prenez à gauche un chemin herbeux à l'horizontale, parallèle du ruisseau. 800 m plus loin, à la hauteur d'un grand chêne, tournez à droite et traversez le ruisseau de Bonnet. En face, remontez un chemin de terre entre deux clôtures. Plus haut, passez entre une vigne et un verger.

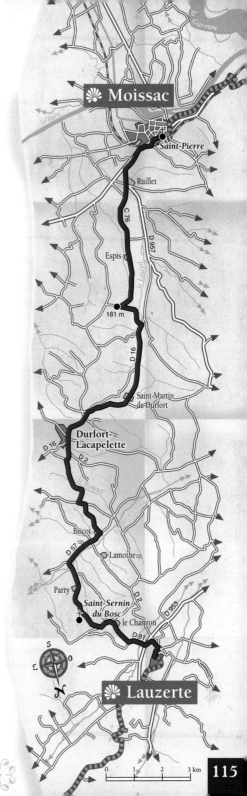

En visitant Moissac : sculptures de Botero

Traversez une ferme et continuez sur le goudron.

11,0 Hôtel restaurant **Aube Nouvelle :** prenez la première route à droite qui fait une grande courbe sur la gauche. 40 m avant d'arriver à la D 2, prenez un chemin à gauche qui longe le haut d'une vigne. À la bifurcation près des maisons, prenez à droite le long d'une haie de chênes. En bout de champ, descendez un chemin à droite qui se prolonge par une trace dans la prairie.
Vous rejoignez la D 16 à l'entrée de Durfort : allez à droite. Au rond-point, prenez à gauche vers le centre.

3h00 12,3 Durfort-Lacapelette. Carrefour de la D 2 et D 16.
Empruntez la D 16 en direction de Moissac. 900 m plus loin, laissez la direction Piquet à droite et Saint-Hubert à gauche.

13,5 Prenez à droite une petite route en direction du Fraysse sur plus de 1300 m. Tournez à gauche vers l'église de Saint-Martin, sur une centaine de mètres.

3h50 15,2 Église de Saint-Martin que vous laissez à droite pour continuer tout droit sur la route. Vous laissez les accès de chaque côté ; à la bifurcation descendez à gauche.

16,3 Vous suivez de nouveau la D 16 vers la droite sur 1350 m en marchant en contrebas de la route sur la gauche après le petit pont. Laissez deux chemins à gauche.

17,6 Prenez une petite route à gauche (panneau voie sans issue ; Est) qui passe le ruisseau de Laujol. Dans le deuxième virage, allez à droite sur un chemin herbeux, à l'horizontale.
Juste après un carrefour à l'entrée d'une prairie, prenez un sentier à gauche sous les arbres. En haut de la montée, empruntez un chemin empierré sur la droite (Ouest).

19,1 Petite route (cote 181 m) à prendre à droite longuement. Après 200 m, vous traversez un bosquet, puis une maison ornée de pins parasol. La petite route se déroule en crête.

5h20 21,2 Espis. Laissez l'église et son cimetière à droite (eau) et continuez sur la route.

21,7 Carrefour : prenez en face la C 76 (chemin de Merle).
Un kilomètre plus loin, laissez la direction de l'hôtel des *Crêtes de Pignols* à gauche. Ensuite l'itinéraire descend assez fortement dans une zone résidentielle.

23,3 Carrefour en bas : utilisez le chemin de Ruillet en face, avec des serres à droite. Après le goudron, continuez sur l'herbe avant de franchir une passerelle en bois sur le ruisseau de Laujol.

23,6 D 957 suivez-la à gauche et passez le panneau de Moissac. Au rond-point, continuez en face ; au bout de 600 m prenez à droite le chemin des Vignes en sens interdit, sur 700 m.
En suivant, prenez le boulevard à droite. Avant le pont ferroviaire, prenez à droite le chemin de Ricard. 300 m plus loin, traversez la voie ferrée à gauche ; aux feux reprenez le boulevard à droite.

25,8 Empruntez à droite le boulevard du Faubourg-Sainte-Blanche ; 70 m plus loin allez en face par la rue Hippolyte-Détours. Au carrefour, prenez en face la rue Guileran, en sens interdit.

6h40 26,3 Moissac. Porche de l'abbaye Saint-Pierre.

**PAR SAINT-SERNIN,
CHEMIN FAISANT**

- De Lauzerte, des escaliers descendent au cimetière Saint-Mathurin et à sa chapelle.

- Le pigeonnier du Chartron, au toit pointu à quatre pentes, en colombages, perché sur quatre piliers et restauré en habitation est un modèle du genre…

- La chapelle Saint-Sernin apparaît dans la pente d'un vallon boisé – quand on croyait se perdre – encadrée de peupliers, simple mais de bel appareillage, émouvante et toute à l'abandon : chevet roman à modillons, certains sculptés, ouvertures béantes, voûte manquante, charpente rustique, tribune, beaux restes d'autel, traces polychromes sur l'arc régnant. À l'extérieur, le cimetière qui servit jusqu'au siècle dernier.

- Pas d'église à Durfort-Lacapelette malgré le nom (la chapelle Saint-Paul de Burgues est au sud sur le coteau, et nous passerons demain au lieu-dit Saint-Martin), mais un délicieux hôtel *Aube Nouvelle*.

 **LE TARN,
PAISIBLE
ET REDOUTABLE**

Nous trouverons le Tarn à Moissac. Né dans le Massif central au pied du mont Lozère, d'abord encaissé entre des causses, puis s'étalant plus largement dans une mince plaine alluviale, il approche ici, après un parcours de 375 kilomètres, de son confluent avec la Garonne, en aval de la ville. En le voyant si calme, souvenons-nous que ses crues peuvent être redoutables, surtout quand les deux fleuves enflent ensemble. Ce fut le cas les 3 et 4 mars 1930, après pluies et fonte des neiges. Le pont du chemin de fer qui faisait barrage ayant cédé, Moissac fut inondée. Il y eut 617 maisons détruites, 120 morts, et un mouvement de solidarité qui dépassa les frontières.

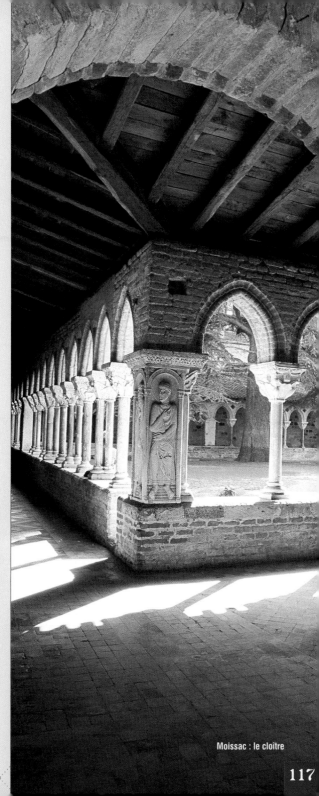

Moissac : le cloître

Moissac, la cathédrale, détail

EAU PAR-DESSUS EAU : LE PONT-CANAL

Curieux spectacle que ce cours d'eau qui en enjambe un autre sur un via-duc : le pont-canal construit en 1853 permet le passage par-dessus le Tarn du canal latéral à la Garonne. Celui-ci, long de 183 kilomètres, prolongeait de Toulouse à La Réole le canal du Midi qui existait entre Montpellier et Toulouse. Il sert aujourd'hui davantage au tourisme qu'à la batellerie. Il existe un autre pont-canal à Agen, où le canal latéral franchit la Garonne pour passer rive gauche.

LE JAVELOT DE CLOVIS TOMBA DANS LE MARAIS...

"En 506, Clovis ayant vaincu les Wisigoths et perdu mille chevaliers voulut bâtir l'abbaye aux mille moines et, pour en déterminer le lieu, jeta son javelot qui se planta dans les marais : c'est pourquoi Moissac fut construite sur pilotis." Jolie légende, mais évidemment fausse. Le suffixe ac (um) est gallo-romain et la découverte, en 1947, sous l'église Saint-Martin, d'un hypocauste, le chauffage d'une villa romaine, l'a confirmé. Le nom de Moissac apparaît en 680 quand le propriétaire Nizezius et son épouse Ermentrude donnent à des moines quatorze villages entre Garonne et Tarn. Moissac, qui naît autour de leur monastère, est ravagée en 732 par les musulmans et aux deux siècles suivants par les Normands remontant la Garonne, puis les Huns. L'abbaye est rattachée en 1047 à Cluny par saint Odilon et bénéficie du pèlerinage.

DÉTRUIRE LE CLOÎTRE POUR FAIRE PASSER LE TRAIN

En 1212, fidèle au comte de Toulouse, Moissac est ravagé par Simon de Montfort. Entre Toulouse la Française et Bordeaux l'Anglaise, puis papiste face à Montauban la huguenote, elle souffre de toutes les guerres. Navigations et moulins font sa richesse au XVIIème siècle, mais l'abbaye est négligée par des abbés commanditaires comme Mazarin. La Révolution en fait une caserne livrée aux vandales. Les ingénieurs du chemin de fer pensent même détruire le cloître en 1853, quand un sursaut de l'opinion et Viollet-le-Duc amorcent enfin le sauvetage.

DEUX MUSÉES DANS L'ENSEMBLE ABBATIAL

Des fouilles ont révélé sous l'abbatiale Saint-Pierre le couloir annulaire d'une église préromane avec un graffiti du IVème siècle, puis les piliers ronds de la nef primitive. La partie la plus ancienne qui subsiste est le clocher porche de 1120, fortifié vingt ans après et abritant l'un des plus beaux portails romans qui soient. La partie basse de la nef, en pierre, est également romane, mais la partie haute en briques est du gothique méridional ; les deux travées du chœur, l'abside à cinq pans et les chapelles sont du XVème siècle. On y voit une pietà du XVème et une Crucifixion du XVIIème. Les chapiteaux romans du cloître étaient achevés en 1100 sous l'abbé Amsquitil, mais l'ensemble a été repris au XIIIème avec d'autres colonnettes et d'autres arcades en ogive. Salles des moines, palais des abbés et tour s'échelonnent du XIIIème au XVème siècle.

Centre d'Art roman Marcel Durliat (enluminures, peintures murales) ; musée d'Arts et Traditions populaires Marguerite Vidal (meubles, faïences, céramiques).

LES 150 IMAGES ROMANES DU PORTAIL ET DU CLOÎTRE

Le cloître de Moissac, orné sur les seules galeries du jardin (la charpente de bois du couvert reposant sur un mur nu), ne présente pas moins de 76 chapiteaux différents, sculptés sur quatre faces de thèmes floraux ou stylisés, de personnages ou d'animaux, et de scènes bibliques. Comme le portail compte plus de 60 figures, un jour suffirait à peine pour chercher, manuel en main, le sens de ces plus de 150 *ymages*. Il faut en tout cas avoir vu le porche (Abraham, Moïse, scènes et paraboles de l'Évangile) et le portail inscrit dans un arc brisé.

Il représente pour l'essentiel l'apparition du Christ à la fin des temps, les symboles des quatre évangélistes et les vingt-quatre vieillards de l'Apocalypse. Le trumeau monolithe est orné d'animaux entrelacés, les pieds-droits (polylobés : influence mauresque) portent Jérémie et saint Pierre. Le linteau pose problème : analogue à la "pierre constantine" du musée de Cahors, il doit être un vestige romain réemployé.

Le canal latéral à la Garonne

Moissac
Auvillar Saint-Antoine

 ETTE ÉTAPE est marquée du signe de l'eau. Autrefois, les jacquets traversaient le Tarn sur un bac ; maintenant il faut aller chercher les ponts de Pommevic pour franchir les deux canaux tandis que la Garonne n'est enjambée qu'après Espalais. À partir de l'écluse d'Espagnette, vous avez le choix de suivre le GR 65 sur les collines de Boudou ou de préférer un raccourci de 2,3 km le long du canal. Perché au-dessus de la Garonne, Auvillar abrite une halle ronde de toute beauté au cœur d'une place entourée d'arcades d'où repartent des ruelles, en étoile.

Votre vagabondage sur les coteaux finira dans le petit village de Saint-Antoine où il est agréable de dormir, loin du tumulte des grandes villes.

🌐 CARTES UTILES

🌐 IGN 56 Marmande – Agen et 57 Cahors – Montauban, au 1/100 000

🌐 1941 E Saint-Nicolas-de-la-Grave, au 1/25 000

🌐 1941 O Miradoux, au 1/25 000

🚶 RENSEIGNEMENTS PRATIQUES
✤ BOUDOU (82200)

→ CH, 2 ch., prix pèlerin, 1/2 pension 31 €/pers., accueil équestre, possibilité panier repas, ouvert du 01/03 au 30/09, Ferme de Lamouroux, Mme Coural, 05 63 04 27 32

✤ MALAUSE (82200)

→ Alimentation, restaurant

🐚 Gîte et CH le Grenier du Levant, 20 pl., gîte prix pèlerin, 1/2 pension 28 €/pers., coin cuisine, accueil équestre, acheminement poss., Bouillan, Saint-Vincent-de-Lespinasse, Mme Garnier, 05 63 29 07 14

Sainte-Rose, près de Malause

119

Sur la place d'Auvillar

✤ AUVILLAR (82340)

→ Tous commerces, services

→ OT, place de la Halle, 05 63 39 89 82, www.auvillar.com

→ À voir : un des plus beaux villages de France, l'église Saint-Pierre, la tour de l'Horloge (exposition permanente sur la batellerie), musée d'Art et de traditions populaires (collection de faïences), la halle aux grains, artisans d'art, le port et sa chapelle Sainte-Catherine

🛏 Gîte d'étape, 2 gîtes 13 et 4 pl., 6 €/pers., coin cuisine, 17, quartier du Pont – 27, rue de l'Église, réservation OT

→ CH, 3 ch., nuitée 40 €/2 pers., pdj compris, tarif groupe min. 6 pers. 17 €/pers., coin cuisine, accueil équestre, Cap du Pech, Mme Sarraut, 05 63 39 62 45

→ CH le Ramier, 3 ch., 30 €/pers., 40 €/2 pers, pdj compris, Mme Brehm, 05 63 39 77 27

✤ SAINT-ANTOINE (32340)

→ Gîte d'étape Saint-Antoine, 30 pl., nuitée 10 €, 1/2 pension 26 €/pers., coin cuisine, ouvert de mars à novembre, M. Dupont, 05 62 28 64 27

A - MOISSAC - AUVILLAR

00,0 Moissac. Dos au portail de l'abbaye, allez à droite rue Marcassus, puis à gauche pour suivre les allées Marengo en effectuant une courbe vers la droite.

Au carrefour avec le boulevard Lakanal, allez en face sur le trottoir de droite, avenue Pierre-Chabrié. Prenez à droite (en face) une rampe en laissant à droite le pont sous la voie de chemin de fer. Après la courbe à gauche, descendez et traversez la N 113 pour une rue en face.

00,9 Traversez le pont et suivez à droite le canal sur le chemin de halage.

Au niveau de l'écluse d'Espagnette*, traversez le pont à droite.

0h50 03,4 N 113. Suivez-la à droite sur 300 m et empruntez à gauche la direction de Boudou. Vous remontez cette route sur 600 m.

04,3 Quittez la route pour un chemin herbeux à gauche. Rapidement il fait un coude à droite et passe plus haut entre un verger et des noisetiers où il exécute un autre coude vers la droite.

Avant une maison, descendez à gauche, puis de suite à droite. À la fin des noisetiers, montez sur le chemin herbeux au-dessus. Au bout du champ, allez à gauche, puis en face.

Allez tout droit sur l'allée goudronnée où vous laissez les accès à des résidences, à droite comme à gauche.

05,2 Empruntez à gauche la petite route de Boudou sur 700 m.

Après une ferme, quittez le goudron pour aller à gauche et descendre un chemin herbeux qui en bas traverse une zone de broussailles.

06,4 Bitume : allez à gauche sur une centaine de mètres et prenez à droite un chemin empierré (100 m).

Après un ruisseau, et à la hauteur d'une boite aux lettres, empruntez à gauche un large sentier herbeux assez raide. Sur le haut, longez un verger ; au niveau d'un poteau électrique, faites un écart sur la droite pour suivre un vieux chemin vers la gauche. Sur la route, allez à gauche (chambres d'hôtes 300 m à droite).

1h50 07,6 Boudou. Sur la place avec des platanes, tournez à droite vers l'église. Un peu avant celle-ci, descendez à droite.

Dessous, dans le virage, abandonnez le goudron pour aller tout droit dans un chemin herbeux. Il descend le long d'un verger puis passe à gauche de la haie.

Traversez le petit ruisseau et continuez à gauche et à plat sur le chemin de terre. À la bifurcation en Y, poursuivez en face.

09,3 À un carrefour non loin de la route, allez toujours en face. Au nouveau carrefour près de la route, tournez à droite pour suivre une large piste de terre. Après un hangar en ruine, préférez le sentier parallèle à gauche de la piste que vous retrouver plus haut.

Près d'une maison (Bourdailles), vous suivez à gauche la D 4 en laissant la direction de Couty à droite.

10,7 Après une grande courbe, prenez à gauche (cote 171 m) la petite route vers Sainte-Rose. Laissez bien à gauche l'église et

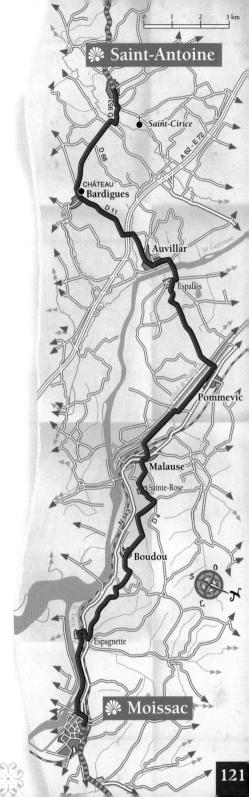

empruntez un chemin herbeux à droite. (Vue sur la centrale de Golfech.)

Près d'une ancienne ferme, empruntez le goudron à droite. Au carrefour suivant, montez à droite et ensuite descendez la D 4 à gauche.

3h10 12,4 Malause. Rond-point : prenez à gauche la rue vers la gare (laissez la direction de Pommevic à droite). Deux minutes plus tard, allez à droite ; 50 m plus loin descendez à gauche. Traversez la voie ferrée ; après le pont sur le canal de Golfech suivez à droite le chemin de halage.

1650 m plus loin, traversez sur un pont pour continuer sur l'autre rive et passez ainsi l'écluse n° 28.

16,5 Pommevic. Au pont en béton, montez le raidillon à droite pour atteindre la route au-dessus que vous suivez à gauche. Vous traversez ainsi le pont sur le canal latéral et celui du canal de Golfech.

Au carrefour, prenez la direction d'Espalais en ignorant les embranchements à droite et à gauche .

5h00 20,1 Espalais. Traversez le village (alt. 59 m) par l'avenue Montplaisir et la rue du Barry. Après l'église, tournez à droite en laissant à droite le monument aux morts. Au rond-point, tournez à gauche sur la D 11 pour traverser plus loin le pont suspendu sur la Garonne.

20,6 Après le pont suspendu, virez à gauche dans une rue en direction de la chapelle Sainte-Catherine. Passez devant le gîte d'étape provisoire (le nouveau se trouvera au centre). La rue fait un coude à droite et monte fortement. Au-dessus du lavoir, montez à gauche une rampe qui aboutit dans une rue pavée. Passez à gauche de la halle ronde pour continuer sur la rue de l'Horloge.

5h20 21,3 Auvillar. Porte de l'Horloge.

* Au niveau de l'écluse d'Espagnette, vous pouvez continuer en face le long du canal pendant 7,3 km. Vous rejoindrez le GR 65 à la hauteur du pont de Malause au km 12,4. C'est un raccourci de 2,3 km qui est aussi conseillé à VTT.

B - AUVILLAR - SAINTE-ANTOINE

00,0 Auvillar. De l'horloge, montez en face la rue de la Sauvetat en direction de Bardigues. En haut, poursuivez tout droit sur la route. Un peu avant le panneau de sortie de la ville, empruntez à gauche une allée goudronnée en direction de Haute-Peyrères. À la fin du goudron, descendez le chemin herbeux en face. Il s'enfonce plus bas entre deux haies de broussailles, puis fait un coude à gauche.

01,5 D 11 : suivez-la à gauche. Elle passe sur le ruisseau et sous l'autoroute.

1h00 03,9 Carrefour de **Bardigues.** Laissez le village à gauche et continuez par la D 11 sur 350 m en laissant une route à gauche et l'entrée du château à droite (alt. 160 m). Prenez ainsi la petite route à droite direction de la Gravière. Laissez-y plusieurs fermes et une station de pompage à droite.

05,8 Au carrefour, laissez à gauche l'embranchement pour Berdoulet et descendez un chemin en face, sous les arbres. Laissez à droite une ancienne carrière et poursuivez tout droit. Plus bas, vous marchez entre un champ et le bosquet. Ensuite continuez en face sur le goudron et passez à gauche d'une ferme. 400 m après, traversez la D 88 légèrement à gauche pour suivre une petite route en direction de Saint-Antoine (panneau). Vous faites un coude à droite devant la ferme (moulin).

07,1 Suivez la D 953 à gauche. Au carrefour suivant, 500 m plus loin, laissez la direction de Saint-Cirice et une petite route à droite pour continuer vers Lectoure et toujours sur la D 953.

2h10 08,3 Saint-Antoine. Allez à gauche pour passer sous le porche (le balisage continue sur la D 953). Dans cette rue, vous passez devant l'église et vous atteignez la mairie. Le gîte se trouve un peu plus loin à droite.

Saint-Antoine, rendez-vous des pigeons

SAINT JACQUES PÈLERIN, À LA TABLE DU CHRIST

À la sortie ouest de Moissac, l'église Saint-Martin garde dans ses murs quelques traces du bâtiment gallo-romain précédent (VIème siècle) : le chœur de Saint-Martin et une partie de sa nef sont préromans. Le reste a été agrandi au XIVème siècle et une chapelle ajoutée au XVème. Les fresques qui ornent celle-ci méritent l'attention du pèlerin. On y trouve les scènes classiques de l'Évangile : Annonciation, Nativité et Cène. Or, dans cette dernière, l'apôtre au grand chapeau semble bien être un saint Jacques le Majeur… déjà pèlerin. Ce détail, anachronique pour des yeux d'aujourd'hui, peut surprendre, mais, quoique rare, il n'est pas sans exemple. On retrouvera un saint Jacques pèlerin à la table du Christ dans l'église catalane de Solsona et dans le retable sculpté de l'église allemande Saint-Jacques de Rothenbourg qui sont de la même époque. Dans ce dernier cas, le chapeau est orné d'une coquille dorée qui ne laisse aucun doute. Ici, le couteau placé devant lui est peut-être aussi un symbole discret de sa future décollation.

PAR LA POINTE, CHEMIN FAISANT

- Non loin de cette petite église et de la gare, nous quittons Moissac par la promenade Saint-Martin, ancien chemin de halage du canal latéral.
- Ce chemin aboutit aux pont et écluse de l'Espagnette puis à la Pointe du confluent du Tarn et de la Garonne où était, depuis le XIIème, un hôpital pour les pauvres.
- Nous ne pouvons, comme les pèlerins d'il y a sept siècles, traverser là le fleuve sur un bac pour gagner Merles sur l'autre rive. Mais nous trouverons un pont plus loin.

DU PORT AU BALCON D'AUVILLAR

Au bout de la longue plaine, un pont suspendu franchit la Garonne entre Espalais et le port d'Auvillar : vieilles maisons au bord du fleuve et, sur les anciens quais, Sainte-Catherine-du-Port, du XIVème siècle, chapelle des mariniers.

Juste au-dessus, le bourg d'Auvillar, au site exceptionnel : perché sur une terrasse au-dessus de la Garonne, il offre panorama et table d'orientation. Il y a une rue Saint-Jacques, une rue de la Sauvetat.

On arrive par une ruelle bordée de vieilles maisons du XVème au XVIIIème siècle, dont celles des Consuls et de la chapelle désaffectée des Carmes, à la place à couverts où trône une halle circulaire sur colonnes, à plan très ancien, véritable leçon d'architecture et d'urbanisme ! Après le passage voûté sous la tour de l'Horloge, on passe sous l'église Saint-Pierre. Longue de 43 mètres, elle conserve une partie romane aux pierres claires et sombres alternées, et une voûte gothique à liernes et tiercerons. On visite son Trésor et aussi le musée du Vieil Auvillar (faïences du XVIIème, fabrications de plumes d'oie pour l'écriture, ex-voto de mariniers).

LE TROUBADOUR MARCABRU

Marcabrú ou Marcabrun, fils d'une pauvre femme du lieu nommée Marcabruna, fut jeté à la rue par son maître et recueilli par le vicomte Aldic d'Auvillar. Devenu troubadour, il écrivit en gascon, de 1120 à 1150, des poèmes occitans, d'abord à la cour d'Aliénor d'Aquitaine puis, après le mariage de celle-ci en terre d'oïl, chez Alphonse VI de Castille.

Maison à Bardigues

LA LOMAGNE, GASCOGNE BOSSUE

La Lomagne est, au sud de Moissac et jusqu'à Lectoure, ce pays de collines escarpées appelé aussi la Gascogne bossue d'où, par temps clair, on aperçoit déjà les Pyrénées. Ces collines sont faites d'un calcaire argileux très fertile et de "boulbènes" plus gluants. La France des départements la laisse à cheval sur Tarn-et-Garonne et Gers, mais géographie historique et géologie s'accordent à en faire une région naturelle correspondant à l'ancien évêché de Lectoure et, auparavant, à la tribu des Lactorates.

L'ÉGLISE POLYLOBÉE, SOUS LE SIGNE DU T

Saint-Antoine tient son nom des religieux antonins qui s'y installèrent en 1204 à la suite d'un legs fait par Gaillard d'Ascot, mort en pèlerinage. Ils y vécurent jusqu'en 1777. De leur hôpital, ils surveillaient le pont et le moulin sur l'Arrats. C'est derrière ce moulin que nous franchissons la rivière : l'intéressant pont barrage a malheureusement perdu une travée. L'église de Saint-Antoine porte le T (*tau*) des Antonins sur ses clefs de voûte et possède un reliquaire du saint en forme de bras. Sa porte est d'influence mozarabe : sous trois voussures romanes reposant sur chapiteaux et colonnettes, le tympan est découpé en quatre lobes outrepassés.

L'ordre avait été fondé en 1119 dans le Dauphiné à la suite de la guérison miraculeuse d'un gentilhomme survenue cinquante ans plus tôt et attribuée aux reliques du saint ermite, ramenées de Constantinople. Les antonins soignèrent le "feu de saint Antoine" qui était sans doute l'ergotisme, et plus tard la peste. La disparition progressive de ces maladies marqua la fin de l'ordre, prononcée en 1775 ; il fut alors réuni à celui de Malte.

Pigeonnier près de Saint-Avit

Saint-Antoine

Lectoure

E DÉPARTEMENT du Gers commence sur le pont de l'Arrats, quelques kilomètres avant Saint-Antoine : il faudra près de cinq étapes pour le traverser. Vous allez marcher dans une région véritablement imprégnée de culture jacquaire, à travers de riches terres agricoles. Une campagne où il fait bon vivre, avec sa gastronomie que l'on ne présente plus, symbolisée par le foie gras et l'armagnac.

Aujourd'hui, la marche égrène petit à petit de charmants villages comme Flamarens et Castet-Arrouy ou encore, à mi-chemin, Miradoux, une des plus anciennes bastides du département.

La vue de Lectoure depuis les hauteurs de Tarissan était rassurante pour le pèlerin qui, autrefois, parcourait de très longues étapes sur des chemins incertains.

🌐 CARTES UTILES

🌐 IGN 56 Marmande – Agen et 63 Tarbes – Auch, au 1/100 000

🌐 1941 O Miradoux, au 1/25 000

🌐 1841 E Lectoure, au 1/25 000

🚶 RENSEIGNEMENTS PRATIQUES

✢ MIRADOUX (32340)

→ Alimentation, services

→ SI, mairie, 05 62 28 63 08, www.citaenet.com/miradoux/

→ CH Lou Casau, 6-9 pl., 72 €/2 pers., pdj compris, ouvert du 01/03 au 30/11 (fermé du 14/07 au 15/08), Mme Lanusse-Cazalé, 05 62 28 73 58

→ Gîte et camping, 10 pl., nuitée 8 €/pers., coin cuisine, ravitaillement dépannage, accueil équestre, ouvert de juillet à septembre, Biran, Mme Laville, 05 62 28 64 65

Avant Lectoure, des cultures

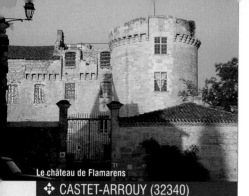
Le château de Flamarens

✤ CASTET-ARROUY (32340)

→ À voir : église au chœur flamboyant

🐚 Gîte communal pour pèlerins et randonneurs, 18 pl., 9 €/pers., pdj 4 €, repas 8-13 €, coin cuisine, accueil équestre, épicerie, ouvert du 01/04 au 30/11, M. Sala, 05 62 28 73 97 ou Mme Moëlaert, 05 62 28 67 95

✤ Avant Lectoure,
à 4 km, proche GR (Saint-Avit-Frandat)

→ A voir : château de la Cassagne (reconstitution de la salle du conseil suprême du Palais des grands maîtres de l'Ordre de Malte), église

→ Gîte Tarissan, 6 pl., priorité location semaine, prix pèlerin, 1/2 pension 35 €/pers., coin cuisine, route d'Agen, Mme Sellin, (HR) 05 62 68 92 73

✤ LECTOURE (32700)

→ Tous commerces, services

→ OT, place Hôtel-de-Ville, 05 62 68 76 98, www.lectoure.com

→ À voir : le palais épiscopal et son musée (pharmacie, archéologie), la cathédrale Saint-Gervais et le donjon abritant le musée d'Art sacré, flânerie dans la vieille ville, le couvent des Clarisses, l'Été photographique de juillet à septembre, expositions au Bleu de Lectoure consacré au travail du pastel

→ Gîte d'étape, 16 pl., nuitée 8 €/pers., coin cuisine, accès handicapé, 18, rue Saint-Gervais, tél. OT

→ Accueil spirituel au presbytère, 10 pl., poss. repas et pdj, participation obligatoire, coin cuisine, ouvert du 15/04 au 15/09, 30, rue Nationale, réservation, 05 62 68 83 83

→ Gîte rural, 4 pl., prix pèlerin, 1/2 pension 30 €/pers., coin cuisine, 3, rue du Docteur-Souviron, Mme Souviron, 05 62 68 81 56

→ CH, 10 pl., nuitée 39 €/pers., pdj compris, 13, rue Nationale, Mme Luydlin, 05 62 68 82 63

→ CH le Pradoulin, 2 ch., 45 €/2 pers., pdj compris, Mme Vetter, 05 62 68 71 24

00,0 Saint-Antoine. Depuis la mairie (ou le gîte d'étape), empruntez la D 953 vers le Nord-Ouest et passez devant le gîte. Plus loin, laissez un chemin sur la droite. Dans un virage, au carrefour à trois branches, prenez la route du milieu. 700 m après, poursuivez ; encore 500 m : allez à droite.

02,3 Empruntez un chemin herbeux flanqué d'un panneau d'interdiction à tous véhicules. Il descend entre deux haie et, en bas, traverse un petit ruisseau et remonte en face. À la hauteur d'une ferme (Cluset), continuez tout droit sur le goudron (quelques courtes portions sont empierrées) en laissant des accès aux maisons sur la droite.

1h10 04,6 Flamarens. Au stop, allez tout d'abord à droite puis rapidement à gauche. Vous passez devant l'ancienne église et le château. Descendez la rue en sens interdit et rejoignez ainsi la rue principale (D 953) que vous suivez à gauche. Laissez un chemin empierré sur votre droite.

05,2 Carrefour : prenez à gauche (Sud) la direction de Gauran sur une petite route. Après cette ferme, quittez le goudron pour un chemin herbeux à droite. Il descend le long d'une haie et atterrit sur un autre chemin herbeux que vous devez prendre à droite.

06,5 D 953 : suivez-la à gauche. Après un bon kilomètre, laissez la direction de Peyrecave à gauche (alt. 161 m).

07,9 Quittez la route pour un bout de sentier à gauche, le long d'un bosquet de pins et d'un verger de noyers.
Le Point du Jour (quartier de Miradoux) : au lampadaire, allez à gauche (goudron) sur 350 m environ. Retrouvez la D 953 que vous suivez à gauche.

2h10 08,8 Miradoux. Au stop, continuez à gauche sur la D 953 en laissant le centre ville (à visiter). Passez à gauche de l'église et faites une grande courbe vers la gauche. Plus loin, vous laissez à gauche la D 525 et la direction de Lavit. Ignorez la direction Caouze à gauche, et Bel Air à droite.

10,0 Carrefour. Prenez la D 23 en face vers Lectoure. 400 m plus bas, tournez à gauche sur un chemin goudronné vers Tucola. Après 50 m, quittez le bitume pour un chemin herbeux en face. À la hauteur d'un chêne, virez à droite.
Plus haut à la rencontre de trois arbres, tournez légèrement sur la gauche et suivez une haie.
Plus loin, bien à gauche d'une ferme, descendez tout droit, toujours sur un chemin herbeux entre les champs. Plus bas, à la rencontre de deux chênes, poursuivez à droite et en bout du chemin utilisez en face une petite route.

12,8 Carrefour avec la D 23 que vous suivez à gauche pour traverser deux ponts sur l'Auroue. 500 m plus loin, vous la quittez pour prendre à gauche une petite rue ; encore 50 m et vous tournez à droite à 90°.

3h20 **13,6 Castet-Arrouy.** Église. (La variante par Saint-Avit n'est plus balisée.) Le GR 65 traverse le village tout droit, puis suit de nouveau la D 23 vers le Sud-Ouest (cote 103 m) sur près de 2,5 km.

16,1 Une centaine de mètres après la direction de Bidon, empruntez à droite un chemin herbeux avec une haie. Plus loin, passez un ruisseau puis contournez un champ par la gauche. Dans l'angle, laissez à gauche le chemin de randonnée PR 4 vers Barachin. Passez à droite d'un petit étang.

17,8 Traversez un petit ruisseau et longez-le sur l'autre rive. Plus tard, suivez un chemin en creux. Vous passez maintenant à gauche d'un étang.

18,6 Au coude d'un chemin : allez en face ; au carrefour suivant prenez à gauche un chemin mi-goudronné mi-pierreux que vous abandonnez après 90 m pour aller à droite sur un chemin de terre. Il passe sous un étang (non visible) et se rétrécit en entrant dans la forêt.

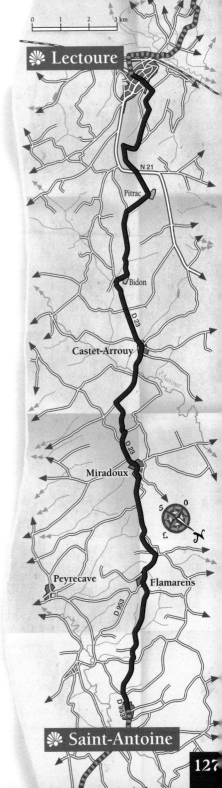

Vous retrouvez le goudron que vous suivez sur la gauche. Plus loin, dans un virage à gauche, laissez à droite l'accès de Pitrac (belle demeure restaurée).

5h10 **20,5** N **21**, à la hauteur de deux cèdres : empruntez la nationale à gauche sur une centaine de mètres pour prendre un chemin goudronné à droite (cote 213 m). Vous passez derrière Tarissan et poursuivez sur un chemin herbeux d'abord à plat, puis en descente. Dépassez deux ruines.

21,6 Empruntez une petite route à droite sur 600 m qui traverse le Petit Vaucluse. Au carrefour, juste avant une ferme et après un poteau électrique, tournez à gauche sur un chemin empierré. À la bifurcation, prenez à gauche le chemin herbeux qui va lon-ger un champ plus bas. Plus tard, suivez une allée empierrée en face sur une centaine de mètres.

23,2 Vous rejoignez une petite route que vous descendez à gauche. En remontant, laissez un embranchement à droite pour continuer en face. La montée se fait raide et vous dépassez le cimetière.

24,3 Carrefour giratoire après une grande croix rouge : prenez à droite vers la tour du Bourreau que vous laissez à droite pour une rue à gauche. Ensuite, prenez à droite la rue Corhaut, puis virez à gauche rue Saint-Gervais (gîte d'étape à gauche en montant). Traversez la rue Nationale.

6h15 **24,8 Lectoure.** Porche de la cathédrale et O.T.

🐚 LE CHÂTEAU DE FLAMARENS, "BEAU DEHORS"

En haut de Flamarens qui a donné son titre au dernier roman de Pierre Benoît, le château domine la plaine de sa terrasse et de son donjon circulaire. Sur l'emplacement d'un castrum attesté en 1289, Jean de Grossoles, seigneur du lieu, le fit bâtir en 1469 par un tailleur de pierre limousin.

C'est une de ces gentilhommières gasconnes avec fenêtres et mâchicoulis, à la charnière du fortin passé, et de la résidence nouvelle, logis carré aux deux tours rondes. On disait alors : *Lo castèt de Flamaréns, bèt dehore, bèt deguens* (le château de Flamarens, beau dehors comme dedans). Mais il se dégrada et en 1851 le poète agenais Jasmin traduisit cela par : *poulit deforo, led dedéns* (joli dehors, laid dedans). Un incendie en 1944 faillit bien l'achever.

Depuis 1976, Les Amis de Flamarens secondent son courageux propriétaire pour mener à bien sa restauration. À côté, l'église, elle aussi menacée, a un clocher mur pointu à deux arcades et une tourelle ronde d'escalier.

À Castet-Arrouy, le pèlerinage est gravé dans la pierre

🐚 MIRADOUX ASSIÉGÉE PAR CONDÉ

Fondée en 1253, Miradoux est la plus ancienne des bastides gersoises. L'hôpital Sainte-Marie-Madeleine était tenu par les chevaliers de Saint-Jean-de-Jérusalem et, sur une hauteur, le lieu-dit le Temple atteste le souvenir des Templiers. Église à nef unique, clocher massif et portail Renaissance,

voûtes en ogives. Dans une châsse d'argent du XVIIIème, relique de saint Orens.

Autre relique, profane : un boulet de canon de la bataille de février-mars 1652 que commémore aussi une procession à la Saint-Joseph. Cette année-là, pendant la Fronde, la ville était tenue par le comte d'Harcourt, fidèle au roi. Entre-temps, les maisons à colombage avaient flambé.

🐚 LE CONSEIL DE MALTE À LA CASSAGNE

Le village perché de Saint-Avit-Frandat n'a qu'une église du XIXème siècle, mais elle conserve des fonts baptismaux hexagonaux du XIVème et un plat de quête en cuivre du XVème. Remarquables croix de pierre dans le mur du cimetière. À 300 mètres, ruines informes d'un pigeonnier rond.

Au bout de l'éperon calcaire de Saint-Avit, il n'y avait, à la fin du XVIème siècle, qu'une simple tour. La famille de Luppé-Garrané y fit construire le château de la Cassagne, qu'elle possède encore, et le transforma au siècle suivant en demeure à la Mansard, version tuiles-picot :

combles brisés, corps central à galerie flanqué de deux grosses tours rondes. Une salle de 13 mètres sur 9, haute de 5 mètres, était la copie exacte de celle du grand conseil des Chevaliers de Saint-Jean au château de Malte, que construisait alors le grand prieur Jean-Bertrand de Luppé (1586-1664). Celui-ci est représenté en pied sur le panneau peint de la cheminée relatant le siège de l'île par les Turcs. La destruction, en 1798, de la salle originale par l'attaque de Bonaparte, rend précieux ce fac-similé.

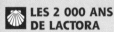

LES 2 000 ANS DE LACTORA

Lectoure (Leytoure en gascon) fut un oppidum préhistorique, capitale des Lactorates. À la différence de leurs belliqueux voisins, leur chef Piso s'allia d'emblée aux Romains et Lactora devint l'une des douze *civitas* de la Novempopulanie (Aquitaine méridionale). Plus tard, Lectoure fut capitale de la Lomagne, puis ville aux deux châteaux et aux deux seigneurs, l'évêque et le comte d'Armagnac, jusqu'au terrible siège de 1473, par les troupes royales que commandait le cardinal d'Albi. Malgré sa reddition avec les honneurs, les soldats saccagèrent la ville, massacrèrent ses habitants et poignardèrent le comte Jean V devant sa femme, épisode cité en exemple des traîtrises de Louis XI, qui n'y était pour rien. Il releva la cité et lui accorda des consuls. Cent ans plus tard, en 1562, Lectoure protestante est prise et ravagée par Blaise de Monluc, puis reprise par Henri de Navarre. Républicaine, elle a fourni à la Révolution sept généraux, le plus célèbre étant le maréchal Lannes, duc de Montebello, tué en 1809 à Essling.

UNE GRANDE ÉTAPE SUR LE CHEMIN

L'hôpital-léproserie du Pont-de-Pile, les quatre hôpitaux Sainte-Catherine, Saint-Jean-Baptiste au faubourg est, Saint-Jacques & Saint-Antoine et Saint-Esprit près de l'église de ce nom, ainsi que le corps de saint Gény, alors conservé au couvent bénédictin, firent de Lectoure une halte majeure des pèlerins.

LES VINGT ET UN AUTELS TAUROBOLIQUES DE LECTOURE

- La cathédrale Saint-Gervais occupe l'emplacement d'un temple gallo-romain de Cybèle : on le sait par la découverte, sous le chœur, d'un autel taurobolique (sacrifice de taureaux au sang purificateur). La nef, à l'origine romane et faite pour une coupole, fut rebâtie en 1325 en ogives, puis en 1540, le chœur flamboyant. La tour carrée à cinq niveaux refaite au XVIIIème siècle dans le respect du style perdit peu après sa flèche qui en faisait, dit-on, le plus haut clocher de France. Mobilier classique dont quarante stalles, un lutrin, une Assomption de marbre blanc. Musée d'Art sacré dans la salle capitulaire.

- L'hôtel de ville de la fin du XVIIème siècle, palais des évêques jusqu'à la Révolution puis demeure du maréchal Lannes et sous-préfecture, abrite une salle des Illustres, une pharmacie de jadis reconstituée autour d'une cheminée Renaissance et, au sous-sol voûté, un musée lapidaire avec vingt et un autels tauroboliques.

- Voir encore (itinéraires fléchés) : le jardin des Marronniers, à l'hôtel de ville ; le portail des Cordeliers ; une église des Carmes XVIIème ; la tour XIIIème de la rue principale ; l'hospice XVIIIème ; la fontaine de Diane (devenue Hountélie en gascon), romaine, habillée de trois arcades au XIIIème et qui alimenta au XVIIIème une tannerie de cent ouvriers ; rue de la Barbacane, la tour du Bourreau (XIVème), voisine des remparts ; et nombre de demeures d'Ancien Régime.

Lectoure : la cathédrale Saint-Gervais

Lumières de La Romieu

Lectoure

Condom

ETTE JOURNÉE en Lomagne
est à négocier selon
vos envies et vos
possibilités physiques.
Le GR 65 vous dirige vers
la prestigieuse localité de La Romieu,
d'où un étonnant ensemble collégial
s'élève très haut au-dessus
des champs. La visite de ce site classé
au Patrimoine Mondial de l'Unesco
allonge de cinq kilomètres une étape
déjà longue, mais il est possible
d'y passer la nuit.
À partir de la chapelle d'Abrin,
la variante plus courte que nous
vous proposons file tout droit
dans la jolie vallée de l'Auvignon
et récupère le GR sous Castelnau,
un peu avant la chapelle Sainte-
Germaine. La suite est un agréable
vagabondage, jusqu'à l'admirable
centre-ville de Condom.

🌐 CARTES UTILES

🌐 IGN 63 Tarbes – Auch, au 1/100 000

🌐 1841 E Lectoure, au 1/25 000

🌐 1841 O Condom, au 1/25 000

🚶🚶 RENSEIGNEMENTS PRATIQUES

✤ MARSOLAN (32700)
à 9 km de Lectoure

→ À voir : église (copie d'une crucifixion de Rubens)

→ Gîte et CH l'Enclos du Tabus, 15 pl.,
gîte prix pèlerin, 12 €/pers., 1/2 pension 28 €/pers.,
CH 39 €/pers., coin cuisine, accueil équestre,
ouvert de septembre à juin (location groupe en été),
Mme Musset, 05 62 68 79 40 ou 06 84 32 78 28

✤ LA ROMIEU (32480) variante

→ Tous commerces, services

→ SI, rue du Docteur-Lucante, 05 62 28 86 33,
www.la-romieu.com

→ À voir : la collégiale Saint-Pierre (UNESCO),
le jardin botanique de Coursiana

→ Gîte communal, 19 pl., 8 €/pers., coin cuisine,
rue Surmain, Mme Chevallier, 05 62 28 85 45, ou SI

→ CH Relais des Arcades, 10 pl.,
nuitée 36 €/pers., pdj compris, pl. Etienne-Bouet,
Mme Lenoir, 05 62 28 10 29

→ Camp de Florence★★★★, 183 empl.,
tente 4-6 €/pers., poss. location mobil homes
(6 pl.) et ch. en chalets 41 €/2 pers., ouvert du 01/04
au 10/10, Mme Mijinsbergen, 05 62 28 15 58

🐚 1 km après La Romieu : gîte le Domaine
de Pellecahus★★, 10 pl., 50 €/2 pers.,
pdj compris, coin cuisine, panier repas,
accueil équestre, M. Legueurlier, 05 62 28 03 89

→ 3 km après La Romieu : ferme de Gratuzous,
chalets ou mobil homes, 1/2 pension 30 €/pers.,
coin cuisine, accueil équestre, ouvert de mai
à octobre, M. Tichané, 05 62 28 44 54

✤ 6 km avant Condom,
proche GR (Caussens 32100)

🐚 Gîte la Maurague, 12 pl., 14 €/pers.,
pdj 4,20 €, 1/2 pension 28 €/pers., coin cuisine,
ouvert du 10/04 au 08/10, projet pilote en matière
d'environnement (suivre les grenouilles),
réservation, Mme Landru, 05 62 68 46 32

✤ CONDOM (32100)

→ Tous commerces, services, gare SNCF

→ OT, place Bossuet, 05 62 28 00 80,
www.condom.org

→ À voir : musée de l'Armagnac dans
l'ancien palais épiscopal, la cathédrale et le cloître

→ 1 km avant Condom : centre équestre
l'Etrier Condomois, 70 pl., prix pèlerin,
1/2 pension 26 €/pers., panier repas, le Haou,
M. Defrancès, 05 62 28 09 41

→ Gîte Centre Salvandy, 16 pl., dortoir nuitée
7,30 €/pers., coin cuisine, 20, rue Jean-Jaurès,
mairie 05 62 28 23 80

→ Camping municipal de l'Argenté★★★, 75 empl.,
tente 6,24 €/pers., ouvert du 01/04 au 30/10,
Mme Luchet, 05 62 28 17 32

→ Camping à la ferme de Laillon, 50 empl.,
tente 5 €, caravane 18,50 €/2 pers., dortoir
6,50 €/pers., pdj 3,50 €, repas 10 €,
accueil équestre, Laillon, M. Danto, 05 62 28 19 71
ou 06 07 69 14 19

La chapelle Sainte-Germaine

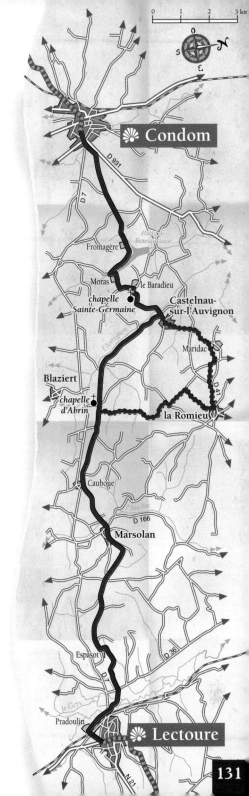

Dans La Romieu, pour le repos du cheminant

00,0 Lectoure. Dos à la porte de la cathédrale, traversez la petite place Charles-de-Gaulle pour descendre la rue Fontelie à gauche. Elle exécute un coude vers la gauche à la hauteur de la rue des Capucins. Sur la petite place Cesiraie, descendez les escaliers à gauche (fontaine) que vous prolongez par la rue Claude-Ydron, à gauche. À la bifurcation, descendez à droite le chemin Ydron. Au stop, tournez à gauche sur la N 21 (avenue Ville-Saint-Louis) sur 80 m. Carrefour avec la D 7 que vous laissez à droite pour descendre en suivant une petite route à droite. Après un vaste bâtiment, suivez à droite la D 36 sur 150 m environ pour prendre à gauche avant de grands silos. De suite après la voie ferrée, tournez à droite. Au carrefour suivant, laissez la direction de Pradoulin à gauche pour continuer tout droit.

01,9 Vous retrouvez la D 7 que vous suivez à gauche pour franchir le pont sur le Gers (cote 83 m). Avant l'autre pont, quittez la route pour un chemin herbeux à droite. Assez vite, il fait un coude à gauche suivi d'une courbe. À la bifurcation, poursuivez à gauche.

03,0 Traversez la D 36 et utilisez une petite route en face. 600 m plus loin, après la maison Pagnoulet, laissez un embranchement à droite.

04,0 Traversez la ferme Hausset et poursuivez sur un chemin herbeux qui descend et passe près d'un étang. Plus haut, changez de rive.

1h15 04,6 Chemin blanc à prendre à gauche en montée sur plus de 200 m. Suivez ensuite la petite route à droite et passez le hameau d'**Espasot.** Sur cette route de crête, laissez tous les embranchements à droite comme à gauche.

06,3 Laissez à droite une voie sans issue.

07,3 Croisement de routes : continuez en face sur Marsolan et 140 m plus loin prenez un chemin herbeux à la hauteur d'une croix en pierre (croix de la Justice). Au carrefour en bout de haie, allez à gauche et passez devant une croix. Plus loin, vous croisez un chemin empierré pour continuer en face.

08,7 Carrefour en T avec une petite route que vous empruntez à gauche. Passez devant le cimetière (cote 174 m).

2h20 **09,3 Marsolan.** Passez à droite de l'église pour descendre une rue en laissant le bourg sur la gauche. Au carrefour, continuez en face sur un bout de route en sens interdit, puis, toujours tout droit, traversez la D 166 pour une route en face qui passe un pont sur l'Auchie. Au carrefour suivant, prenez tout droit en direction de Mounet-Sarté sur 130 m.

10,0 Dans le virage, prenez un chemin herbeux en face qui rejoint le bord d'un grand fossé. Ensuite, montez le talus d'un étang et au-dessus suivez un chemin en creux qui fait un coude vers la gauche.
À droite d'une ferme (Cauboue), dans le coude d'une petite route, suivez le goudron sur 200 m. À la bifurcation, allez en face sur allée goudronnée qui se prolonge par un chemin terreux à la hauteur d'une maison. Le chemin file entre les champs et rejoint plus bas une haie et des arbres.

13,2 Coude d'une petite route que vous empruntez en face. Laissez un chemin blanc et un hangar à droite. Au carrefour, 3 min plus tard, continuez en face en direction de Castelnau-sur-l'Auvignon. Laissez à droite la direction d'Ardente.

3h30 **13,9** À la hauteur des conteneurs, près d'un arbre isolé, laissez à droite un chemin blanc et le GR 65 qui passe par La Romieu (voir descriptif) pour continuer tout droit. Vous passez ainsi à gauche de la **chapelle d'Abrin.**
Dans le virage suivant (cote 166 m), quittez le goudron pour un chemin terreux. 10 m avant un chemin d'accès à une maison, prenez à gauche un chemin herbeux. Plus bas, au T, continuez à droite et 30 m plus loin allez en face. Le chemin passe entre les champs, effectue une courbe vers la gauche, descend plus fortement, puis vire vers la droite.

15,6 Virage d'une petite route que vous prenez à droite (Nord-Ouest). 250 m plus loin, après un petit pont, laissez la route pour un chemin blanc que vous suivez longuement dans le vallon de l'Auvignon. Vous passez ainsi devant la maison Tougnet

(à droite) et laissez un embranchement à droite. Au carrefour, continuez tout droit.

18,6 Dans une courbe de la piste, vous retrouvez le GR 65 que vous suivez à gauche sur un chemin de terre (cote 103 m) qui passe un pont sur l'Auvignon. À la bifurcation, prenez à gauche et montez plus loin le long d'une haie de chênes. Passez à gauche de la ferme de Pavail et suivez le goudron. Au carrefour, tournez à droite.

19,5 Chapelle Sainte-Germaine que vous laissez à gauche en poursuivant sur la route.

5h00 **20,0 Le Baradieu** (alt. 168 m) : au carrefour avec une mare, allez à gauche. À la hauteur d'un garage, tournez à droite vers Moras que vous laissez à gauche pour descendre un chemin herbeux à droite. Plus bas, faites un coude à gauche.

21,3 A l'extrémité Sud de l'étang de Bousquetara, passez un ruisseau à gué et virez de suite à droite le long des broussailles, puis le long du lac.
Sur l'esplanade à mi-lac, remontez un chemin d'accès mi-empierré et goudronné à gauche.

22,3 Sur le point haut, laissez à gauche l'accès à la ferme Fromagère et poursuivez sur la petite route. Passez le pont sur le ruisseau de Lassos et remontez en face.

23,8 Carrefour de routes en bout (D 204) de vignes (cote 176 m) : poursuivez en face et, au carrefour suivant, allez tout droit sur un chemin empierré. Il se prolonge par un chemin herbeux avec des portions pouvant être boueuses.

25,2 Plus loin, à la hauteur d'une maison (la Haille), vous continuez sur un chemin empierré. Au carrefour, prenez à gauche un chemin herbeux entre les maisons Bagatelle et le Chalet. Plus bas, vous reprenez le goudron sur une centaine de mètres.

26,2 Stop avec la D 7 : prenez à droite sur l'avenue Rhin-et-Danube et passez le pont. Aux feux, 300 m après, prenez à gauche la D 931 (rue des Anciens-Combattants

Voûtes gothiques à Condom

d'AFN et TOE). Sur la place du Souvenir, prenez à droite la rue Léon-Gambetta et laissez le GR 65 partir à droite du monument aux morts. Vous atteignez ainsi la place Saint-Pierre.

6h45 26,9 Condom. Porche de la cathédrale.

VARIANTE PAR LA ROMIEU (GR 65)

13,9 Embranchement un peu avant la chapelle d'Abrin : descendez à droite un chemin blanc, direction le Juge. Après 500 m, laissez un embranchement à gauche vers le Cousiné.

14,9 Point haut : descendez en face un chemin terreux à l'ombre, raide au départ. Après le ruisseau, montez à découvert entre les champs, puis traversez un bosquet. De nouveau vous marchez à découvert avant de rentrer dans la forêt.

15,9 Carrefour en T avec une palombière en face : allez à gauche sur un chemin terreux. Vous atteignez une petite route que

vous prenez à droite sur plus de cent mètres.

16,8 A l'angle d'un bosquet clôturé et avant une maison avec deux éoliennes, tournez à gauche sur un chemin blanc. Laissez plus loin sur la gauche l'accès au Cané.

17,5 Au carrefour avant une ferme, virez à droite sur un autre chemin blanc que vous suivez tout droit face à la collégiale. Poursuivez sur le goudron et passez à gauche d'un étang.

4h40 18,8 La Romieu. Allez à gauche et suivez la D 41 vers Castelnau. Plus loin, laissez une petite route à droite ; dans le virage suivant (à 900 m), prenez à droite un chemin terreux entre les chênes. Plus loin il descend entre une haie et un champ.
Suivez à droite un chemin blanc et au carrefour tournez à gauche sur le goudron vers…

20,9 Maridac : descendez à droite du château sur un chemin herbeux le long d'une haie d'arbres. Retour sur le goudron que vous suivez à gauche en laissant à droite Bidalané.

22,1 Carrefour au point haut (167 m) : prenez la D 41 à gauche (Est) sur une trentaine de mètres, puis virez à droite sur un chemin empierré qui se prolonge par un chemin de terre. Il descend dans le vallon, traverse un ruisseau bien à droite d'un lac et remonte en face, assez raide sur la fin. Gravier au niveau de deux anciens silos.

5h50 23,2 Castelnau-sur-l'Auvignon. Traversez la route en diagonale pour prendre en face un chemin qui descend vers Quiot. Avant cette maison, prenez à droite un chemin de terre assez raide qui vire ensuite vers la gauche (passages boueux). Débouchez sur une piste empierrée que vous prenez en face quelques instants avant de poursuivre sur un chemin herbeux en face.
À ce point, vous retrouvez l'itinéraire décrit plus haut au km 18,6. Il vous reste donc sensiblement deux heures de marche avant d'atteindre Condom.

L'église et la tour du château de Castelnau-sur-l'Auvignon

ENTRE TOURISME ET HISTOIRE

Dans nos éditions précédentes, un balisage aberrant du point de vue historique, mais justifiable du point de vue culturel, imposait au marcheur un sensible détour au nord par La Romieu. Il figure toujours dans ce guide, mais en variante. La raison en était à la fois touristique et sentimentale. Liée au pèlerinage par son nom même, La Romieu est un haut lieu des chemins de Saint-Jacques, mais on y parvenait en réalité autrefois soit par le chemin jacquet venant de Rocamadour, matérialisé par le GR 652, soit par la voie romaine secondaire de la Peyrigne, menant d'Agen à Auch.

LES SOUVENIRS DE MARSOLAN

Étalé en terrasses, d'étymologie romaine, Marsolan conserve, à l'entrée, le nom d'un ancien hôpital Saint-Jacques. Au sommet totalement labouré, rien ne reste que le nom du château disparu. Il appartient en 1082 au vicomte de Lomagne. Mais l'église Notre-Dame-du-Rosaire, reconstruite au XVème siècle, garde un clocher donjon et un cadran solaire dans l'encoche d'un contrefort d'angle. En face, vue sur la vallée de l'Auchie.

UNE LAMPE BRÛLAIT SOUS L'ENFEU D'ABRIN

Au carrefour du chemin historique et de la Peyrigne, la chapelle d'Abrin et certains des bâtiments attenants sont les ultimes vestiges d'une commanderie des hospitaliers de Saint-Jean-de-Jérusalem. Fondée en 1135, elle possédait en 1271, 69 couettes, 42 couvertures, 11 draps pour l'accueil des pèlerins auxquels un lumignon toujours allumé signalait l'abri. On voit encore le clou auquel il pendait, sous l'enfeu roman et denticulé de la chapelle à chevet plat.

LA ROMIEU, VISION MÉDIÉVALE

Le nom même de ce bel ensemble médiéval, l'Arroumîu, signifie le pèlerin. (Cet a euphonique trahissait la répugnance du vieux gascon au r initial, par héritage basque. La francisation en a fait La Romieu.) À l'origine, une sauveté de 1082, établie par des bénédictins de Saint-Victor de Marseille. Dans la petite cité, un itinéraire est fléché parmi remparts, ruelles et couverts. La collégiale fut achevée en 1318 par le cardinal d'Aux. Le cloître carré à quatre galeries de huit arcades gothiques géminées, à roses tribolées, soutenait l'étage disparu des bâtiments conventuels. Du cloître, une arcade à mâchicoulis conduit à l'église, longue (36 mètres), haute (15 mètres) et étroite (9 mètres).

Voûte gothique et abside à pans coupés. Dans le chœur, tombeaux du prélat et de ses neveux, profanés au moment de la Réforme, banalement refaits. Trois tours : l'une à l'est, octogonale, isolée, avec une sacristie ornée de peinture du XIVème siècle (16 anges chanteurs ou musiciens escortés de la famille d'Aux) et 168 marches menant au sommet (voir

Vers La Romieu, d'un champ à l'autre

le Si) ; la seconde, un clocher de 33 mètres ; et la troisième est ce qu'il reste du palais du cardinal.

Un quart d'heure après La Romieu, le château de Maridac, dont deux atlantes encadrent la porte, a été construit en 1582 par Bernard de Bousquet, magistrat du présidial de Condom. Il l'a discrètement daté et signé en latin sur la tourelle d'angle.

LE CARDINAL D'AUX

Le cardinal d'Aux de l'Escout, né à La Romieu vers 1260, d'une branche cadette des Armagnac, était cousin du pape gascon Clément V. Il fut son vicaire, son camérier, ainsi que celui de Jean XXII, et aussi ambassadeur et archevêque de Poitiers. Il consacra une partie de sa fortune à embellir sa ville natale, mais n'en profita pas car il mourut en Avignon en 1220, deux ans à peine après l'achèvement de la collégiale.

PAR CASTELNAU-SUR-L'AUVIGNON, CHEMIN FAISANT

- Castelnau-sur-l'Auvignon remonte au XIème siècle et joua son rôle dans la guerre de Cent Ans. En 1944, elle abritait des maquisards et fut détruite par une colonne allemande. Il n'y reste d'ancien qu'une tour du château et l'église : escalier extérieur d'accès au clocher, cloche de 1571.

- Sur l'autre rive de l'Auvignon, chapelle romane de Sainte-Germaine avec enclos et mystérieuse arcature dans le mur sud. La sainte, locale, aurait été martyrisée par les Normands ou les Sarrasins. (Mais la statue saint-sulpicienne représente, elle, une sainte Germaine de Pibrac, naïve, l'agneau aux pieds.) Toiture, hélas, éventrée.

- Aux portes de Condom, nous retrouvons le chemin historique à l'Espitalet, ancien "petit hôpital".

CON-DOM... INIUM ?

Des hommes préhistoriques, notamment au magdalénien, vivaient déjà dans la falaise de l'éperon calcaire cerné par la Gèle à l'est et la Baïse à l'ouest, mais on ignore tout de l'origine de la ville de Condom : celte, *Condate Dun* (ville confluent) ou plutôt latine *Cum-Dominium* (seigneurie partagée).

La première mention est celle d'un hôpital fondé au Xème siècle par Amuna, femme du duc Sanche le Courbé, dans la dépendance d'une abbaye Saint-Pierre. En 1317, le pape Jean XXII en fait un évêché, dont Bossuet, Monsieur de Condom, sera plus tard le titulaire lointain. Mais l'armagnac aura alors remplacé le pèlerin dans l'économie de la ville. Il sera exporté par la Baïse rendue navigable en 1832. (Autre titre de gloire : l'annuel Festival des Bandas, cliques tauromachiques sonores.)

LE PÈLERIN MALADE SUIVAIT LA MESSE DE SON LIT

L'hôpital d'Amuna resta le seul deux siècles durant puis ce fut toute une floraison : Notre-Dame-du-Pradau à l'est, Saint-Jacques de la Teste à l'ouest vers l'Espagne, Saint-Jacques-de-la-Bouquerie, Notre-Dame-du-Bout-du-Pont-des-Cannes, et le Barlet... Si bien qu'au XVème siècle, on finit par les fusionner tous. Le troisième nommé fut fondé en 1319 par le cardinal de la Teste, fils de Condom. Sa chapelle abondait en reliques : fragment de la Vraie Croix, chef d'Hilaire, anneau de saint Benrand, restes des saints Bernard, Front, Loup, Cécile et même morceau du bâton qui avait fleuri dans l'Arche pour le sacre d'Aaron ! S'ouvrant sur l'hôpital, elle permettait au malade de suivre la messe de son lit.

FLAMBOYANTE ET RENAISSANCE À LA FOIS

La cathédrale, dont le clocher quadrangulaire domine Condom, a été bâtie de 1507 à 1531 sous l'impulsion de l'évêque Jean de Marre, dans un gothique flamboyant marqué par la Renaissance. La ville paya 10 000 écus d'or à Montgomery pour qu'elle soit épargnée en 1569. Personnages et anges sculptés dans les niches à dais ouvragés du portail donnant place Saint-Pierre (ex-place d'Armes). Voûtes aux clefs ornées et dorées, grandes baies à remplages flamboyants, aux vitraux locaux (1838) et limousins (1969). La chapelle axiale de la Vierge, gothique à cinq pans, paraît un vestige de l'abbatiale du XIVème siècle.

VOIR ENCORE À CONDOM...

- De l'église, on passe au cloître (voûtes gothiques), puis au palais de justice, ancienne chapelle de l'évêché. Le palais épiscopal de 1764 est devenu sous-préfecture.

- Dans les anciennes écuries (charpente du XVIIème), le musée de l'Armagnac possède un pressoir en poutres de 18 tonnes.

- Place Bossuet, ex-place d'Armes, la tour d'Andiran (XIIIème) abrite le syndicat d'initiative. Beaux hôtels du XVIIIème avec leurs jardins, avenue de Gaulle, anciennement cours Scipion-Dupleix.

Le pont d'Artigues

Condom
Montréal
Éauze

 VOICI une étape riche en paysages où l'histoire se lit et se raconte à travers les villages et les monuments. Il serait dommage de passer à côté de la cité de Larressingle sans la visiter ; le petit détour concédé est vite compensé par la beauté de la "petite Carcassonne", comme l'appellent les Gascons. Une fois franchi l'Osse sur le vieux pont roman d'Artigues, construit spécialement pour les roumieux, le chemin continue dans un paysage partagé entre la forêt et la viticulture. À mi-parcours, Montréal-du-Gers, capitale de la Ténarèze, est fière à la fois d'être la plus vieille bastide de Gascogne et de posséder le plus grand vignoble de l'Armagnac. Le tracé historique n'est pas toujours facile à suivre ; parfois privatisé ou

même disparu, il demande des arrangements. Justement, en fin de parcours, la voie ferrée désaffectée va servir de fil conducteur au GR 65 sur plus de sept kilomètres, jusqu'aux portes d'Éauze.

Piliers de pigeonnier près de Lamothe

🌐 CARTES UTILES

- 🌐 IGN 63 Tarbes – Auch, au 1/100 000
- 🌐 1841 O Condom, au 1/25 000
- 🌐 1741 E Mézin – Montréal, au 1/25 000
- 🌐 1742 E Vic-Fézensac, au 1/25 000
- 🌐 1742 O Éauze, au 1/25 000

33,5 km ⧗ **8h20** ⌂ **330 m** **21ème étape**

❖ LAURAET (32330) proche GR

→ CH le Fézandier, 12 pl., 46-55 €/2 pers., pdj compris, repas 18 €, accueil équestre, le Fezandier, M. Van Oudenhov-Claes, 05 62 29 49 82

→ CH Cap Vert, 15 pl., 60 €/2 pers., pdj compris, Peillot, Mme Morardet, 05 62 29 51 85

❖ MONTREAL-DU-GERS (32250)

→ Tous commerces, services

→ SI, place de l'Hôtel-de-Ville, 05 62 29 42 85, www.citaenet.com/montreal

→ À voir : les décors de la villa gallo-romaine de Séviac et l'espace muséographique

→ Gîte Maison de Campagne, 10 pl., prix pèlerin, 8 €/pers., coin cuisine, ouvert du 01/05 au 15/10, acheminement poss., M. Massartic, 05 62 29 43 18

→ 800 m après Montreal : CH et gîte le Couloumé, nuitée de 7,50 à 50 €/pers. (selon hébergement), ravitaillement dépannage produits de la ferme, Mme Lussagnet, 05 62 29 44 78

❖ Proche Montréal : hameau de Séviac, 2 km hors GR

🐎 Gîte villa gallo-romaine de Séviac,13 pl., nuitée 8 €/pers., repas 11,50 €, coin cuisine, accueil équestre, ouvert du 01/03 au 30/11, 05 62 29 48 57

🐎 CH la Ferme du Soleil, 3 ch., nuitée 12 €/pers., 1/2 pension 26 €/pers., coin cuisine, accueil équestre, acheminement poss., Séviac, à 1,5 km hors GR, Mme Labeyrie, 05 62 29 45 77

→ CH, 2 ch., 42 €/pers., pdj compris, coin cuisine, accueil équestre, Séviac, M. Cahuzac, 05 62 29 44 12

❖ ESCOUBET (32800)

→ Centre d'hébergement équestre l'Enclos, 95 pl., été voir disponibilités, prix pèlerin, 13 €/pers., pdj 4 €, repas 10 €, 05 62 09 93 03

❖ EAUZE (32800)

→ Tous commerces, services, gare routière

→ OT, pl. de la Cathédrale, 05 62 09 85 62, www.eauze.net

→ À voir : la cathédrale Saint-Luperc, la maison Jeanne d'Albret et la maison des Consuls, les vestiges de remparts, la présentation du trésor monétaire d'Eauze au musée archéologique

→ Gîte d'étape communal, 15 pl., nuitée 8 €/pers., coin cuisine, fermé le premier week-end de juillet, rue Leyral, tél. OT

→ CH, 3 ch., 45-53 €/2 pers., pdj compris, repas 20 €, Mounet, Mme Molas, 05 62 09 82 85

→ Camping les Moulins de Pouy**, 70 empl., tente 3,60 €/pers., restauration à proximité, ouvert du 01/06 au 15/09, 05 62 09 86 00

→ CH, 10 pl., 46 €/1-2 pers., pdj compris, repas 3 km du village, la Tastotte, Mme Aso, 05 62 09 76 36

→ 6 km après Eauze : CH, 4 ch., 60 €/2 pers., pdj compris, acheminement poss., Hourcazet, M. Lejeunne, 05 62 09 99 53

A · DE CONDOM À MONTRÉAL

00,0 Condom. Dos au porche de la cathédrale, prenez à droite la rue Charron, en sens interdit. Après la place du Lion-d'Or, descendez la rue des Armuriers sur 140 m pour emprunter à gauche la rue Roques, en sens interdit.

Au carrefour avec une pharmacie, allez à droite et empruntez la D 930.

Traversez le pont sur la Baïse. À la sortie du pont, prenez à gauche une allée parallèle à la rivière, sur le haut de la digue, le long des platanes.

Dépassez l'église Saint-Jacques et poursuivez 200 m sur la digue.

01,0 Traversez la D 931 pour prendre en face une allée toujours piétonnière. Au stop cent mètres plus loin n'utilisez pas la D 15 mais descendez une petite route à gauche. Au carrefour, allez en face et de même au stop.

Carrefour : allez à droite et laissez le pont à gauche.

01,9 Passez ensuite le tunnel sous la voie ferrée et tournez à gauche. À la bifurcation, prenez l'embranchement à droite et 60 m plus loin, au carrefour avec des conteneurs et un poteau électrique, continuez en face. Laissez dans un virage la direction de Pouy. À la bifurcation 200 m après Vignau, prenez à droite sur 200 mètres.

04,4 Quittez alors le goudron pour un chemin terreux en face. Il se faufile entre deux haies d'abord en descente, puis en légère montée. Après un passage herbeux, vous tombez sur le chemin d'accès à la ferme Péninon que vous utilisez en face sur 200 m.

05,3 Carrefour avec un réservoir (cote 179 m). (Vous pouvez aller visiter le château de Larressingle à droite en prenant la petite route.)
Traversez la route pour descendre en face un chemin herbeux.
Carrefour de chemins : allez en face (passages humides et boueux*). Plus loin, contournez un étang par la gauche et continuez vers l'Ouest en entrant dans le bois.
Débouchez sur la D 278 : traversez pour aller en face sur une petite route en direction du pont.

1h40 06,7 Pont d'Artigues sur l'Osse. Au stop suivant (cote 83 m), prenez une autre petite route à droite.

07,5 Quittez le goudron pour un chemin herbeux dans la ligne droite à la hauteur d'un poteau électrique. Ce chemin s'élargit dans le bosquet.
Dans le virage d'une route, allez en face et, 30 m après, prenez un chemin herbeux et terreux à gauche. Vous passez à gauche d'un bois.

09,6 Carrefour : allez à droite sur la route. 500 m plus loin, continuez à gauche en laissant la direction Routgès à droite. 200 m après, laissez aussi l'accès à l'église à droite.

11,0 Carrefour sur la D 254 : continuez en face et laissez à gauche le Fezandier.

3h00 12,3 Lasserre. Traversez le hameau. À la bifurcation dans un virage, prenez à gauche et, à la fin du goudron, poursuivez sur un chemin herbeux en face. 500 m plus loin, franchissez le ruisseau busé et remontez.

14,0 Pagès : après la maison, poursuivez sur un chemin blanc puis sur le goudron. Au bout de la ligne droite, prenez en face un chemin herbeux (fontaine à droite) en

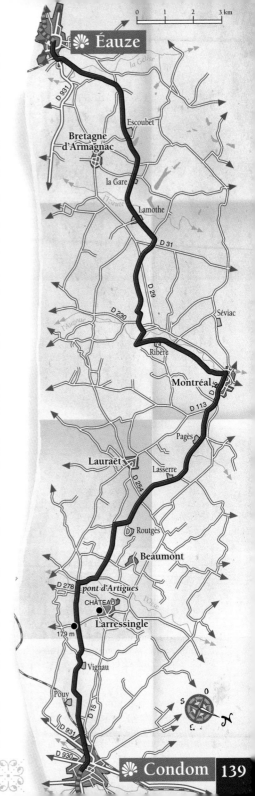

Larressingle, la "petite Carcassonne"

laissant à gauche l'accès à Machin. Le chemin vire assez vite à gauche.

14,8 Réservoir d'eau : poursuivez sur une piste empierrée sur 250 m. Empruntez la D 113 en face.

15,6 Stop (croix) : prenez à gauche sur 50 m et laissez la D 113 à gauche avant de prendre à droite la D 15 vers le centre.

4h00 **16,3 Montréal.** Place avec des arcades.

* Les VTT éviteront ce passage très boueux par Larressingle et Cahuzac pour retrouver la D 270 non loin du pont d'Artigues.

B - DE MONTRÉAL À ÉAUZE

00,0 Montréal. À l'angle de la place, prenez à droite de l'église, puis tournez à droite boulevard des Pyrénées. Laissez deux routes à gauche et, au croisement avec la rue du Commandant-Parisot, descendez à gauche une petite route flanquée d'un sens interdit. Suivez la D 15 quelques dizaines de mètres à droite.

00,4 Suivez la petite route à gauche vers Moussègne. Laissez un chemin blanc à gauche, plus loin la maison Moussègne à droite et la Petite Hérouse à gauche. À la fin du

goudron, poursuivez tout droit ; de même après un petit pont. Ce chemin de terre longe une peupleraie et passe entre deux haies d'arbres.

02,6 Vous rejoignez une petite route que vous suivez à gauche. 400 m plus loin, prenez un chemin à droite en direction de la barrière de Ribère.

03,2 Ancienne maison de garde-barrière : prenez à gauche l'ancien chemin de fer entre deux haies. Après un pont en fer, descendez à gauche pour rejoindre en dessous une petite route que vous empruntez à gauche.

1h15 **05,0** À la **D 230** tournez à droite quelques instants sur plus de 100 m avant de la quitter pour aller à droite sur un chemin herbeux entre les vignes. Ensuite, ne suivez pas les traces de la piste, mais restez à droite de la haie d'arbres.

05,6 Prenez un chemin blanc à droite et 150 m plus loin abandonnez-le pour partir à gauche entre deux champs, puis deux vignes. Dans le coude d'une allée goudronnée, poursuivez en face pour passer devant une maison et continuer tout droit sur un chemin herbeux. Au chemin goudronné suivant, allez tout droit ; après le goudron, empruntez en face un chemin herbeux. 200 m plus loin, au carrefour, allez à droite près d'une vigne.

Éauze : le clocher

07,4 Traversez la en diagonale et prenez le chemin terreux marqué d'un panneau "Interdit aux engins à moteur". Devenu herbeux, il tombe sur une allée goudronnée près de la ferme le Bédat. Prenez-le à droite et rapidement tournez à gauche sur un chemin herbeux, juste avant un beau cèdre.

D 31 : allez à gauche un court instant avant de prendre à droite une allée goudronnée qui descend en direction de Bourdieu. Avant cette maison et une rangée de pins, prenez à gauche au pied d'une vigne. Passez un petit ru et poursuivez sur un sentier terreux. Sur la piste, allez tout droit pour monter un peu plus tard un chemin empierré.

2h20 09,2 Hameau de **Lamothe** : passez entre le cimetière et une croix pour descendre le talus à droite, et empruntez le goudron qui se poursuit rapidement par de la pierre au niveau de l'église.

En bas, au carrefour, prenez à droite un chemin à l'horizontale (ancienne voie de chemin de fer que vous allez suivre désormais). Passez sur un pont et, 200 m après, sous un autre. 300 m plus loin, remarquez un étang à gauche.

10,7 Après la gare de Bretagne d'Armagnac, traversez une route et poursuivez en face sur un chemin d'abord herbeux avant de revenir pierreux et terreux. Traversez une petite route, puis passez encore sur un pont et plus loin sous la voûte d'un autre.

15,3 Maison (ancien garde-barrière) et carrefour : poursuivez en face sur le chemin fermé à la circulation par deux plots en fer. Plus loin, sur un grand pont, vous dominez un étang sur la Gélise (panneau : camping à droite). Plus tard, laissez un chemin à droite. À la fin du chemin marqué par deux plots, vous rentrez dans une zone industrielle.

16,5 D 931 : suivez-la à droite et remontez vers le centre d'Éauze. Au carrefour, montez tout droit.

4h20 17,2 Éauze. Place d'Armagnac et église.

Sous les couverts de Montréal

🐚 LA PETITE CARCASSONNE

Côté nord, Larressingle vaut son quart d'heure de détour. Les Gascons l'appellent "la Carcassonne du Ger". Une Carcassonne de poche : 270 mètres de remparts, mais presque intacts, avec fossés, bretèches, mâchicoulis, tours, portes, encerclant un village dont le donjon, première résidence épiscopale avant Cassaigne, fut construit en 1286 par l'abbé Arnaud-Othin de Lomagne. Château sans toit, à tour escalier polygonale. Église à clocher mur faite de deux nefs, l'une gothique prolongeant l'autre romane, dont on ouvrit le chœur.

🐚 L'ÉVÊQUE DE COMPOSTELLE POSSÉDAIT LE PONT D'ARTIGUES

Le pont roman d'Artigues, aux cinq arches inégales, fut construit sur l'Osse pour les pèlerins : le propriétaire en était le diocèse de Compostelle qui, en 1254, le donna aux chevaliers de Saint-Jacques-de-l'Épée-rouge (ordre de Santiago). Quinze ans plus tard, ils le cédèrent aux chevaliers de Saint-Jacques-de-la-Foi-et-de-la-Paix, ordre fondé par un archevêque d'Auch. Il ne reste rien de l'hôpital monastère qui était à côté.

🐚 DU CÔTÉ DE CHEZ LA MONTESPAN, CHEMIN FAISANT

Notre itinéraire laisse à un quart d'heure sur la droite (au carrefour Sollé) le château de Beaumont (douves, terrasse, arcades…), demeure de Louis de Pardailhan-Gondrin, marquis de Montespan et mari de la belle marquise aimée de Louis XIV. "Enterré vivant sur ses terres", il fit enjoliver le château comme après lui le duc d'Antin, son seul fils légitime.
L'église de Routgès, isolée au-delà du hameau, présente une petite entrée qui aurait été la porte des cagots, ces parias gascons, probables descendants de lépreux.
Au Glésia (du latin *ecclesia*, non pas église mais communauté), une villa romaine fut fouillée au siècle dernier. La mosaïque du dieu Océanus, au musée de Lectoure, en provient.

🐚 LA BASTIDE DE MONTRÉAL ET SES AVANT-POSTES

Avant-poste de Montréal, le "château" de Lassalle-Baqué (étymologiquement, maison forte du vacher) a une cour du XVIIIème siècle.
Montréal-du-Gers fut précédée d'un oppidum antique sur son éperon rocheux dominant l'Auzoue. Une des premières bastides gasconnes y fut construite, dans la mouvance anglaise, en 1289. Il en reste quelques débris de fortifications détruites à la Révolution, de vieilles ruelles et une église gothique (XIIIème, restaurée au XVIIème) avec une mosaïque gallo-romaine. Mairie XVIIIème siècle et musée archéologique.
À vingt minutes au sud-ouest de Montréal, le site gallo-romain de Séviac (gîte), connu depuis un siècle mais fouillé depuis 1961, a vu resurgir une vaste villa et ses thermes. Le lac de la Ténarèse doit son nom à la voie romaine que nous croiserons plus loin. Sallepissan est un autre avant-poste de Montréal : tour du XIIIème siècle avec encorbellement, colombages, fenêtre à meneaux.

🐚 EN CROISANT LA TÉNARÈSE

Le modeste "château" de Montaut était le fief des Maribon-Montaut : le dernier du nom fut député conventionnel. Lamothe, fief des Pardailhan-Lamothe-Gondrin, était, dans la guerre de Cent Ans, une position avancée des Armagna : tour carrée, élancée, crénelée du XIIIème siècle, archères en croix pattée. Exposition à l'intérieur. Ce mini-piton de 167 mètres n'en commande pas moins la Ténarèse (Cesarea), chemin de transhumance devenue voie romaine, de la vallée d'Aure à l'Agenais, le long de la ligne de partage des eaux des bassins Adour et Garonne. L'église XVIIème de Lamothe a une pietà du XVIème, en bois.

🐚 D'ELUZA À LA FOIRE DE L'ARMAGNAC

Éauze (prononcer éauze) fut Eluza, capitale des bascophones Éluzates, dont les Romains firent une capitale de la Novempopulanie, en fut aussi au IVème siècle l'un des premiers évêchés ; il ne survécut pas aux Sarrasins. Un prieuré y naquit en 950 et fut rattaché à Cluny. La plus vieille église a disparu lors de la Révolution. Celle qu'on appelle "cathédrale" Saint-Luperc a été bâtie en 1521 par l'évêque de Condom Jean Marre. Henri IV, ayant reconquis Éauze en 1579, séjourna avec la reine Margot dans la maison dite de Jeanne d'Albret. Wellington, poursuivant Soult en 1815, installa ses canons sur notre chemin. Marché tous les jeudis et, la semaine de l'Ascension, foire nationale des eaux-de-vie d'Armagnac.
Saint-Luperc est un vaisseau gothique haut de 22 mètres, à nef unique, et chapelles basses entre les contreforts. Ses hautes baies ont des vitraux du XVIIème siècle. Des briques romaines ont été réemployées dans les murs. Sur la place d'Armagnac, à arcades, la maison Jeanne d'Albret (XVème) a des piliers de bois et de poutres sculptées. Voir aussi la maison des Consuls (colombages), les restes de remparts et le musée d'archéologie.

Dans le cloître de Nogaro

Éauze

Nogaro

 A VIGNE vous rappelle tout au long de cette journée que vous êtes bien au pays de l'Armagnac ; Éauze en est la capitale, un titre attesté par le préfet d'Empire en 1802. Cette eau-de-vie, appelée *aygue ardent*, guérissait une partie des maux des pèlerins, autant le physique que le mental. C'est à Manciet, à mi-chemin sur le parcours, que la voie du Puy en rejoignait une autre venant d'Auch et de Vic-Fezensac pour atteindre ensuite Nogaro. Cette localité se conjugue au présent, entre tradition et modernité, avec les vieux monuments qui côtoient le circuit automobile de renommée internationale. Quel paradoxe que cette invitation à la vitesse quand le pèlerin ne "roule qu'au pas" !

Les arènes de Manciet

🌐 **CARTES UTILES**

🌐 IGN 63 Tarbes – Auch, au 1/100 000
🌐 1742 O Éauze, au 1/25 000
🌐 1642 E Nogaro, au 1/25 000

🚶 **RENSEIGNEMENTS PRATIQUES**

✤ **MANCIET (32370)**

➜ Alimentation, bar, restaurant

➜ 1 km après Manciet : gîte Refuge du Pèlerin, 7 pl., 1/2 pension 25 €/pers., coin cuisine, ouvert de mai à oct., acheminement poss., lieu-dit Ranfort, réservation, Mme Munar, 05 62 08 58 11

✦ NOGARO (32110)

→ Tous commerces, services

→ OT, 81, rue Nationale, 05 62 09 13 30,
www.nogaro-en-armagnac.com

→ Gîte d'étape, 17 pl., ch. 9-10 €/pers.,
dortoir 7-9 €/pers., coin cuisine, accueil équestre,
av. des Sports, 05 62 69 06 15

🐚 250 m hors GR : gîte de Monneton, 12 pl.,
nuitée 10 €/pers., pdj 4 €, repas 10 €, coin cuisine,
dépannage épicerie, accueil âne, ouvert du 01/04
au 30/10, Monneton, Mme Dalizon, 05 62 08 82 61

→ CH, 2 ch., 25,50 €/pers., coin cuisine,
11, av. de Daniate, M. Malibos, 05 62 09 13 17

→ Camping municipal**, 20 empl.,
tente 7,50 €/pers., ouvert du 15/06 au 15/09,
av. de Daniate, 05 62 09 02 17

00,0 Éauze. De la place d'Armagnac, allez vers le Sud pour prendre à gauche la rue Robert-Daury, en sens interdit. Au carrefour, suivez en face la N 524 direction Nogaro sur 500 m.

00,7 Quittez la N 524 pour emprunter à droite une route (allée de Soumcidé) qui, 200 m après, vire à gauche. À la fin du goudron, poursuivez sur un chemin herbeux. Carrefour avec une nouvelle route (travaux en 2003) : traversez en face, à droite d'une vigne. Contournez une vigne dans un chemin en creux. Après la courbe vers la droite, continuez sur la gauche.
Point haut (178 m) : descendez à droite.

02,0 Sous une maison, montez la route à gauche. 300 m plus loin, à la bifurcation, prenez en face la voie sans issue vers Pennebert.

02,7 Dans un virage, à la hauteur d'un bâtiment agricole avec silos, empruntez à gauche un chemin blanc sur 200 m.
À la hauteur d'un hangar tôlé (élevage de canards), descendez légèrement à droite un chemin en creux entre les broussailles. Plus bas, contournez un champ par la droite, traversez un petit fossé avant de longer une haie sur sa droite.

1h00 04,2 Passerelle en bois sur le **Bergon** : remontez en face (haie à droite). En bout de champ, prenez un sentier plus humide encadré d'arbres.

05,0 Point haut à droite d'une ruine (Angoulin) : descendez en face (passages boueux en cas de pluie).
Traversez une petite route et continuez en face sur un chemin herbeux qui devient

Nogaro : le tympan

sentier. À découvert, contournez un champ par la droite ; près d'une vigne tournez à gauche.

05,6 Carrefour avec deux pins parasols : suivez la petite route à droite sur près d'un km. Laissez Labatut à droite et prenez à gauche un large passage entre les vignes. Descendez ensuite entre les broussailles. 10 m après la passerelle, prenez un chemin à gauche qui monte le long d'une haie.

Au carrefour de chemins, à 10 m d'une petite route, continuez en face. Autre carrefour sur un point haut : descendez à droite entre deux haies, puis le long d'une vigne et de nouveau entre des broussailles. Ensuite suivez un chemin empierré en face.

100 m après avoir laissé un accès à Martet, retrouvez le goudron que vous suivez en face. Plus loin laissez Barbé à gauche.

08,7 Carrefour avec la D 122 : suivez-la longuement à gauche.

Traversez la voie ferrée à l'entrée de Manciet.

2h45 **10,8 Manciet.** Carrefour : continuez à droite (station-service) et descendez la N 124. À la sortie, traversez le pont sur la Douze et laissez peu après à droite la direction de Panjas.

12,0 À la hauteur d'un garage automobile*, prenez à gauche direction Cravencères, par la D 153. Cette route vire vers la droite et double deux petits étangs.

Dans la petite ligne droite, quittez le goudron pour un chemin de terre à droite qui monte entre les champs.

13,4 Dépassez la ferme Belair et poursuivez sur un chemin herbeux. 300 m plus loin, utilisez une petite route à droite en laissant un peu plus loin l'accès à Belair sur votre droite. Laissez 400 m plus loin la chapelle de l'Hôpital à gauche.

3h40 **14,4** Carrefour avec la **D 522** que vous suivez à gauche vers Nogaro sur 600 m.

Au carrefour suivant, prenez à gauche le chemin en creux. Ensuite, après une mai-

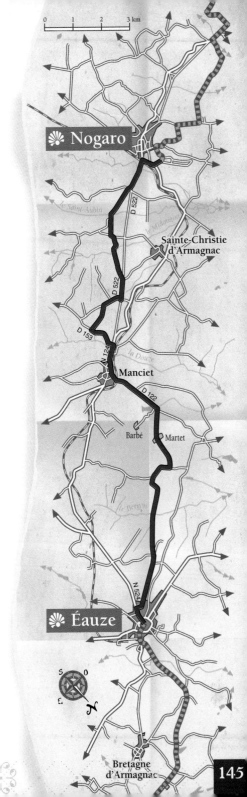

Fresque de l'église de Nogaro

son à gauche (Pehour), ce chemin descend ; au carrefour suivant, le GR continue en face sur un chemin de terre.

15,9 Traversez le Midouzon à gué (en 2003 ; passerelle détruite par une inondation) et traversez le champ en face pour franchir une passerelle en bois. L'itinéraire continue à droite le long d'une haie pour contourner le champ. Plus loin, il traverse un autre fossé à droite pour monter vers un bosquet de chênes que l'on double sur sa gauche. En haut du bosquet, prenez un chemin en creux légèrement à droite.
Petite route que vous suivez à gauche sur plus de 150 m. Au point bas, prenez à droite un sentier qui se prolonge par un chemin herbeux. Celui-ci passe en bout de vigne, puis vous le quittez pour un sentier dans le bosquet. Il fait un coude vers la droite et revient sur le chemin.
Parvenu à une petite route, prenez-la à droite, traversez le pont sur le ruisseau de Saint-Aubin et passez ensuite un groupe de maison (Villeneuve).

17,6 Carrefour au point haut : continuez en face sur la voie sans issue (croix en pierre à droite et en fer à gauche). 100 m plus loin, à la fin du goudron, poursuivez par un chemin herbeux sur 150 m pour retrouver plus bas un chemin gravillonné, puis de nouveau le bitume.

18,0 Empruntez la D 522 à gauche. Après 600 m, traversez la voie ferrée. Au stop suivant, prenez à droite l'avenue Dianatte, en direction du gîte d'étape (si vous ne faites pas étape à Nogaro continuez tout droit).
À la hauteur de la quincaillerie, tournez à gauche rue des Sports sur une centaine de mètres.

4h50 **19,2 Nogaro.** Le gîte d'étape est à droite.

* Les cyclistes pourront continuer sur la D 522 pour retrouver le GR 65 1,6 km plus loin ; par temps de pluie, ils peuvent éviter la dernière partie en rejoignant Nogaro sur cette même D 522.

 LUPERC, LE SAINT ÉLUZATE

En quittant Eauze, ayons une pensée pour son patron saint Luperc, ignoré du calendrier de la Poste mais qui fut, sans doute, le fondateur du christianisme éluzate, bien avant la destruction de la ville par les Normands.

LE PÈLERIN GASTRONOME EN ARMAGNAC

Le chemin traverse les trois régions productrices d'eau-de-vie d'Armagnac : Haut-Armagnac (Lectoure) ; Ténarèse au parfum de violette, tenant son nom de la voie romaine qui la traverse (Condom) ; et chaleureux Bas-Armagnac (Eauze) dont l'aire s'étend jusqu'aux Landes. Sa distillation commença au Moyen Âge avec l'importation des alambics de cuivre arabes. Un texte de 1441 attribue à l'*aygue ardent* (eau de feu) la guérison des "fistules, brûlures, maux de tête, apostumes, phlegmons, fièvre quarte, lèpre et paralysie". Nous nous contenterons d'une bonne digestion. Distillé à partir de onze cépages blancs entre 55 et 72 degrés d'alcool, il est ramené à 40-48 degrés, soit par coupage, soit, pour les meilleurs, par évaporation naturelle en fût de chêne ("la part des anges"). Deux dérivés en apéritif : le floc, moût de raisin coupé d'armagnac ; le pousse-rapière, cocktail de liqueur d'armagnac et de vin pétillant. Les palombes sont savoureuses flambées à l'armagnac.

MANCIET : RIVALITÉ D'HOSPITALIERS

À Manciet, une autre route rejoignait la voie du Puy : celle qui venait d'Auch par Vic-Fezensac. En 1224, le vicomte de Béarn Guilhem de Moncade donna aux Templiers et aux Hospitaliers ce lieu "où il y avait autrefois un beau château" et ils y bâtirent leur hospice. Mais, en 1235, l'ordre gascon de Saint-Jacques-de-la-Foi-et-de-la-Paix commença à restaurer le fortin primitif, d'où une querelle pendant plus de trente ans entre les deux ordres rivaux. Finalement, un troisième, l'ordre espagnol de Santiago (les chevaliers à l'épée rouge) les mis d'accord en occupant seul le terrain. L'hôpital Saint-Jacques se trouvait à l'emplacement actuel de la *Bonne Auberge*, avant la Douze, dont le franchissement par les pèlerins était exempt de péage. On voit des traces de commanderie plus au nord, à Malauret, près du moulin de Ricaut et de l'ancien hippodrome.

SAINTE CHRISTIE DE MALTE

À notre gauche dans les bois, l'église de l'Hôpital est une chapelle d'un gothique primitif. Bien que sise aujourd'hui dans la commune de Cravencère, on la dit "de l'hôpital de Sainte-Christie" (Sainte-Christie d'Armagnac, château du XVIIème, qui est de l'autre côté de la route).

Plus loin, au bord du chemin, la borne à la croix de Malte est l'unique survivante d'une bonne vingtaine qui délimitaient l'emprise directe de cet hospice. Il possédait, en outre, à trente kilomètres à la ronde, des dizaines de terres, de maisons et d'églises.

NOGARO, NÉE PARMI LES NOYERS

Plus connue de nos jours pour son circuit automobile, Nogaro tient son nom d'une plantation de noyers, Nogarolium : la première communauté y fut implantée en 1055 sur l'initiative de saint Austinde, archevêque d'Auch dont l'église au clocher tour de pierre blanche possède les reliques. Malgré les ravages de la soldatesque de Montgomery, elle garde un beau portail avec Christ en majesté, mandorle, symboles des évangélistes, de facture toulousaine, et en cul-de-lampe, une sirène tenant sa queue et un vieillard, plutôt espagnols.

La triple voûte en demi berceau fut reconstruite en briques en 1662, mais les colonnes aux arcs brisés conservent leurs chapiteaux romans : feuilles d'acanthe, centaures, musiciens, Daniel dans la fosse aux lions, Zachée dans l'arbre, Jésus dans la barque des pêcheurs.

UN NÉGOCE IMMÉMORIAL

Dès 1050, aux premiers jours de la sauveté de Nogaro, des marchands (*negociatores*) y acquittaient un péage (dont, fait rare, les pèlerins étaient exemptés à Manciet). C'est que la ville étant au carrefour des routes d'Auch et de Toulouse, de Bayonne et d'Eauze, on devait donc y trouver les produits de toutes les foires : sel de Salies-de-Béarn, harengs, saumons, esturgeons de l'Atlantique, drap, fer et fromage des Pyrénées, huile d'olive, figues, poivre, gingembre, ambre venus du sud, fût-ce au pas lent des bœufs, et les productions locales, vaisselle sans doute, huile de noix, blé, vin surtout…

La vigne, connue dès l'époque romaine si ce n'est avant, est fréquemment mentionnée dans la région. Au XIIIème siècle, les importations anglaises lui donneront un véritable essor. Mais déjà on voit par le cartulaire de Saint-Mont que sept tenanciers doivent chacun au monastère 30 bannes de vin de leur production et neuf autres 22 bannes. Or une banne devait valoir de 100 à 120 litres.

Nogaro

Aire-sur-l'Adour

UJOURD'HUI, l'influence des Landes se fait fortement ressentir : les pins apparaissent ici et là ; le Gers se veut Landais et la vigne se fait discrète. Les derniers soubresauts des collines viennent mourir dans la vallée de l'Adour. Celle-ci étale ses cultures céréalières sur les riches alluvions et l'étonnant plat des champs, conjugué à la rectitude des fossés, ne dessine qu'une courte parenthèse sur le chemin du Puy qui nous a plutôt habitué à parcourir un relief un peu plus tourmenté. La traversée de l'Adour sur le pont métallique évite Barcelonne-du-Gers et annonce le département des Landes. Au bout de la ligne droite, le portail d'Aire-sur-l'Adour vous donne accès au cœur du vieux centre rénové autour de la cathédrale Saint-Jean-Baptiste.

🌐 CARTES UTILES

🌐 IGN 63 Tarbes – Auch, au 1/100 000

🌐 1642 E Nogaro, au 1/25 000

🌐 1643 E Riscle, au 1/25 000

🌐 1643 O Aire-sur-l'Adour, au 1/25 000

🚶🚶 RENSEIGNEMENTS PRATIQUES

❖ ARBLADE-LE-HAUT (32110)
800 m hors GR, vieille route d'Aire

→ CH l'Arbladoise, 15 pl., nuitée 15 €, prix pèlerin, 1/2 pension 27 €/pers., coin cuisine, panier repas, accueil équestre, Mme Ketterer, 05 62 09 14 11

❖ LANNE-SOUBIRAN (32110)

→ CH et gîte, 12 pl., CH 1/2 pension 35 €/pers., gîte nuitée 15 €/pers., pdj compris, repas 10 €, coin cuisine, accueil équestre, ouvert d'avril à octobre, Maison Labarbe, M. Perinetti, 05 62 08 83 81

❖ LELIN-LAPUJOLLE (32400)
1 km hors GR

→ Camping de la Hount, tente 6,50 €/pers.,
mobil homes 30 €/4 pers., accueil équestre,
acheminement poss., M. Leroy, 05 62 69 64 09

❖ LE HOUGA-EN-ARMAGNAC (32460)
4,5 km hors GR

→ CH Domaine le Glindon, 10 pl., prix pèlerin
1/2 pension + acheminement 36 €/pers.,
panier repas, accueil équestre, Mme Duchêne,
05 62 08 97 61

❖ LANNUX (32400) hors GR

→ Gîte de Talazac, 9 pl., prix pèlerin,
1/2 pension 25 €/pers., coin cuisine,
acheminement poss., accueil équestre,
Mme Lépinay, 05 62 09 42 49

→ Gîte, 10 pl., (priorité location semaine),
prix pèlerin, 1/2 pension 25 €/pers., Guiraute,
Mme Gasking, 05 62 08 40 20 ou 06 84 03 65 27

❖ AIRE-SUR-L'ADOUR (40800)

→ Tous commerces, services, autocars

→ OT, pl. Général-de-Gaulle, BP 155,
05 58 71 64 70, www.aire-sur-adour.org

→ À voir : église Sainte-Quitterie (UNESCO),
cathédrale Saint-Jean-Baptiste abritant la fontaine
miraculeuse et le sarcophage de la sainte, l'hôtel
de ville, musée Lapidaire

→ Accueil spirituel au carmel,
6, rue Maubec, mère prieur 05 58 71 82 18
(oriente vers des hébergements)

→ Centre de loisirs, 8 pl., nuitée 8,45 €/pers.,
pdj 2,10 €, repas 9,55 €, coin cuisine,
quartier de la Plaine, Mme Juste, 05 58 71 61 63

🐚 CH, 12 pl., nuitée 32 €/pers. (ch. dble),
pdj compris, accueil équestre, coin cuisine,
acheminement poss., Crabot, Mme Porte,
05 58 71 91 73

→ Gîte et hôtel de la Paix, 30 pl., pdj 4 €,
prix pèlerin, dortoir 10 €/pers., ch. 15 €/pers.,
pdj compris, 7, rue Carnot, Mme Laffont,
05 58 71 60 70

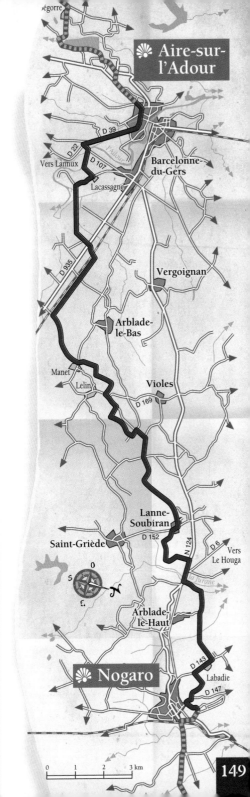

Sainte-Quitterie, détail

00,0 **Nogaro.** À la sortie du gîte, prenez à droite la rue des Sports qui exécute une courbe vers la gauche. Tournez à droite au bout du stade ; à l'angle opposé, allez à droite. Ensuite, prenez en face la rue en sens interdit (chemin du Chêne-Liège). Suivez la D 147 à droite sur plus de cent mètres. Empruntez à gauche le chemin de Miran sur toute sa longueur (peu de balises).

02,1 Stop sur la D 143 : suivez-la à droite sur 700 m en traversant plus loin le quartier Labadie (panneau). Virez alors à gauche sur une petite route qui descend plus tard dans le bois.

03,8 Fin du goudron au pont sur la Jurane : continuez tout droit sur un chemin empierré qui monte d'abord avant de redescendre. Il fait un S et se poursuit en creux.

04,5 Petite route que vous empruntez à droite. À la bifurcation suivante, descendez à gauche, toujours sur le goudron. En bas, près d'un ruisseau, virez à gauche sur un chemin empierré à l'horizontale ; il passe devant un moulin en ruine.

1h30 **06,1** Prenez la **N 124** à droite, franchissez deux ponts avant de laisser la D 6 sur votre droite.

06,9 Quittez la N 124 pour un chemin arboré à gauche. Après 600 m, il fait un coude à 90° à gauche et serpente dans un bois avant de repartir franchement vers la droite au Sud-Ouest. Restez sur le chemin principal.

08,7 Maison Labarbe : suivez le goudron sur 400 m.

2h15 **09,1** Carrefour près de l'**église de Lanne-Soubiran.** Continuez à droite sur la D 152. Juste après avoir passé le panneau de Lanne-Soubiran, allez à gauche sur un chemin goudronné qui vire à droite et exécute ensuite une courbe vers la gauche. Au carrefour, prenez à gauche la petite route qui laisse un étang sur la gauche avant de monter après un virage à droite.

10,7 Abandonnez le goudron dans un virage pour un chemin terreux à droite. Après un coude vers la gauche, le chemin devient herbeux et entre un peu plus loin dans le bois. Il devient ensuite sentier qui navigue et descend raide et vire à gauche sur le bas.

Près d'un champ, vous retrouvez une piste que vous prenez bien à droite (passage humide). Le chemin remonte ensuite en forêt et la traverse. Un chemin terreux continue entre les champs et exécute deux coudes.

12,3 Vous rencontrez une petite route que vous suivez sur la gauche une centaine de mètres avant de tourner à droite sur une autre petite route.

13,5 Carrefour après une antenne : tournez encore à gauche sur une route qui descend.

Au carrefour en T (Saint-Orens), vous allez à gauche en laissant plus loin un chemin à droite. Poursuivez sur le gravier et, 50 m avant une maison récente (poteau électrique), prenez à droite un chemin herbeux en descente. En bas, à la bifurcation, remontez à droite entre les champs.

14,4 Sur le haut prenez à gauche (panneau vers Barcelone), puis passez près d'un chêne isolé et plus loin le long d'une haie d'arbres. Ensuite le chemin se poursuit en creux.

15,1 Au croisement de chemins à l'angle d'une vigne, virez à droite. Plus loin vous laissez une maison abandonnée à droite (Micoulas). En bout de vigne et à l'angle d'un bosquet de pins, empruntez le chemin herbeux de droite. Il ne tarde pas à rentrer dans le bois vers la gauche et devient terreux.

15,7 Suivez à gauche une petite route qui monte d'abord et descend ensuite. 300 m plus loin, au carrefour, suivez la D 169 à gauche sur plus de 100 m.

16,2 Quittez la D 169 pour un chemin à droite*, contre une ferme. Descendez un chemin herbeux en sous-bois qui traverse plus bas une zone marécageuse. Au carrefour en T, tournez à gauche où le chemin passe près d'un petit étang (présence de ragondins) et longe une clôture. Vous entrez dans le bois et passez une autre zone marécageuse. À la sortie, continuez tout droit en lisière.

4h30 18,2 Ferme **Manet** : passez à sa droite. Vous tombez sur une petite route que vous suivez à gauche sur plus de 100 m. Tournez alors à droite sur une autre route que vous suivez longuement, sur 2 kilomètres environ.

20,4 Au stop avant la voie ferrée, tournez à droite sur un chemin agricole qui la longe. Après 1,5 km, continuez en face sur le goudron en laissant à droite un passage à niveau.

22,8 Avant la maison de l'ancien garde-barrière, tournez à gauche pour traverser la voie ferrée et suivez la route sur 300 m.

5h50 23,2 Traversez la **D 935** pour suivre en face un chemin goudronné qui laisse la place à un chemin gravillonné puis herbeux qui vire vers la droite avant de tirer un trait droit le long d'un fossé. Vous laissez les chemins de droite et de gauche.
Au bout de 1,5 km, la piste fait un coude vers une ferme (Langlade). Après 40 m seulement, tournez à gauche et longez le fossé pour traverser en bout de champ une passerelle en béton.

25,0 Passez ensuite à droite d'un hangar (Laguillon) et suivez la piste gravillonnée sur la gauche. Après 400 m, continuez sur le goudron à droite pendant 700 m pour arriver sur un…

Un Aire de glycine

26,1 Carrefour près d'une ferme (Lacassagne) : tournez à gauche sur la route qui s'approche plus tard de l'Adour, longe un camping et un parking.

27,1 Au carrefour avec la D 107, prenez la à gauche pour traverser le pont sur l'Adour. Empruntez ensuite la D 22 à droite (attention voie rapide !) et, 300 m après, laissez une variante du GR 65 à gauche pour continuer tout droit (la D 22 devient D 39 en entrant dans le département des Landes).

Vous entrez dans Aire. Au cœur de la rue René-Mérican (D 39), prenez à gauche vers la piscine. Vous traversez le parking couvert de platanes. Passez les grilles de l'hôtel de ville (à droite) ; au début de la rue Henrie-Labeyrie tournez à droite dans la rue Gambetta et atteignez ainsi la petite place.

7h30 30,0 Aire-sur-l'Adour.
Cathédrale Saint-Jean-Baptiste.

* Les VTT continueront sur la D 169.

Aire-sur-l'Adour : Sainte-Quitterie

 PAR LA "GLEYSÈTE" DE LUPPÉ, CHEMIN FAISANT

- Hors GR, à Arblade-de-Haut, avant la Révolution Arblade-Comtal, l'hôpital jouxtait l'église. En 1699 encore, un pèlerin allemand y est mort au retour de Compostelle.

- Lanne-Soubiran ("la lande d'en haut") avait dans son église un pèlerin de Saint-Jacques en bois polychrome ; il a été transféré au musée de Flaran.

- Luppé était une étape importante ; à 250 mètres au sud de l'église se trouvait l'hôpital de Saint-Jacques, avec sa propre chapelle, la Gleysète, ou petite église, et son cimetière où étaient enterrés pèlerins et cagots. En 1336, un texte parle de l'hôpital neuf, car il fut probablement rebâti alors.

 DU BRÉVIAIRE D'ALARIC AU MARCHÉ AU MARCHÉ DES FOIES GRAS

Aire était la cité des Aturenses, peuple aquitain, et devint le *Vicus Julii* des Romains. La ville fut, au Vème siècle, capitale du royaume wisigoth d'Euric, puis d'Alaric II qui y promulgua, en 506, son Bréviaire, condensé du droit romain, un an avant d'être vaincu par Clovis. C'est durant cette période, en 476, que sainte Quitterie, princesse catholique d'Espagne, fille d'un roi Caïus et fuyant son prétendant, aurait été décapitée par les ariens wisigoths à Aire. Sa tête y aurait

fait jaillir une source miraculeuse. Son culte était très répandu en Gascogne (on prononce Quitèri), où on lui faisait guérir maux de tête et folie. C'est aussi à Aire, mais en bas, dans la cité fortifiée bordant l'Adour, qu'un accord fut passé au XIIème siècle entre le roi d'Angleterre, Edouard Ier, et l'évêque Aturin, l'un accordant sa protection, l'autre une part de ses revenus.
Aire perdit son évêché à la Révolution, le retrouva de 1820 à 1833, puis Dax l'emporta définitivement. Mais personne ne conteste à Aire sa primauté dans le domaine des volailles et des foies gras. Le marché au gras, en fin d'année, est à voir.

 DANS AIRE L'ÉPISCOPALE

Dans la basse ville où résidaient les évêques, la cathédrale Saint-Jean-Baptiste, souvent remaniée et curieuse par son aspect hétéroclite, n'a conservé du XIIème siècle que trois tra-

vées et abside. La sévère façade du XIIIème, surélevée d'une tour à toit d'ardoise, a pour portail une simple voussure en arc brisé. La sacristie est une salle capitulaire XIVème, aux voûtes gothiques retombant sur des piliers centraux : facture toulousaine évoquant les palmiers des Jacobins. Autels et orgues du XVIIIème. Dans le prolongement de l'abside, vers le parc, l'orangerie de pierre (XVIIème) abrite des expositions temporaires.
L'hôtel de ville (depuis 1927) est l'ancien évêché : bâtiment du XVIIème siècle avec escalier de pierre et plafonds à caissons, tour ronde d'escalier du XVIème coiffée en poivrière. Au petit musée archéologique de l'hôtel de ville, pierres sculptées de coquilles Saint-Jacques.
La maison de l'officialité (XVIème ; 6, rue Labeyrie, fenêtres à meneaux) était la juridiction où siégeaient les jurats.
Le pont de pierre à cinq arches sur l'Adour est de 1852 ; la halle aux

grains octogonale avec de grandes arches de pierre de 1860. Le quai sud et les bords de l'Adour ont été aménagés en promenade ; le quai nord, vite gersois, est industriel (Centre national d'études spatiales et conserveries).

LE PORTAIL ROMAN DE SAINTE-QUITTERIE

Au bord du plateau sud, le Mas d'Aire domine la ville. Le "château" (époque Napoléon III, privé) est peut-être à l'emplacement du palais d'Alaric. L'église Sainte-Quitterie, elle, jouxtait au XIIème siècle le monastère bénédictin. De l'extérieur, c'est un édifice gothique, avec tour carrée et clocher porche abritant le portail sculpté. Beau gothique d'ailleurs : Christ bénissant sur le tympan, entre saint Jean et la Vierge ; au-dessus les anges, les apôtres et les prophètes ; au-dessous, sur deux bandeaux, le paradis perdu en cinq épisodes, puis les damnés dans la marmite du purgatoire et la gueule de l'enfer. À l'intérieur, nef ogivale et autel baroque (1770) des frères Mazetti, Italiens de Gascogne. Mais l'abside est romane, avec des arcatures aveugles très ornées et tout un bestiaire sur les chapiteaux. Romane aussi en dessous la crypte en cul-de-four.

LE BLANC SARCOPHAGE DE LA SAINTE

Il faut voir dans la crypte le tombeau de sainte Quitterie. C'est un sarcophage paléochrétien en marbre blanc, du IIIème ou du IVème siècle et de facture régionale (marbre de Saint-Béat : il pourrait donc venir de Saint-Bertrand-de-Comminges). Y sont sculptés en ronde bosse Adam et Ève, le baptême de Jésus, le Bon Pasteur, Daniel et les lions, Lazare et, sur les côtés, le songe et le naufrage de Jonas. Une dalle ornée de lauriers provient d'un temple romain du dieu Mars antérieur.

Le porche de Sainte-Quitterie

153

L'église de Pimbo

Aire-sur-l'Adour

Arzacq-Arraziguet

ETTE LONGUE ÉTAPE consacre à peine une journée au département des Landes où l'agriculture céréalière se consacre fortement à la culture du maïs. Par bonheur, le vagabondage du GR se joue souvent de cette monoculture pour s'insérer à travers des paysages plus variés.

En cours de journée, il vous sera agréable d'atteindre Miramont-Sensacq, de visiter l'église romane de Sensacq, et surtout Pimbo que le nouveau tracé du GR traverse. Ce village est remarquable, notamment grâce à la vieille collégiale Saint-Barthélemy. Toute proche, l'entrée dans les Pyrénées-Atlantiques se fait après le franchissement du pont sur le ruisseau de Gabas. Arzacq-Arraziguet sera votre première étape dans ce grand département qui reçoit tous les chemins vers Compostelle.

On ne saurait mieux dire

Maison traditionnelle après Sensacq

🌐 CARTES UTILES

- 🌐 IGN 62 Bayonne – Mont-de-Marsan, au 1/100 000
- 🌐 1643 O Aire-sur-l'Adour, au 1/25 000
- 🌐 1543 E Geaune, au 1/25 000
- 🌐 1544 E Arzacq-Arraziguet, au 1/25 000

🏃 RENSEIGNEMENTS PRATIQUES

✣ MIRAMONT-SENSACQ (40320)
hors GR 300 m

➜ Boulangerie, épicerie, fermées le lundi

➜ Gîte communal du Pèlerin, 20 pl., 7 €/pers., coin cuisine, Mme Dumartin, 05 58 79 91 23

➜ Gîte point accueil de Sensacq, prix pèlerin, dortoir nuitée 9 €/pers., coin cuisine, CH 32 €/pers., pdj 1,50 €, vente de produits de la ferme, ferme de Marsan, M. Darnaudery, 05 58 79 94 93

✣ PIMBO (40320)

➜ Pas de ravitaillement

➜ CH, 2 ch., 26 €/pers., 32 €/2 pers., pdj compris, repas 12 €, Voizé, Mme Lendresse, 05 58 44 46 92

✣ ARZACQ-ARRAZIGUET (64410)

➜ Tous commerces, services

➜ OT, pl. de la République, 05 59 04 59 24 - www.arzacq.com

➜ À voir : la tour de Peich, la statue d'une Vierge à l'enfant et Christ en croix (dans l'église)

🐚 Centre d'accueil communal, 77 pl., nuitée 9 €/pers., pdj 3 €, repas 9 €, 1/2 pension 19,50 €/pers., coin cuisine, panier repas, accueil équestre, pl. du Marcadieu, Mme Desclaux, 05 59 04 41 41

➜ 2,5 km après Arzacq : CH Bibane, 6 pl., prix pèlerin, 1/2 pension 27 €/pers., accueil équestre, location d'ânes, acheminement poss., Mme Castetbieilh, 05 59 04 55 49

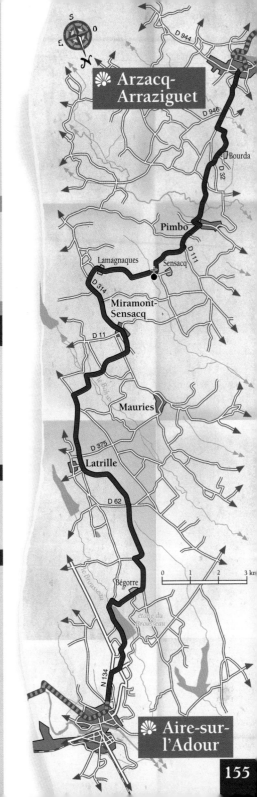

Le lavoir d'Arzacq-Arraziguet

00,0 Aire. Dos au porche de la cathédrale, empruntez à gauche la rue Gambetta, puis à droite la rue Henri-Labeyrie, en sens interdit. Passez le pont sur le canal et remontez en face la N 134 sur 200 m.
Prenez à gauche une rue montante (rue du Mas, en haut), assez raide. Elle passe devant l'église Sainte-Quitterie-du-Mas. Poursuivez par la rue du Mas.

01,0 Prenez à gauche la rue du Château-d'Eau. Au carrefour après le stade, continuez tout droit et 200 m plus loin utilisez la N 134 à gauche. Au rond-point (cote 152 m), prenez à droite l'avenue Nelson-Mandela.

02,0 Prenez à gauche la rue Georges-Fraisse. Au carrefour, 200 m après, poursuivez à gauche et laissez la rue du Lyonnais. Au bout de la rue du Jardinet, tournez à droite. Prenez en face la voie sans issue qui descend.

03,3 Petit parking de l'étang de Brousseau : continuez à gauche sur un chemin herbeux fermé à la circulation. Au carrefour à plusieurs branches, prenez à gauche celle qui monte raide au départ.

04,3 Après une barrière en bois, suivez une petite route à droite. En bas, franchissez le pont sur le ruisseau de Brousseau qui alimente le lac. Dans la montée, prenez à droite un chemin gravillonné avant un bosquet que l'on contourne ensuite.

1h20 05,6 Bégorre. Au coude d'une route à la hauteur d'un poteau électrique et d'une ferme, continuez en face sur le goudron sur environ 500 m. Au carrefour suivant, prenez à gauche et, 20 m après, laissez un chemin à droite pour suivre la route à gauche.

07,1 Dans un virage, prenez la piste gravillonnée à droite vers l'ouest sur 300 m avant de poursuivre sur une autre piste rectiligne qui passe à gauche d'un bosquet de pins et longe une haie plantée.
Au point bas, elle passe entre deux haies, remonte et passe sous une ligne électrique.

09,2 Après une plantation de pins, empruntez la D 62 à droite sur une centaine de mètres avant de reprendre une piste à gauche. Celle-ci passe entre une peupleraie et une plantation de pins. Un kilomètre plus loin, elle fait un coude à gauche.

10,5 Carrefour de pistes : allez à droite. 700 m plus loin, l'itinéraire fait un coude à gauche et après un autre à droite. Bifurcation : continuez en face sur 200 m.

3h00 12,0 Latrille. Utilisez la petite route tout droit si vous ne souhaitez pas visiter le village à gauche (variante).

12,3 Stop sur la D 375 que vous traversez pour aller en face en direction de Saint-Pé. Bifurcation où vous poursuivez à droite. Au carrefour après le bosquet, continuez à gauche (altitude 185 m), puis laissez une petite route à droite (accès à Matot).

14,3 Calvaire dont il manque une branche ; après une ferme, tournez à droite sur une allée goudronnée. À la fin du goudron, poursuivez tout droit sur un chemin herbeux. Il navigue entre les prairies, puis se rétrécit et se creuse. Il traverse un bosquet et descend (passage humide).

15,5 Carrefour de chemins : poursuivez à droite et 130 m plus loin traversez la passerelle sur le ruisseau Bahus. Plus haut, à la hauteur d'une maison, vous suivez le goudron en face sur 300 m. Au carrefour, traversez en diagonale pour emprunter un chemin gravillonné qui vire à droite plus loin.

17,1 Traversez la D 11 et montez en face. 300 m plus loin, à un carrefour après un groupe de maisons, allez à gauche et entrez dans Miramont. À la bifurcation, prenez à droite et passez à droite du cimetière.

4h30 17,9 Miramont-Sensacq. Église. Descendez au stop où vous continuez tout droit. En face de l'*Eden Pack*, descendez à gauche, puis virez à droite. Stop sur la D 314 : suivez longuement cette route à gauche sur plus de 2 km.

20,2 Après une vigne, au carrefour flanqué d'une bouche d'incendie, tournez à droite (Sud-Ouest). 500 m plus haut, après une borne "Michelin-Saint-Jacques", la route vire à droite (Nord-Ouest). À la hauteur de la ferme Pérou elle vire à gauche (Ouest).

5h20 21,4 Traversez la ferme de **Lamagnaques** (cote 201 m) et descendez un chemin herbeux et terreux, tout droit. Au point bas empruntez la passerelle en bois et poursuivez sur un chemin terreux dans un bosquet. À la sortie du bois, suivez un chemin gravillonné à droite ; 200 m plus loin, descendez à droite et traversez un pont plus bas.

22,9 Carrefour en T : prenez à droite en direction de l'église de Sensacq que vous laissez à droite dans un virage pour continuer sur la route. 100 m après, virez à droite en laissant le chemin en face.

23,8 Quittez le goudron pour un chemin gravillonné qui monte à gauche. Au bout de 500 m vous retrouvez le goudron que vous suivez tout droit.

6h20 25,1 Carrefour en T avec la **D 111*** que l'on suit à droite sur environ 150 m pour prendre un chemin terreux à gauche, dans un bosquet de chênes. Virez une fois à gauche, puis à droite pour descendre sur un sentier en lisière. Plus bas, il se poursuit en creux sous la végétation. Entre deux haies d'arbres, il descend plus sérieusement, puis passe sur une passerelle en bois pour franchir des passages marécageux .

26,4 Croisement de chemins avec barrières : continuez en face sur un chemin herbeux qui se transforme en sentier en descendant. Point bas et croisement de chemins : allez à droite (à 50 m à gauche, fontaine de la Houngrosse et lavoir, panneau). Le chemin est raide sous le village. En haut, suivez le goudron.

6h50 27,1 Pimbo. Descendez la D 111 à droite de l'église sur 260 m. À la bifurcation avec une croix et des conteneurs, suivez à droite la route qui descend. 300 m après, virez à droite sur une petite route raide (panneau 3,5 T). Au croisement après deux petits ponts, allez à droite.

28,5 Pont. Vous entrez dans le département des Pyrénées-Atlantiques.

Croisement : laissez le chemin de Plaa pour celui de Lassalle, en face.

29,2 Croisement : continuez en face sur la côte de Lassalle. Au carrefour après le château, prenez à droite la D 32 sur une vingtaine de mètres pour aller ensuite à gauche, toujours sur le chemin de Lassalle. Laissez à droite le chemin de Bourda et continuez à gauche sur la route qui effectue plusieurs virages.

31,5 T avec la D 32 : suivez la à droite.

Quand vous rencontrez la D 946, vous la suivez en face.
Prenez à droite la côte de Camot.

32,2 Croisement avec la D 944 : poursuivez à gauche. Plus loin, au carrefour giratoire, poursuivez en face.

8h15 32,7 Arzacq-Arraziguet.
Carrefour avec le Crédit Agricole en face.

* Les VTT iront à gauche jusqu'à l'entrée de Pimbo.

L'ÉGLISE ROMANE DE SENSACQ

Rattaché en 1844 à l'ancienne bastide anglaise de Miramont, le hameau de Sensacq fut jadis une baronnie dont le château conserve des ouvertures du XVIIème siècle. L'église de Sensacq (XIème) est romane. Autrefois placée sous l'invocation de saint Jacques, elle possède des fonts baptismaux par immersion. Sa situation isolée en rase campagne étonne. Est-elle le vestige d'un ensemble plus vaste ? Probablement. Son patronage le laisse supposer mais aussi les marques de tâcherons du chevet : ces signatures de tailleurs de pierre sont les mêmes qu'à Aire. Pas de traces de voûte, mais une charpente en carène de bateau qui l'imitait, récemment mise au jour par les Monuments historiques : du faux qui vaut du vrai !

PIMBO, BASTIDE ANGLAISE DE 1268

Curieusement, Pimbo, ou Pimbou, veut dire en gascon le thym. Et pour les voisins béarnais "à Pimbo" équivaut à "au diable vauvert". Sa collégiale aurait été fondée en 778 par Charlemagne. Ce qui est certain, c'est qu'il y eut très tôt des bénédictins dans ce village surplombant la vallée du Gabas. Quand y fut édifiée, en 1268, la plus vieille bastide des Landes, ce fut par paréage entre l'abbé

du lieu, Amaud de Sanguinet, et le sénéchal de Gascogne Thomas d'Yppegrave, représentant le roi d'Angleterre. Il y eut alors trois églises, Sainte-Marie-Madeleine, Notre-Dame et Saint-Barthélemy, collégiale qui seule demeure. On voit, en face, une maison à colombages, garnie de pierre et de torchis et, à l'extrémité ouest du village, une enceinte de 20 mètres de diamètre, talus d'une ancienne fortification.

LES MYSTÉRIEUX DISQUES DU PORTAIL DE PIMBO

L'église de Pimbo garde intact le chevet du XIIème siècle : abside et deux absidioles en pierre bien appareillée et d'un bel élan, fenêtres romanes entre les contreforts et modillons sculptés. L'intérieur, en berceau, a davantage souffert, tant des protestants au XVIème siècle que des travaux de fortification au XIVème, et du remplacement des pierres érodées par un décor de stuc depuis. On peut y voir (si l'église est ouverte) un crucifix de bois du XVIIème siècle et deux statues de saint Marc et saint Barthélemy. Sinon, on se contentera du portail sculpté fin XIIème. Il s'ouvre en avancée avec un petit toit, sur un puissant mur pignon ajouré de deux arcades portant deux cloches, et coiffé du chemin de ronde. Une décoration naïve et faussement

primitive juxtapose des disques d'allure celtique, des pommes de pins, et des personnages assis et parfois enlacés.

PAR BOUCOUE, CHEMIN FAISANT

- Entre Pimbo et Boucoue, hameau de Poursuigues, à la ferme restaurée Loustaou, une fontaine d'eau potable au bord de notre route porte des coquilles Saint-Jacques et, sur un carrelage, l'inscription "Les Chemins du Roy – Saint-Jacques-de-Compostelle 924 km".
- Également en bord de route, que le GR quitte 100 mètres avant pour une boucle champêtre, l'humble église rurale de Boucoue a un clocher mur et un petit portail gothique en accolade, modèle tardif que l'on retrouve souvent en Béarn. À l'intérieur, carrelage de céramique locale, vieux bénitier et tabernacle.

LE "PETIT DIOCÈSE DE LESCAR EN FRANCE"

Nous sommes, entre Pimbo et Boucoue, passés des Landes aux Pyrénées-Atlantiques. Mais pas pour autant dans le Béarn d'il y a deux cents ans : cette mini-région correspondait en gros au canton d'Arzacq était une mosaïque de seigneuries, la vicomté de Louvigny étant la plus importante, qui rele-

vaient de l'évêché béarnais de Lescar, mais non du vicomte de Béarn. Aussi, l'appelait-on "le petit diocèse de Lescar en France". C'est la raison pour laquelle, en 1620, venant imposer au parlement de Pau l'enregistrement de ses ordonnances, rattacher le Béarn à la France et y rétablir la religion catholique, le roi Louis XIII choisit ostensiblement de passer la nuit précédente à Arzacq, où il était sur ses terres.

De la même manière, nous trouverons après le Gabas deux autres rivières nommées l'une le Luy de France et l'autre le Luy de Béarn, car elles encadrent la colline qui fut une crête frontière.

TROIS COQUILLES D'OR SUR L'ÉCU D'ARZACQ

Deux signes du passage des *sén-jacquets* à Arzacq-Arraziguet : un vitrail de saint Jacques dans l'église, et trois coquilles d'or dans le chef d'azur des armoiries communales qui sont pour le reste "de gueule au lévrier courant d'or, surmonté d'un croissant".

La terminaison en *acq* suggère à l'origine la possible villa du Gallo-Romain Aricius. Au XIème siècle, un château y fut bâti puis un "village neuf" aux rues perpendiculaires. Elle devint aux siècles suivants une véritable bastide anglaise face au Béarn et garde une place centrale à arcades et couverts.

L'église d'alors était au milieu du cimetière. Celle d'aujourd'hui abrite une très belle Vierge du XVIème siècle ; taillée dans un bloc de bois de tilleul, assise sur une cathèdre, tenant l'Enfant nu, cependant que des anges tendent derrière elle un drap fleurdelysé.

Le nom complémentaire d'Arraziguet était celui d'un petit hameau. Voir encore à Arzacq la tour du Peich, nommée aussi de Louis XIII et, si on a le temps, au bas de la côte de la route de Morlanne, un lavoir couvert en forme de fer à cheval.

Pin parasol près de Fichous-Rioumayou

Arzarcq-Arraziguet
Arthez-de-Béarn

A QUALITÉ du trajet réside surtout dans le bonheur de marcher sur de beaux chemins en balcon entre la vallée du Luy et les gaves du Béarn. Un Béarn bucolique, modelé en collines pastorales d'où pointe parfois le clocher d'une église. Sans difficulté, le chemin est quand même long avec une trentaine de kilomètres rythmés par la traversée de nombreux villages. À la croisée des chemins, l'église isolée de Saint-Caubin (XIIème siècle), admirablement restaurée, annonce la proximité d'Arthez-de-Béarn. Cette dernière, petite ville-rue, s'étire tout en long sur une crête d'où la vue se porte sur les Pyrénées, de plus en plus proches.

🌐 CARTES UTILES

🌐 IGN 69 Pau – Bayonne, au 1/100 000

🌐 1544 E Arzacq-Arraziguet, au 1/25 000

🌐 1544 O Arthez-de-Béarn, au 1/25 000

🚶‍♂️ RENSEIGNEMENTS PRATIQUES

✤ UZAN (64370)

→ Hébergement sommaire, 7 pl., sanitaires et cuisine, pas de douche, foyer rural, clé à demander à la mairie 05 59 81 69 26 (mardi 14h30-16h et samedi 10h30-12h)

✤ POMPS (64370)

→ Alimentation, café, restaurant

→ Gîte communal, 12 pl., 6 €/pers., coin cuisine, douche, accueil équestre, M. Sainte-Cluque (épicerie), 05 59 81 65 12

✤ MORLANNE (64370) 4 km hors GR

→ À voir : château et église

→ CH Manoir d'Argeles, 3 ch., 43 €/2 pers., pdj compris, repas 16 €, panier repas 3 €, acheminement poss., rue du Manoir, Mme Jehle-Leconte, 05 59 81 44 07

→ CH, 5 pl., nuitée 30 €/pers., pdj 4 €, coin cuisine, acheminement poss., Mme Geyre, 05 59 81 60 38

✥ ARTHEZ-DE-BEARN (64370)

→ Tous commerces, services, sauf hôtels

→ À voir : le clocher tour (ancienne commanderie des chevaliers de Saint-Jean de Jérusalem)

→ Gîte la Maison des pèlerins, 20 pl., 8 €/pers., coin cuisine, accueil équestre, ouvert du 01/03 au 31/10 à partir de 16h30, la Carrère, mairie 05 59 67 70 52

→ Gîte, 10 pl., prix pèlerin, nuitée 10 €/pers., pdj 4 €, coin cuisine, à la boulangerie, M. Brousse, 05 59 67 74 46

✥ CASTEIDE-CANDAU (64370)
à 3 km hors GR

→ CH et gîte Maison Lacrouts, 15 pl., nuitée 13 €/pers., 1/2 pension 29 €/pers., coin cuisine, acheminement poss., poss. accueil équestre, réservation: Mme Drucbert 05 59 81 43 48

✥ HAGETAUBIN (64370)
7 km hors GR

→ CH et gîte, 15 pl., 1/2 pension 24 €/pers., coin cuisine, acheminement poss., M. Costedoat, 05 59 67 51 18

Le Chemin passe bien là...

00,0 Arzacq. Face au Crédit Agricole, prenez à droite le chemin de Compostelle (panneau). Au carrefour de chemins, descendez à gauche en passant à droite de la maison. Plus bas, au croisement en T, prenez le chemin gravillonné à gauche qui longe l'étang sur 500 m.

Virez à droite sur un chemin herbeux qui passe au bout du lac marqué par une barrière en bois (la D 32 se trouve au-dessus à gauche). Le chemin suit la rive Sud du lac.

01,5 Prenez un chemin à gauche qui monte assez fortement dans la forêt vers Louvigny. Plus haut, ce chemin s'élargit et se poursuit à découvert.

02,1 Rencontre avec une petite route que vous suivez à droite (cote 238 m). À la bifurcation en Y marquée d'une croix blanche, continuez en face. À la suivante, laissez à droite le chemin de Laulhe pour descendre en face (panneau 12 T).
Après le goudron poursuivez sur un chemin gravillonné.

03,7 À la maison Cabirou, poursuivez en face sur le chemin qui devient terreux.

1h00 04,1 Passez le pont sur le **Luy de France** (chemin du Moulin), puis un autre au niveau de l'ancien moulin. Suivez sur la gauche une petite route qui rencontre la D 270. Allez en face et assez rapidement tournez à gauche sur le chemin de Fichous où vous passez devant l'église.

05,1 À la hauteur d'un poteau électrique, quittez le goudron pour un chemin herbeux à droite qui monte sérieusement et longe un bout de champ. Au-delà, il devient empierré et en creux. Ensuite il redevient herbeux.
(Pour les vététistes, il vaut mieux continuer et retrouver le carrefour de Moundy.)
Lou Castet : vous arrivez sur le goudron à suivre tout droit. Au carrefour en Y, 200 m plus loin, descendez à gauche.

1h30 06,0 Carrefour multiple (cote 146 m) de **Moundy :** prenez à gauche (Sud-Est) le chemin de Pédebignes (marqué voie sans issue). 300 m plus tard, à la bifur-

cation en Y, prenez à droite la route qui monte. Le chemin devient ensuite gravillonné et passe près d'une grange sur le haut.

07,2 Laissez un chemin herbeux qui descend en face pour continuer sur la piste qui tourne sur la gauche (borne de Saint-Jacques). En balcon, la vue est remarquable.
Laissez un embranchement à gauche qui vient de la chapelle de Beyrie (panneau "Sentiers d'Emilie").
Au carrefour suivant, allez toujours en face. Sur le haut, le chemin à découvert devient herbeux et navigue entre deux clôture sur la crête.

08,8 Rencontre en T avec un chemin gravillonné (cote 236 m) que vous empruntez à droite sur 50 m pour descendre à droite (Ouest) en écharpe sur un chemin herbeux. Il passe un petit ruisseau et remonte en face avant de virer sur la droite. Plus haut, il rencontre une autre piste que vous remontez (assez raide) à gauche (panneau). Vous suivez ensuite le chemin gravillonné qui devient goudronné au niveau de la première maison.

2h30 10,0 Fichous-Riumayou. Carrefour près de l'église : prenez à gauche sur 200 m, puis tournez à droite, route de Larreule. Laissez à gauche la route de Lesquibe et descendez en face.

12,6 Vous passez le panneau de Larreule (joli lavoir à gauche un peu plus loin). Laissez ensuite le chemin de l'église.

3h15 12,9 Larreule. Stop avec la D 262 (cote 123 m). Continuez en face, route de Mazerolles. 400 m plus loin, laissez venir une petite route sur votre gauche et continuez tout droit. Après un pont, la route exécute un virage sur la gauche.
Une station de pompage et un transformateur EDF précèdent le pont sur le Luy de Béarn que vous traversez. 200 m plus loin, prenez à droite (Nord-Ouest) la petite route d'Uzan. Passez une ferme.

14,5 Carrefour : tournez à droite. Laissez

à gauche un chemin gravillonné dans un virage. Après une grande ferme (Largounès), la route descend.
Au point bas (108 m), passez un pont sur le ruisseau d'Uzan avant d'atteindre l'église, 400 m plus loin. Au carrefour tout proche, continuez à droite et à celui avec une cabine téléphonique, allez encore à droite. 100 m après, prenez la direction de Géus à gauche.

4h20 17,2 Uzan. À la bifurcation avec une croix, partez à gauche et ensuite (moins de 200 m) empruntez à droite une autre petite route vers Géus (panneau de Saint-Jacques). Elle fait un coude à 90° à gauche et descend plus tard sous les arbres. Laissez deux accès à des maisons à gauche avant de traverser.

18,7 Pont sur l'Ayguelongue : la route remonte et fait un coude.

19,0 Géus-d'Arzacq, carrefour : allez à droite vers l'église et traversez une partie du village. Au carrefour avec une croix, prenez à gauche le Cami de Compostelle et passez devant la mairie. Après la sortie du village, laissez à gauche la route de Bordenave pour aller tout droit.

19,8 Au croisement avec une croix blanche, allez en face deux fois pour suivre un chemin gravillonné. Quittez-le quand il vire à droite pour aller tout droit sur un chemin herbeux bordé d'arbres. Plus loin, il passe en bordure de champ.

5h15 21,0 Pomps. Carrefour en T avec une route que vous suivez à gauche : laissez la direction de Morlanne à droite. Cent mètres plus loin, tournez à droite ; au carrefour avec une grande croix, allez à gauche et laissez de suite après une route à droite.

21,7 Après un pont sur un affluent du Luy de Béarn, tournez à gauche sur une petite route (ancienne scierie à droite). Carrefour en T : allez à droite sur une petite route pendant 700 m.

23,0 Stop sur la D 945 : allez en face, en direction de Doazon. Après la maison, pre-

L'église de Fichous-Rioumayou

nez à droite un chemin herbeux qui se prolonge par un sentier gravillonné. Celui-ci devient en terre sous les arbres. Il débouche sur un chemin herbeux que vous suivez à droite sur 50 m.

24,0 D 269 : suivez le goudron sur la gauche et traversez de suite le pont sur le Lech. Plus loin, dans un virage, laissez une route à droite et poursuivez toujours sur la D 269. Laissez une autre route à droite pour passer tout droit le panneau d'entrée à Castillon. Ignorez encore une route à droite.

6h30 25,6 Castillon. Église et carrefour avec une croix : poursuivez sur la D 269 qui vire vers la gauche. Au stop (cote 203 m), 250 m après, prenez une petite route en face (à droite d'une croix).
Traversez la ferme de la Coume et descendez un chemin creux en terre.

26,6 Reprenez en face la D 269, puis passez deux ponts sur l'Aubin (cote 138 m).

27,6 Quittez la D 269 dans la montée

(vous pouvez continuer sur la D 269 pour atteindre le centre d'Arthez plus rapidement si vous êtes fatigué en cette fin d'étape : raccourci d'un km) pour une petite route à gauche en direction de l'église de Caubin. Elle monte sur 600 m.

28,5 Carrefour avec la D 233 que vous suivez à droite (Nord-Nord-Ouest). À 100 m

se trouve la vieille église de Caubin. Après l'église, poursuivez désormais sur la D 233 qui entre longuement dans Arthez-de-Béarn. Traversez la D 269 et 800 m plus loin la D 31 pour aller en face dans la rue La Carrère.

7h45 31,0 Arthez-de-Béarn. Église.

🐚 LOUVIGNY, VICOMTÉ AU CHÂTEAU ABOLI

Louvigny fut le siège d'une petite vicomté qui résista à l'attraction béarnaise en s'alliant aux Anglais. Aussi, son château fut-il démantelé en 1453 quand Gaston IV de Foix-Béarn, optant pour le camp français, conquit dans une campagne éclair les places fortes du bassin de l'Adour. Reconstruit six ans après, le château devait être rasé sur l'ordre de Richelieu. Il n'en reste que le souvenir dans le nom du hameau Lou Castet.

🐚 LA "RÈGLE" DE LARREULE

La *réule* en gascon, c'est la règle : le mot suggère un monastère bénédictin. Il y a un autre Larreule près de Maubourguet, sur le chemin d'Arles, et aussi La Réole en Gironde. Sur la pente du coteau, l'église de Larreule est le vestige d'une abbaye fondée en 995 dans la dépendance de Saint-Sever, sous la protection des deux vicomtes de Béarn et de Louvigny. Longtemps étape du chemin de Saint-Jacques, elle fut ravagée en 1569, puis détruite à la Révolution. Dans une curieuse église paroissiale en forme de L, il n'en demeure que le transept et le chœur, notamment une absidiole en cul-de-four du XIIème siècle. Deux statues : un Christ de belle anatomie, un saint Loup tenant le Livre… et qui guérit les ulcères. Au pied de l'église, le village entouré de douves garde la marque de la bastide qu'il devint à la fin du XIIIème siècle.

🐚 LE ROI D'ANGLETERRE À SAINTE-QUITTERIE D'UZAN

Uzan a une jolie église rurale et une vieille fontaine, toutes deux consacrées à sainte Quitterie. Le roi Edouard Ier et la reine Aliénor d'Angleterre, ducs d'Aquitaine, y firent étape le 21 mars 1289, au retour de deux années de visites en Béarn. Le vicomte Gaston VII s'était entremis, à la demande du pape pour organiser, près du Somport (sur le chemin d'Arles), les rencontres d'Edouard Ier avec le roi Alphonse III d'Aragon. Les enjeux étaient un mariage qui ne se fit pas et la libération du prince de Salerne, captif dans la guerre des deux Siciles.

🐚 À TRAVERS LE SAUBESTRE, CHEMIN FAISANT

- Cette étape se déroule entièrement en Saubestre (ou Souvestre), petite région de fortes collines dont Arthez est le chef-lieu. C'était l'une des trois contrées composant le pays des Venarni (Béarnais) lors de la romanisation : *Vicus Vetulus* (Vic-Bilh, "vieux pays"), riche en villas romaines et par où vient le chemin d'Arles ; plaine et plateau de *Beneharnum* (Lescar, la capitale) ; et le *Pagus Sylvestrensis* (Saubestre, "pays boisé", encore sauvage).
- Castillon doit son nom de château à une forteresse préhistorique en haut de colline, le camp dit romain, mais où furent trouvées des haches de

bronze. Église archaïque à chevet semi-circulaire et manoir Renaissance.

🐚 L'HÔPITAL DE CAUBIN, COMMANDERIE DE MALTE

La chapelle de Caubin dresse au bord du chemin, comme une étrave de navire, son chevet semi-circulaire, avec mur fronton en vigie et son toit plat comme une passerelle. Il y eut d'abord une toiture pentue comme partout dans la région, mais, après les guerres de Religion, le grand prieur de Saint-Gilles prit la restauration en main à la mode provençale. Car, dès sa fondation en 1154, l'hôpital de Caubin avait été donné à l'ordre de Malte dont il fut une commanderie très prospère. En 1569, elle comptait encore un prieur et sept frères quand le sinistre Montgomery les fit périr pour leur fidélité au pape. Ensuite exproprié, l'ordre récupéra Caubin en 1592 pour le perdre à la Révolution. Il n'en restait qu'une chapelle en ruine quand les Amis de Caubin (siège à la mairie d'Arthez) entreprirent, en 1966, une restauration exemplaire, accompagnée d'un festival de guitare et d'autres animations.

🐚 UN CHEVALIER DE PIERRE DORT DANS L'ENFEU GOTHIQUE

Les murs de Caubin sont d'un bel appareillage de pierre blanche de Castillon sauf, au sud, où on utilisa le grès car, du côté des bâtiments, on les voyait moins. En haut du clocher mur, un toit à quatre pentes remplace depuis trois cents ans les arcades primitives. La porte est un arc brisé très simple, sculpté d'un visage fruste. Les carrelages de céramique sont, en partie, d'origine. Mais il faut voir surtout, à droite de la nef, le gisant dans son enfeu flamboyant.

C'est un chevalier revêtu de la cotte de mailles, l'épée au côté, les pieds sur un lion, les jambes malheureusement brisées dans un transport au siècle dernier. Il semble s'agir d'Arnaud-Guilhem d'Andoins, mort au combat en 1301. La dernière héritière de cette baronnie sera Diane d'Andoins, dite Corisande, amie et inspiratrice dans sa marche vers le trône d'Henri de Navarre, bientôt Henri IV.

ARTHEZ-DE-BÉARN, CITÉ DES SOUVENIRS

Après quelques villas de banlieue nées du boom du pétrole de Lacq, Arthez-de-Béarn nous apparaît comme une ombre de citadelle perchée au-dessus de la plaine du gave. Son église paroissiale ne date que de 1887, mais elle a emprunté au château disparu un clocher tour du XIIème siècle, près des restes de remparts. Autour s'alignent de vieilles maisons béarnaises aux toits roux de tuiles plates. Car cette cité, sans grands monuments, n'en a pas moins un grand passé. Les sites préhistoriques sont fréquents sur les collines alentour. Gaston Phébus avait un château à Arthez et la ville se développa autour du couvent des augustins. Les guerres de Religion ont fait disparaître les églises de Notre-Dame et de la Trinité ; le temple protestant lui-même n'est qu'un souvenir. Mais Cagnès ou N'Haux, hameaux nichés dans les vallons, ont d'humbles chapelles romanes.

Pomps sur un air de lilas

Navarrenx : la porte Saint-Antoine

Arthez-de-Béarn

Navarrenx

LA PROGRESSION en crête se poursuit à la sortie d'Arthez sur pratiquement

Les pèlerins aussi se désaltèrent

cinq kilomètres avant de plonger dans la large vallée du gave de Pau, vers Argagnon. Le GR évite le bassin industrialisé de Lacq pour lui préférer la rive gauche du gave et la discrétion du sanctuaire de Muret.

De nouveau baigné par les coteaux, le cheminement passe par le bel ensemble monastique de Sauvelade avant de naviguer sur les crêtes magnifiques au-dessus de Méritein. Puis la longue descente forestière permet de gagner l'autre vallée : celle du gave d'Oloron où, vu du ciel, Navarrenx ressemble à une grosse tortue endormie au bord de la rivière. Cette ancienne bastide, fortifiée au XVIᵉᵐᵉ siècle, laisse ses portes ouvertes pour accueillir en ses murs les hôtes du chemin de Saint-Jacques.

⊕ IGN 69 Pau – Bayonne, au 1/100 000

⊕ 1544 O Arthez-de-Béarn, au 1/25 000

⊕ 1445 E Mauléon-Licharre, au 1/25 000

𝕏 RENSEIGNEMENTS PRATIQUES

✤ ARGAGNON (64300)

➜ Alimentation, restaurant

➜ Camping la Bulle*, tente 8 €/2 pers,
bar restaurant, repas 10 €, réservation, Mme Rey,
05 59 67 68 69 (HDB) ou 06 61 38 84 16

✤ MASLACQ (64300)

➜ Tous services, commerces sauf banques

➜ Gîte communal, 4 pl., 8 €/pers., coin cuisine,
pl. de la Mairie, Mme Bordenave, 05 59 67 60 79

✤ SAUVELADE (64150)

➜ Gîte communal, 8 pl., nuitée 8 €/pers.,
coin cuisine, ouverture d'un bar multiservices
en mai 2004, mairie 05 59 67 60 32

➜ CH, 3 pl., 32 €/2 pers., pdj compris,
coin cuisine, panier repas, 280, camin de la Crotz
de Loupin, las Campanhas, Mme Grosclaude,
05 59 67 60 57

✤ NAVARRENX (64190)

➜ Tous commerces, services, autocars.

➜ OT, porte Saint-Antoine, 05 59 66 10 22
ou 05 59 66 14 93 (été), www.bearn-gaves.com

➜ À voir : la porte Saint-Antoine,
l'église Saint-Germain, l'arsenal, bastion
et remparts, exposition "Navarrenx à travers
les siècles" et présentation de la maquette
de l'ancienne bastide dans l'arsenal (OT)

➜ Gîte d'étape communal, 19 pl.,
7,70-8,90 €/pers., coin cuisine, tél. OT

➜ Gîte d'étape Charbel, 19 pl., dortoir 10 €/pers.,
prix pèlerin, 1/2 pension 26 €/pers.,
CH nuitée 45 €/pers., coin cuisine,
accueil équestre, cami dou Mouli, Mme Fournier,
05 59 66 07 25

➜ CH, bar des Sports, 6 pl., nuitée 23 €/pers.,
pdj 4 €, repas 8,50 €, rue Saint-Antoine,
M. Bergos, 05 59 66 50 63

➜ Camping Beau Rivage**, 60 empl.,
tente 5,45-6,30 €/pers (selon saison),
ouvert d'avril à septembre, 05 59 66 10 00

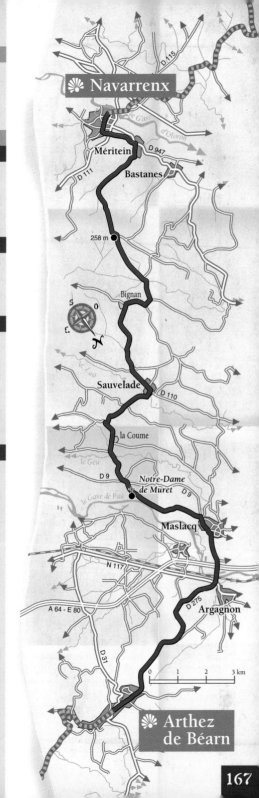

00,0 Arthez. Du parking de l'église, prenez à gauche vers l'Ouest la rue La Carrère (à la suite de la veille). Au stop au bout de cette rue, prenez en face.

00,8 Prenez encore en face la rue du Bourdalat et, en suivant, le chemin du Bosc. Le chemin gravillonné fait suite au goudron. Il se déroule en crête sur près de 2,6 km.

04,7 Vous rencontrez un virage d'une petite "route de l'Église" que vous descendez à gauche.

05,4 Laissez sur la gauche le chemin de Mirabel et, dans le virage en dessous, un chemin à gauche. Plus loin, laissez à droite le chemin Labarrère.
Au carrefour avec un gros cèdre, continuez en face, route de l'Église.

1h50 7,5 Église d'Argagnon. Marchez le long de la N 117, mais à gauche du rail de sécurité, dans l'herbe. En bas de la côte, prenez la D 227 en direction de Maslacq et traversez une série de ponts (sur la voie ferrée, sur le gave de Pau et enfin sur l'autoroute).

2h20 09,5 Carrefour de **Maslacq :** allez à gauche et passez à droite du fronton (alt. 79 m). Au carrefour avec la D 9, allez encore à gauche.

10,1 Après le pont sur le Géu, empruntez une route à gauche vers le sanctuaire de Muret (panneau), dans le quartier de l'Aubadère.
Quittez le goudron pour un chemin blanc à gauche (los Verges). À la fin du gravier blanc, tournez à droite sur un chemin gravillonné et herbeux.

11,5 Traversez le goudron pour continuer en face en direction du sanctuaire de Muret (panneau). Vous côtoyez ensuite le gave de Pau et passez à droite d'une ruine qui précède l'entrée dans le bois où le chemin devient goudronné et monte assez raide.

13,1 En haut de la côte, carrefour en T (à gauche, le sanctuaire) : allez à droite. Le goudron est remplacé par le gravillon. 200 m plus loin, traversez la D 9 pour un chemin gravillonné en face ; rapidement, quand vous retrouvez le goudron, tournez à gauche. Après cent mètres, laissez la D 9 quelques mètres à gauche et virez à droite sur le chemin Saubade.
Laissez le chemin de Bazans à gauche avant de traverser le pont sur le Géu.

14,7 Carrefour où vous continuez tout droit en laissant à gauche le chemin des Sondes. 200 m après, laissez une route à droite.

3h50 15,1 Traversez la ferme de **la Coume.** Après le hangar, remontez à droite d'une haie, le long d'un champ. 150 m plus haut, laissez un embranchement à gauche. À l'angle du bosquet, virez à gauche.
Franchissez les buses sur le ruisseau. Passez la clôture (bien refermer) et tournez à droite dans le creux du vallon. Puis remontez à gauche sous deux gros chênes et passez de nouveau une clôture.

15,8 Remontez le chemin d'accès de la ferme Larqué que vous avez laissé à gauche. 100 m après, suivez la petite route à droite (Nord) qui descend d'abord et remonte fortement ensuite.

16,8 Au point haut, allez en face légèrement à gauche vers Sauvelade. La route descend fortement : vous laisserez un chemin à gauche interdit à tous véhicules. Il vire vers la droite sur le bas.

4h30 17,8 Passez le pont sur le **Laà,** l'église et le gîte communal (à gauche). 100 m plus haut, allez à gauche sur la D 110, laissez à droite le camin de Lichonnet avant le chemin de l'école.

18,9 Quittez la D 110 (alt. 134 m) et prenez à droite le chemin de Compostelle (panneau) ; 200 m après, descendez à gauche et traversez un pont. La route navigue, monte et descend.

5h20 21,3 Point haut au hameau de **Bignan :** allez à droite (250 m).

En flânant dans Navarrenx

21,9 Carrefour en Y : allez maintenant à gauche direction "Bugnein - Cami de Berduqueu". Autre Y avec un abri en tôle où vous prenez à gauche.

Au point bas, traversez un pont après une ancienne ferme.

Carrefour en T au point haut avec une station de pompage ronde : allez à gauche en direction de Bastanes.

25,1 Au croisement (cote 258 m), laissez la direction de Bastanes à droite et poursuivez en face en direction de Méritein. La route en creux court sur la crête entre deux clôtures.

25,7 Au carrefour, tournez à droite vers Meritein en laissant la direction de Navarrenx en face. Cette roue en balcon offre une très belle vue par beau temps.

Après le chemin d'accès vers le Rey que vous laissez à droite, la route descend fortement en forêt et suit l'axe du vallon vers l'Ouest. Sur le bas, doublez une aire de pique-nique (eau potable). Restez sur le bitume.

28,7 À la bifurcation en Y, continuez à gauche sur le chemin Dous Barrats avec un quartier résidentiel à droite. Après le pont sur le Lucq, continuez sur le chemin Claverette à droite.

Au pont suivant (carrefour en T), allez à gauche.

7h30 29,7 Église de Méritein. Au croisement, allez à gauche et 80 m après, allez encore à gauche, chemin de la Biasse (panneau interdit à tous véhicule).

30,9 Avant le stop sur la D 67, descendez à gauche et empruntez le tunnel sous la route, tournez à droite, puis rapidement à gauche.

31,6 Au stop, virez à droite sur la D 111 et franchissez le pont sur l'Arroder.

Au carrefour suivant, traversez la D 947 et continuez en face (chemin de la Batteuse). Au stop, en face d'une école, virez à droite. Prenez en face la rue Saint-Germain et, 60 m après, tournez à gauche vers l'église.

8h15 32,2 Navarrenx. Porche de l'église Saint-Germain.

PAR LE GAVE DE PAU, CHEMIN FAISANT

- Derricks, puits à balances et usines pétrochimiques se mêlent curieusement dans la plaine du gave aux maïs et aux bois. La photo classique est celle d'une vache blonde paissant devant une tour d'acier. Découvert en 1949, le gaz naturel de Lacq (à 8 kilomètres en amont d'Argagnon) atteignit sa pleine production en 1961 avec 200 millions de m³ par jour. Le gisement, décroissant, ne sera épuisé que vers l'an 2020.

- On longe à Argagnon le château Champetier de Ribes, manoir tardif occupant, au sommet de son parc boisé, la plate-forme d'un important *castéra*, camp fortifié protohistorique.

- Né à Gavarnie, passant par Lourdes et rejoignant l'Adour près de Peyrehorade, le gave de Pau est un large torrent sur lit de galets ronds, bordé de saligue, végétation où le saule domine.

- Maslacq, jolie bourgade, a des maisons rurales anciennes et, dans son château, manoir du XVIIIème, Francis Jammes situa le roman *Clara d'Ellebeuse*. Il a abrité depuis l'école des Roches, repliée pendant la guerre. On découvrira, en cherchant bien, quelques pierres du XVIIème siècle dans l'église reconstruite et des vestiges (murs, pigeonnier) d'une ancienne abbaye.

- Le jeune Saleys que nous passons à gué est cette même rivière, souvent à sec mais parfois torrentueuse, qui traverse en aval Salies-de-Béarn dans un cadre médiéval. Sans doute doit-il son nom à cette cité du sel.

- Mériteyn, dans la plaine du Gave que dominent ses prés, a de typiques maisons béarnaises et un manoir du même style.

MURET : ORATOIRE NEUF, SANCTUAIRE DE NEUF SIÈCLES

En haut de la côte boisée après Maslacq, un chemin à gauche conduit au sanctuaire Notre-Dame de Muret, sur une prairie en promontoire qui domine le gave. C'est un oratoire de 1936, néo-byzantin, doré, pas très beau malgré la pieuse intention de l'évêque de Bayonne, accordant "50 jours d'indulgence à qui dit un *Ave Maria* devant la statue". Mais la longue inscription due à l'érudit chanoine Dubarrat nous renseigne sur l'histoire du plus ancien sanctuaire béarnais. Il fut, une première fois, bâti sur le chemin de Saint-Jacques par Raymond le Vieux, évêque de Gascogne (1025-1059), car la contrée n'était pas encore béarnaise. Puis, l'établissement disparut, mais les paysans appelaient toujours le champ *lou counbén de Mureigt*, le couvent de Muret. Et de fait, les fouilles de 1935 y ont mis au jour de vieux murs et des objets religieux.

L'ABBAYE CISTERCIENNE DE SAUVELADE

L'abbaye de Sauvelade, du XIIème siècle, sur les bords champêtres du Laà, a une forme de croix grecque, déjà visible de l'extérieur aux très harmonieux toits en cascade : cône d'ardoise sur la coupole de la croisée du transept, pans de tuiles plates à cheval sur les quatre bras, l'escalier, les absidioles, la sacristie. L'intérieur est d'un beau dépouillement cistercien, sauf les autels d'un naïf baroque rural et le bénitier constitué d'un fût de colonne entre deux chapiteaux corinthiens, vestiges sans doute d'une villa romaine. À côté, le vaste monastère du XVIIème siècle.

"LA PROFONDE FORÊT DU LAÀ"

C'est Gaston IV le Croisé qui accorda, en 1128, aux bénédictins ce terrain de *sylva lata* (*séube lade* en vieux béarnais), dont les historiens ont discuté pour savoir s'il signifiait "forêt profonde", "forêt du Laà" ou "forêt rive gauche". L'abbaye fut reprise en 1286 par les cisterciens de Gimont (Gers), ravagée en 1569 par les huguenots, relevée en 1630 par la Contre-Réforme. La Révolution fit de l'abbatiale une église paroissiale et le monastère fut vendu. Délabré, il a récemment été racheté et restauré par la commune, avec l'aide du département, pour servir de centre culturel (permettant l'hébergement).

CENT ANS D'AVANCE SUR VAUBAN

Navarrenx, ceinturée de remparts sur presque tous ses côtés (seule la porte de France fut démolie) a une étrange étymologie : *sponda navarrensis*, mot à mot "le bois de lit des Navarrais". Le linguiste Michel Grosclaude a démontré qu'il faut comprendre la bordure de la Navarre : ce fut, dès l'origine, une ville frontière.

La grande arche du pont sur le gave d'Oloron remonte au XIIIème siècle et le vicomte tenait alors un château sur la hauteur à l'ouest, dite la Casterasse (forteresse). En 1316, elle fut flanquée d'une bastide, dont la place centrale et les rues à angle droit de Navarrenx gardent le souvenir. Mais les défenses furent complètement remodelées en 1537. Henri d'Albret et Marguerite d'Angoulême, rois de Navarre (Béarn compris), y firent faire une copie de la citadelle de Lucques en Toscane par l'architecte italien Fabricio Siciliano : redans, demi-lunes, redoutes, galeries souterraines, murs calfeutrés de terre en font la première forteresse bastionnée du territoire français, avec cent ans d'avance sur Vauban. En 1569, elle devait prouver son efficacité en permettant aux huguenots béarnais de résister aux troupes françaises de Terride, de mars à juillet, jusqu'à l'arrivée des secours de Montgomery.

AMOURS, SAUMONS ET CURIOSITÉS

La tour de la Poudrière, l'arsenal, la place des Casernes et surtout la monumentale porte Saint-Antoine, face au gave (refaite en 1645) sont à

voir à Navarrenx. Et aussi, la fontaine récemment retrouvée : 5 mètres d'escaliers y descendent, ce qui tenait les assiégés à l'abri de la soif. L'église Saint-Germain (d'Auxerre), terminée en 1562, est d'un gothique tardif.
La charte du pont de Navarrenx, en 1188, prévoyait l'accueil des pèlerins et des voyageurs. Il y eut longtemps près de la porte sud une commanderie, un hôpital et une chapelle Saint-Antoine.

Sous la porte fortifiée, une plaque rappelle le passage, en 1828, d'amoureux illustres, le pianiste Franz Liszt et son élève paloise Caroline de Saint-Cricq qu'il dut quitter, le comte de Saint-Cricq, financier du royaume, ayant pour sa fille d'autres ambitions. Amours encore, celles des saumons qui, venus de la mer des Sargasses, remontent le long du gave pour frayer en amont ; au passage a lieu de mars en juillet le championnat du monde de pêche au saumon.

Échauguette à Navarrenx

Bovins ruminant entre Navarrenx et Aroue

Navarrenx

Aroue

NE FOIS passée la porte Saint-Antoine et franchi le gave d'Oloron, vous partirez à l'assaut des moutonnements du Béarn des gaves pour cette étape assez courte. Tout d'abord, la visite très sympathique et curieuse à Castelnau-Camblong annonce une longue tirade pédestre à travers la forêt, tantôt au creux des vallons, parfois boueux après le vieux pont sur le Lauset, tantôt sur les crêtes qui voient passer deux fois par an les vols de palombes.

Plus loin, le Saison marque la "frontière" entre le Béarn et le Pays basque, et Lichos en est le premier village. Le chemin de Saint-Jacques ne rencontre pas de grosses agglomérations et Aroue, votre halte du jour, est de fait un modeste village.

🌐 CARTES UTILES

- 🌐 IGN 69 Pau – Bayonne, au 1/100 000
- 🌐 1445 E Mauléon-Licharre, au 1/25 000
- 🌐 1445 O Saint-Palais, au 1/25 000

🚶🚶 RENSEIGNEMENTS PRATIQUES

✣ SUSMIOU (64190) 2 km hors GR

→ Alimentation, restaurant

→ CH du Moulin, 6 pl., 38 €/pers., 48 €/2 pers., pdj compris, repas 14 €(sur réservation), accueil équestre, 7, chemin des Tuileries, M. Baltar, 05 59 66 04 39

✣ AROUE (64120)

→ Possibilité de ravitaillement à la station-service

🐚 1 km avant Aroue : ferme Behoteguya, dortoir 6 pl., nuitée 10 €, 1/2 pension 25 €/pers., coin cuisine, accueil équestre, ouvert d'avril à septembre, Mme Barneix, 05 59 65 85 69

→ Gîte communal, 12 pl., nuitée 8 €/pers., coin cuisine, accueil équestre, poss. camping 1,50 €, ancienne école, Mme Camadro, 05 59 65 95 54

00,0 Navarrenx. Dos au porche de l'église Saint-Germain, traversez la place Darralde en oblique vers la gauche en laissant l'hôtel de ville à droite et passez devant la maison de Jeanne d'Albret. Continuez tout droit rue Saint-Antoine (en sens interdit) en laissant la rue de la Poudrière et la rue Catherine-de-Bourbon à gauche.
Place des Casernes prenez à gauche la porte Saint-Antoine et descendez en face vers le pont. Traversez le gave d'Oloron.

00,5 Après le pont, tournez à droite, direction Bayonne, sur la D 115. Vous sortez de Navarrenx pour entrer dans Castelnau-Camblong (quartier de la gare).

01,2 Au carrefour giratoire (D 936), allez en face vers Castelnau-Camblong. 600 m après, prenez à droite (Nord) la côte Perissé vers le centre bourg. La route fait une courbe et atteint un carrefour avec une croix où vous suivez à droite rue de l'Église.
Laissez l'église à droite, 70 m après prenez à gauche la rue des Debantets. En bout de ligne droite prenez à gauche une piste (pont de Camblong) qui descend et exécute une courbe vers la droite, plus bas. Restez sur ce chemin principal en laissant des embranchements à droite.

1h00 04,2 Passez le **pont de Camblong** sur le Lausset (117 m) et cent mètres après, au carrefour de chemins allez à droite sur un chemin herbeux et terreux qui traverse une zone marécageuse.

04,8 Laissez un chemin herbeux à gauche pour prendre à droite et franchir une zone boueuse. Suivez ensuite un sentier dans la forêt. À la bifurcation flanquée d'un panneau (palombière), allez à droite. Vous rejoignez ainsi une piste de terre que vous suivez à droite. En bas, un bout de piste vous rejoint sur la droite. Passez un pont en bois.

05,6 Carrefour avec une petite route que vous suivez à gauche sur 1,3 km.

06,9 Quittez le goudron pour un chemin en terre à droite (panneau de Saint-Jacques)

qui tourne rapidement vers la gauche en laissant un embranchement herbeux en face. Sur le haut, le chemin est bordé par deux clôtures. Laissez une piste à droite ; plus loin le chemin vire une fois à droite, puis à gauche.

07,7 Vous entrez dans le bois de Lessoué (palombière à gauche), la piste devient gravillonnée et plus large.

08,1 Point haut (172 m), carrefour en T : allez à gauche (Sud) vers Charre-Lichos. Le chemin descend dans le vallon.

08,8 Point bas sur le ruisseau, la piste fait un coude vers la droite en laissant un hangar sur la gauche. À la bifurcation qui suit, allez à gauche où le chemin devient plus terreux ; en montant il devient herbeux et passe de nouveau entre deux clôtures.
Point haut : il contourne un bosquet avec une palombière par la droite. Le chemin devient gravillonné et monte.

2h30 **10,1** Prenez la **D 115** à droite et immédiatement allez à gauche en direction de Charre (panneau "route Saint-Jacques" qui est en fait la D 343).
Laissez le chemin Escularandou à gauche et continuez sur la route qui descend fortement.
Après un petit pont, laissez une piste à droite et 100 m plus loin laissez à gauche le chemin de Bassagueys.

12,1 Après le pont sur l'Apaure, allez tout droit aux deux carrefours suivants. Quand vous remontez, laissez à gauche la direction du château de Mongaston.

13,2 Cherbeys : au carrefour, tournez à gauche sur la route. Après 150 m, virez à droite dans l'impasse des Jacquets où vous doublez deux maisons. Longez la rivière et sur la D 23 traversez à gauche le pont sur le Saison.
À l'autre bout, descendez à droite un sentier rampe qui rejoint en contrebas un chemin goudronné. Remontez-le vers la gauche, il vire vers la droite et, 500 m plus loin, atteint…

3h40 **14,2 Lichos.** Au carrefour, tournez à gauche (église à droite) ; à la bifurcation suivante descendez à droite et passez le pont sur le Borlaas.
Sur le haut, traversez la D 23 et continuez en face à gauche de l'école communale. À la bifurcation après un lotissement, prenez la branche de droite. Ensuite vous laissez les chemins de droite comme de gauche. Après les champs, la route longe un bosquet où elle monte un peu plus fort.

16,5 En haut, au carrefour, tournez à gauche et de suite allez à droite (borne) sur un sentier de terre qui s'enfonce sous les arbres. À la sortie, passez un portillon que vous n'oublierez pas de refermer, puis descendez la prairie tout d'abord le long de la haie et ensuite vers la maison. Passez une clôture à droite d'une petite vigne.

17,2 Dépassez la maison (gîte d'accueil) et descendez son chemin d'accès sur presque 400 m.
En bas, suivez ensuite la D 11 à droite jusqu'au centre d'Aroue en laissant le GR 65 partir à gauche au château de Joantho (vous le retrouverez demain).

4h45 **18,7 Aroue.** Le gîte communal est à gauche à l'entrée du village.

VARIANTES PAR TEMPS PLUVIEUX

Ne pas passer par Castelnau-Camblong ; continuer sur la D 115 pendant 5 km jusqu'à la bifurcation où vous suivez la D 243 pendant 1,6 km. Vous retrouvez le GR 65 qui va à gauche, direction Charre.

RACCOURCI POUR LES VTT ET PEUT-ÊTRE POUR LES PÉDESTRES EN CAS DE PLUIE

Au km 06,9, restez sur la petite route qui vous mène à la D 243 que vous suivez à droite sur 500 m pour retrouver le GR 65 et aller à gauche en direction de Charre.

 CHEMIN HISTORIQUE ET GR

Au XIIème siècle, Saint-Palais n'existe pas et le pèlerin du Puy, tributaire des gués, va au plus court de Susmiou à Charre où le lieu-dit la Galupe indique bien qu'on traversait en bac le gave de Mauléon, ou Saison. La tour de Mongaston, aux frontières du Béarn, devait surveiller le passage. Sur l'autre rive, Aroue, Ithorots, Olhaïby sont sur le chemin. Et l'on poursuivait vers le point de rencontre de Beneditia, dit Gibraltar. Mais, à partir du XIIIème siècle, le développement rapide de Saint-Palais a dû avoir un gros pouvoir d'attraction. On pouvait alors y parvenir, soit par Castetnau, Nabas et Rivehaute, sur les actuelles D 115 et D 11, soit, c'est le cas sur des itinéraires du XVème siècle, par Sauveterre-de-Béarn, après avoir rejoint à Orthez la voie de Vézelay.

 AUX LIMITES DU BÉARN, CHEMIN FAISANT

En béarnais, les mots de Castetnau-Camblong signifient château neuf et champ long, Camblong étant le nom d'un hameau, en aval vers l'ouest. Comme le nom l'indique, Castetnau est un village comtal, auprès d'un château, du temps des sauvetés. Il a été transformé en bastide en 1289 sous Gaston VII. Il en reste une motte féodale et un profond fossé, accessibles par un sentier. L'église, tout à côté, a un clocher porche, un retable du XVIIème siècle et un buffet d'orgues.

LE CHÂTEAU DE MONGASTON

Le château de Mongaston, dans son parc à gauche du chemin, est ouvert aux visites en été. Ravagé par un incendie en 1929 et restauré par sa propriétaire, Mme Garnier-Collot, descendante des Bachoué-Barraute qui l'occupèrent, c'est une maison forte, haute et élancée, couverte d'un toit pointu de bardeaux, flanquée d'un

L'église de Castelnau-Camblong

reste d'échauguette et d'une tour escalier polygonale. L'origine est sans doute un donjon du XIIIème siècle aménagé en demeure au XVIIème avec fenêtres à meneaux.

Le vieux chemin traverse le domaine pour descendre au bord du Saison où une longue digue d'ancien moulin, visible au nord du pont que nous emprunterons, doit correspondre au passage primitif, gué ou bac. En aval, le lieudit Lagalupe devait être le débarcadère.

EN PAYS BASQUE, CHEMIN FAISANT

- Le Saison sépare ici Béarn et Pays basque (plus au nord à Rivehaute, la frontière s'infléchit sur la rive gauche).

La voie ferrée désaffectée, dont nous utilisons le pont devenu routier, était celle de la ligne Puyoo-Sauveterre-Mauléon, sacrifiée à la rentabilité.

- Lichos, premier village basque, a une église rurale du XIXème, mais non sans charme. En face, au tournant, vieille maison avec porte en plein cintre de 1651.

- À Aroue, l'église Saint-Étienne, romane remaniée au XIXème siècle, présente parmi ses sculptures du XIIème, un Saint-Jacques à cheval, image espagnole du *matamoros*. Elle fut temple de la Raison pendant la Révolution ; sans doute à cause du voisinage béarnais, Aroue fut la seule commune basque à adopter la politique jacobine antireligieuse.

Arrivée à Ostabat

Aroue

Ostabat

EU DE VILLAGES
aujourd'hui, surtout
sur la première partie
à travers les collines
de la campagne basque. Au départ
d'Aroue, la variante par Etcharry
économise plus de deux kilomètres
mais prive d'un beau spectacle
sur les hauteurs onduleuses
et verdoyantes où montées
et descentes s'accompagnent
d'un décor pyrénéen de plus en plus
présent.

Le petit pont de pierre d'Etchartia
est la clé pour traverser la Bidouze
avant de rejoindre le hameau
de Gilbraltar et sa stèle ronde
marquant la rencontre des différents
chemins (du Puy, de Vézelay
et de Tours) vers Compostelle.
Au-dessus, l'effort pour gagner la
chapelle de Soyarza est récompensé
par le plus prestigieux panorama
de la région. Puis vous
vous laisserez descendre vers
le village typique d'Ostabat…

🌐 CARTES UTILES

🌐 IGN 69 Pau – Bayonne, au 1/100 000

🌐 1445 O Saint-Palais, au 1/25 000

🏃 RENSEIGNEMENTS PRATIQUES
✥ OSTABAT-ASME (64120)

→ Alimentation, restaurants

→ À voir : chapelle Saint-Nicolas d'Harembeltz, enceinte protohistorique fortifiée, le centre culturel basque Haize Berri

→ Gîte maison Ospitalia, 16 pl., 8 €/pers., coin cuisine, accueil équestre, ouvert d'avril à novembre, (HR) 05 59 37 83 17

→ Ferme Gaineko-Etxea, 20 pl., dortoir 1/2 pension 25 €/pers., panier repas, CH 1/2 pension 27 €/pers., accueil équestre, camping poss., Mme Eyharts, 05 59 37 81 10

→ Auberge Ametzania, 3 ch., prix pèlerin, 1/2 pension 25 €/pers., accueil équestre, M. Arbeletche, 05 59 37 81 56

00,0 Aroue. Depuis le carrefour giratoire, descendez la D 11 vers Mauléon sur 400 m, puis tournez à droite sur une petite route près du château de Joantho (cote 109 m). Elle passe de suite à droite d'un étang.

01,1 Croix en bois : laissez un chemin goudronné à gauche, puis un autre 300 m plus loin et encore un autre 500 m après. Plus loin, ignorez-en un autre à droite.

02,6 Bifurcation suivante à 200 m : allez à droite et encore à droite pour emprunter la première piste gravillonnée. Elle monte sérieusement en faisant une grande courbe vers la droite. Le chemin court sur la crête entre deux clôtures (magnifique point de vue, alt. 216 m). Puis il redescend franchement, vire vers la droite et passe sous les arbres.

04,9 Doublez une grange par la droite et laissez filer un chemin à gauche, balisé en jaune, pour continuer tout droit. Ça monte et ça descend.

05,5 Maison et carrefour de pistes.
La variante depuis Aroue qui passe par Etcharry* arrive par le goudron en face (raccourci de 2,4 km).
Prenez à gauche le chemin gravillonné qui descend sur 600 m.

06,1 Carrefour en bas près d'une grange : allez à droite sur une petite route.
À la rencontre avec une autre route, continuez tout droit puis passez un pont en pierre et montez.

1h40 06,8 Carrefour avant le hameau d'**Olhaïby** : tournez franchement à gauche. Laissez un accès à une ferme puis une route à gauche.
Dans un coude de la route laissez le goudron desservir une ferme à gauche (Etcheberria) pour aller en face sur un chemin gravillonné. Après 300 m, au point bas, prenez une autre piste sur la droite qui monte raide.

08,1 Sous une ferme (Casabonne), rejoi-

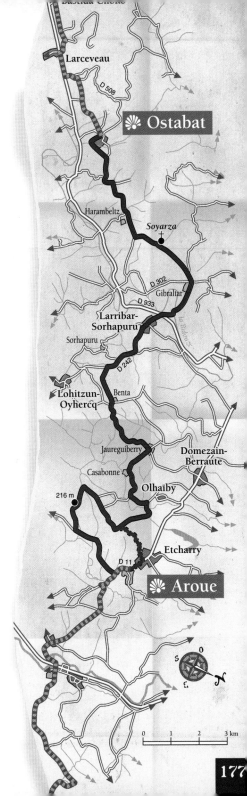

gnez le goudron que vous suivez à droite (Nord-Ouest). Cette petite route monte d'abord avant de descendre fortement pour remonter à une autre ferme (Jaurriberria) où vous prenez la piste la plus à gauche (Sud). Vous y laisserez une piste à droite, un peu plus loin.

Dans un virage, laissez en face un chemin de terre, descendant. 300 m plus loin, laissez un autre chemin à gauche et descendez en face.

10,0 Stèle avec coquilles : avant un point haut, laissez un chemin qui vient de gauche. Point haut : laissez une piste marron à gauche. Poursuivez en descente. Vous retrouvez le goudron avant un carrefour où vous descendez à droite.

11,4 Benta. Juste après cette ferme, descendez à gauche la route d'accès raide qui passe devant une autre ferme.
À la bifurcation de routes, allez à gauche en montée sur 300 m.

3h10 12,7 D 242 : prenez la à droite. Après un pont, laissez l'embranchement vers Sorhapuru à gauche pour continuer tout droit. Au carrefour, 500 m plus loin, allez à gauche en direction de Larribar.

14,6 Laissez une route à gauche.

3h45 15,0 Larribar-Sorhapuru. Laissez le fronton à gauche ; au carrefour prenez à gauche, puis frôlez l'église dans la descente. En bas, passez le pont sur la D 933 et 100 m après virez à gauche en direction du pont du Moulin. La petite route passe entre les maisons et descend vers la rivière.

16,4 Franchissez le pont sur la Bidouze (65 m). Le goudron vire vers la gauche (stèle) ; avant la ferme, empruntez un chemin en oblique à droite. À bifurcation au-dessus, allez à gauche au-dessus de deux granges dans un chemin herbeux et raviné qui se rétrécit et devient plutôt sentier. Notez un passage où la roche forme des marches d'escaliers.
Au-dessus, le chemin s'élargit et s'aplanit. Il atteint une ferme et le coude d'une petite route.

4h20 17,3 Hameau de **Gibraltar**

(Beneditenia). Laissez à droite la stèle (jonction supposée des chemins de Compostelle !). Continuez en face et plus loin traversez la D 302 pour suivre la petite route en face sur 350 m.

17,7 Quittez le goudron au bout de la ligne droite et empruntez en face une piste érodée (stèle à droite au départ). Dans la montée, laissez un chemin herbeux à gauche.
Au point haut, laissez une trace de chemin à droite (panneau) et poursuivez tout droit.

4h50 19,3 Chapelle de Soyarza (286 m, abri et point d'eau) d'où l'on admire un superbe panorama sur les Pyrénées, détaillé sur la table d'orientation en dessous.
Continuez sur le chemin qui descend en gros vers le Sud. 400 m plus loin, laissez un embranchement qui monte à droite.

20,1 Après une stèle à gauche, quittez la piste pour aller à droite au-dessus du fossé et descendre (raide) le long d'une clôture. Plus bas, retrouvez une piste que vous suivez en descente.
Suivez un chemin gravillonné en face au niveau d'une ferme.

20,8 Harambeltz : après la chapelle, quittez la route pour descendre en face sur un chemin terreux. Il descend entre les arbres, passe le ruisseau et remonte (partie boueuse en temps de pluie).
Laissez une piste à gauche dans une courbe ; au carrefour en haut allez à droite.

22,2 Vous rencontrez une piste gravillonnée que vous suivez à gauche. Plus bas, vous prenez encore à gauche pour atteindre le goudron que vous prenez à droite en montée. Dans un virage, laissez en face un chemin et continuez sur la route.

23,4 Carrefour au point haut avec conteneurs : continuez en face. Dans la descente, au niveau d'une stèle en pierre sculptée, quittez le goudron pour un chemin en creux étroit caillouteux et glissant (peu recommandable**). Il rejoint le bas du village d'Ostabat. Traversez le ruisseau, pas-

La stèle de Gibraltar

sez des maisons et montez un raidillon goudronné pour prendre une rue à droite.

6h15 24,5 Ostabat. Carrefour (D 508) au centre du village, non loin de l'église.

* VARIANTE PAR ETCHARRY

Aroue : depuis le carrefour giratoire, prenez la D 11 vers Saint-Palais.

00,6 À Etcharry, au point haut, quittez la D 11 pour une petite route à gauche

01,4 Carrefour avec un triangle d'herbe au centre : prenez à gauche.

02,3 Bifurcation dans la montée : poursuivez à droite sur une petite route assez raide qui passe sous une ligne à haute tension.

03,1 Fin du goudron et croisée de pistes : vous retrouvez le GR 65 que vous suivez à droite en descente sur le chemin gravillonné...

*** Les VTT éviteront ce passage en continuant sur la route.*

Un pèlerin passe à Soyarza

D'AROUE À LARRIBAT, CHEMIN FAISANT

- Le carrefour de Benta nous donne un choix : à droite, variante par Saint-Palais rejoignant la D 933 à 4 kilomètres de la ville, au pont sur la Bidouze ; et à gauche l'itinéraire direct vers la croisée de chemins de Gibraltar.

- Sur le chemin direct, Larribar-Sorhapuru vit les États de Navarre siéger dans sa maison forte, ou "Salle" qui, de seigneurie, fut promue baron-

En terre basque.

nie. Après le pont sur la Bidouze, ancien moulin.

GIBRALTAR, OÙ LES TROIS CHEMINS SE RENCONTRENT

Une stèle dans le style des croix discoïdales fréquentes dans les cimetières basques marque, depuis le 2 août 1964, le point de rencontre présumé des trois chemins : de Tours (par Garis), de Vézelay (par Sauveterre) et du Puy (par Navarrenx). Certes, Aimery Picaud écrivit qu'ils confluaient *ad hostavallam*, ce que Jeanne Vielliard, par ailleurs traductrice émérite, a rendu par "à Ostabat". Mais le Dr Clément Urrutibéhéty, ayant étudié le tracé sur le terrain, fait justement remarquer que *ad* a la valeur de "vers". Donc "vers Ostabat".
De même, les chemins aragonais et navarrais se rencontrent *ad pontem regine*, "vers Puente-la-Reina", en fait

un peu avant à Obanos. Quant au nom de Gibraltar, il n'a rien à voir avec le Djebel-al-Tarik, et vient du sanctuaire de Saint-Sauveur, sur la colline. Pour *Salvatorem*, les anciens Basques prononçaient *Chibaltarem*. Sur la carte, on lit plus benoîtement *Beneditenia*.

LES DONATS DU PRIEURÉ D'HARAMBELTZ

L'oratoire abri de Soyarce (ou Soyarza), d'où la vue est belle, a remplacé une chapelle plus ancienne, Notre-Dame-de-la-Garde, confiée aux chanoines de Roncevaux.
À Harambeltz était le prieuré hôpital bénédictin de Saint-Nicolas. La chapelle romane qui subsiste a, sur le tympan de sa porte, un chrisme du XIème siècle surmonté d'une croix de Malte et d'une étoile à cinq branches. À l'intérieur, peintures, retable du XVIIIème, chaire, statue de saint Jacques du XVIIème siècle.
Les maisons du hameau d'Harambeltz sont habitées par quatre familles copropriétaires de la chapelle, descendantes des anciens donats, laïcs qui se donnaient à l'Église. La famille Etcheverry est sur place depuis l'an 987. Dans la forêt de chênes, à deux kilomètres au nord-ouest, coule une fontaine de la Vierge Mère (*Ama Virgina Ithuria*) où ont été mises en ex-voto statuettes et croix de brindilles.

OSTABAT ET SON OSPITALIA

À l'entrée d'Ostabat (Izura en basque), la vieille maison Ospitalia a renoué avec sa tradition hospitalière sous la forme d'un gîte d'étape. La cité, qu'Aimery Picaud orthographiait Hostavalla, avait d'autres hôpitaux et reçut jusqu'à cinq mille pèlerins. Traces d'anciens remparts détruits en 1228 par Sanche le Fort, roi navarrais. Voir aussi les linteaux sculptés sur les portes, notamment celui d'un compagnon du Tour de France du XIXème siècle.

Saint-Jean-Pied-de-Port, sur la Nive

Ostabat
Saint-Jean-Pied-de-Port

EPUIS CES DERNIERS JOURS, le Pays basque se décline sous toutes ses formes et toutes ses couleurs ; cette étape en est la plus symbolique. Les grandes maisons blanches aux toits rouges tranchent dans la verdure d'une campagne bien arrosée. Les brebis basques font aussi partie du tableau, si vivant, tout comme les hameaux et les frontons qui s'égrènent au long du parcours. D'un côté le vallon de Larceveau, de l'autre la vallée de Saint-Jean-Pied-de-Port, séparés par un col peu marqué et flanqué de la croix de Galzetaburu. Une étape de moyenne longueur qui conclut magnifiquement ce guide et s'achève dans la rue de la Citadelle, une fois passée la porte Saint-Jacques, à *Donibane*

Garazi. Bien des pèlerins achèveront leur périple au cœur de cette cité fortifiée tandis que d'autres franchiront les Pyrénées pour suivre le *Camino Francès* et atteindre ainsi Saint-Jacques-de-Compostelle, à près de… 800 km.

🌐 CARTES UTILES

- 🌐 IGN 69 Pau - Bayonne, au 1/100 000
- 🌐 1445 O Saint-Palais, au 1/25 000
- 🌐 1346 ET Forêt d'Iraty, au 1/25 000
- 🌐 1346 OT Saint-Jean-Pied-de-Port, au 1/25 000

🚶 RENSEIGNEMENTS PRATIQUES

✢ LACARRE (64220) 1 km hors GR

→ CH des Chambres Paysannes, 10 pl.,
34 €/2 pers., pdj compris, ferme Caracotchia,
Mme Sempé, 05 59 37 03 97

✢ SAINT-JEAN-LE-VIEUX (64220)

→ Hôtel, restaurant, café, boulangerie, boucherie
→ SI, 05 59 37 09 10

→ À voir : la chapelle de Saint-Jean-d'Urrutia, l'église Saint-Pierre d'Usakoa, le musée Archéologique (collection du camp romain et des thermes), la croix de Ganelon

→ CH, 4 ch., 40 €/2 pers., pdj compris, coin cuisine, accueil équestre, Zubiarta, M. Esponde, 05 59 37 08 21

→ Camping aire naturelle, 30 empl., tente 4 €/pers., ouvert de mars à septembre, la Magdeleine, M. Jasse, 05 59 37 02 63

→ Camping la Paix des Champs**, 39 pl., tente 3,50 €/pers., ouvert du 15/03 au 30/09, ferme Asoritzia, route de Jaxu (D 22), M. Teillagorry, 05 59 37 04 16

❖ ISPOURE 1 km avant Saint-Jean-Pied-de-Port

→ Auberge traditionnelle basque, ouvert le midi, repas à partir de 12 €, l'Arradoy, 05 59 37 06 01

❖ SAINT-JEAN-PIED-DE-PORT (64220)

→ Tous commerces, services, gare SNCF, nombreux hôtels et restaurants

→ OT, 14 pl. Charles-de-Gaulle, 05 59 37 03 57, www.paysdegarazi.com

→ A voir : site et vieille ville, la porte Saint-Jacques (UNESCO), le pont sur la Nive (vue sur les anciennes maisons navarraises), la citadelle, la porte de Navarre, Notre-Dame du Bout du Pont, la Porte de France, la Prison des Evêques…

🐚 Gîte Sous un Chemin d'Étoiles, 20 pl., nuitée 12 €/pers., pdj compris, coin cuisine, 21, rue d'Espagne, M. Hitte, 05 59 37 20 71

→ Gîte l'Esprit du Chemin, 18 pl., nuitée 10 €/pers., 1/2 pension 21 €/pers., pas de réservation, priorité marcheurs avec crédencial, ouvert du 01/04 au 30/09, 40, rue de la Citadelle, M. Cuppen, 05 59 37 24 68

→ Accueil pèlerin au refuge municipal, 20 pl., nuitée 7 €/pers., pdj compris (sauf pain), coin cuisine, dépannage épicerie, ouvert de mars à novembre, 39, rue de la citadelle, pas de réservation, 05 59 37 05 09

→ Gîte d'étape et CH, 20 pl., dortoir 9 €/pers., pdj 4,50 €, coin cuisine, CH 38 €/2 pers., pdj compris, ouvert du 15/03 au 31/10, 9, route d'Uhart, Mme Etchegoin, 05 59 37 12 08

→ CH, nuitée 13 €/pers., coin cuisine, 28, rue de la Citadelle, Mme Clery, 05 59 37 12 03

→ CH Maison E.-Bernat, 12 pl., prix pèlerin, 1/2 pension (ch. dble) 39 €/pers., accès internet, 20, rue de la Citadelle, Mme Levitte, 05 59 37 23 10

→ CH**, 15 pl., prix pèlerin, nuitée 15 €/pers., pdj 5 €, 15, rue de la Citadelle, Mme Camino, 05 59 37 05 83

→ CH, 7 pl., prix pèlerin, 30 €/2 pers., 40 €/3 pers., pdj compris, 28, av. Renaud (près de la gare), Mme Lapeyre, 05 59 37 27 15

→ CH, 8 pl., nuitée 26 €/pers., pdj 4 €, 24, rue de la Citadelle, Mme Maitia, 05 59 37 12 02

→ CH, 16 pl., nuitée 24 €/pers., pdj 4 €, ouvert du 15/05 au 15/10, 3, rue Sainte-Eulalie, M. Rusques, 05 59 37 14 35

→ Camping municipal Plaza Berri, 50 empl., tente 3,50 €/pers., ouvert du 01/04 au 31/10, av. du Fronton, mairie 05 59 37 11 19

→ Camping l'Arradoy, 25 empl., tente 3,20 €/pers., ouvert du 08/03 au 01/10, poss. gardiennage voiture 1,55 €/jour, 4, chemin de Zalicarte, M. Iribarne, 05 59 37 11 75

Avertissement

L'étape suivante traverse les Pyrénées par le col Lepoeder (1430 m) pour arriver à Roncevaux en 7h15 ou à Burguete en 8 heures (et 1250 m de dénivelée). Il peut donc être prudent, pour ceux qui vont continuer, de s'avancer un peu, jusqu'à Honto par exemple, et de dormir à la ferme Ithurburia (20 pl., de 12 € en gîte à 42 € en CH pour 2, tél. 05 59 37 11 17) ou à la ferme Gaineko-Etxea (10 pl., de 15 à 20 €, tél. 05 59 37 05 62). Compter 1h15 de marche depuis Saint-Jean. Voir le guide *Le Chemin de Saint-Jacques en Espagne* (Rando Éditions).

Notre-Dame-du-Bout-du-Pont

00,0 Ostabat. Au carrefour, descendez la D 508 vers l'Ouest et prenez la première route à droite à la sortie du village. Au carrefour, 300 m plus loin, continuez en face ; le goudron descend et remonte. Laissez un accès à un bâtiment agricole à gauche.

01,1 Laissez le goudron rejoindre une

maison pour aller en face sur un chemin. En bas de la descente, vous passez une porte de clôture (que vous n'oubliez pas de refermer) pour continuer en face sur le chemin devenu herbeux. Poursuivez tout droit au carrefour avec une croix.

02,2 Aux maisons de Béthano, vous retrouvez le goudron que vous suivez en face. 100 m plus loin, allez tout droit. Suivez la D 933 sur la droite.

0h45 **03,2** À l'entrée de **Larceveau,** tournez à droite sur une petite route qui vire ensuite vers la gauche.
Au carrefour avec un gros chêne, allez à droite en laissant une branche qui monte à droite.

04,0 Laissez une piste goudronnée à droite et traversez le hameau de Chahara. Au carrefour (avec un transformateur), allez à droite et de suite à gauche.
Passez derrière une maison sur du gravillon. Après une bergerie, traversez à gué un petit ruisseau et continuez en face sur un chemin herbeux, sur 300 m.

05,0 Vous trouvez une petite route (cote 170 m) que vous descendez à gauche ; après la maison tournez à droite sur un chemin ombragé (borne). Il longe une clôture et traverse à flanc, en herbe.

05,5 Après une ferme du hameau dispersé de Bastida Xoko, prenez une allée goudronnée sur 70 m avant de suivre une petite route à droite. Après seulement 80 m, descendez à gauche et traversez une ferme. Après un gîte rural, allez à gauche sur un chemin herbeux et, 40 m après et de suite après le pont, allez à gauche en passant une clôture par une échelle en bois. Suivez le long du ruisseau et plus tard entrez en sous-bois. À la sortie, vous surplombez la D 933 sur l'ancien tracé de la route. Continuez sur l'herbe.

1h40 **06,7** **Utziate** (ou Utxiat) : retrouvez le goudron à un carrefour et suivez sur 300 m en face une petite route tout d'abord parallèle à la D 933.
Après le virage à droite, prenez un chemin herbeux à gauche fermé par une barrière métallique. Raide au départ, il longe la forêt

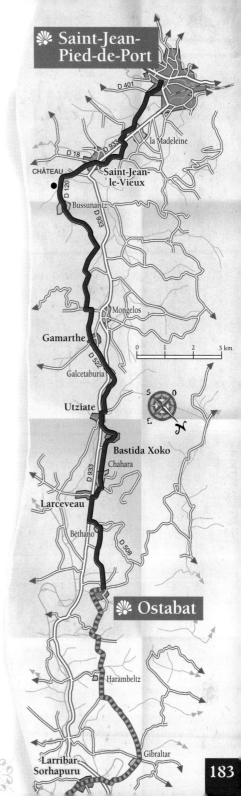

Linteau à Donibane-Garazi

puis y fait une incursion et passe de nouveau une autre barrière. Après le champ, suivez un chemin herbeux qui descend.

08,1 Remontez la D 933 à droite ; en haut de la côte, laissez à droite un embranchement et la croix de Galcetaburia (cote 262 m) pour prendre un peu plus loin à droite la direction de Gamarthe, sur la D 522.

2h20 09,6 À l'entrée de **Gamarthe,** prenez à gauche une petite route et rapidement tournez à droite pour atteindre un carrefour sous le cimetière. Montez ensuite à droite et virez à gauche pour passer sur le côté du fronton. À la sortie, laissez un chemin en face et continuez sur la route.

10,8 Au stop, empruntez la D 933 à gauche (village de Mongelos en face), après 200 m tournez encore à gauche sur une route qui descend jusqu'au ruisseau et remonte.

11,7 Au niveau d'une grande maison (Biscaya), prenez à droite une petite route (panneau chambres paysannes). Dépassez une ferme, passez le ruisseau et remontez.

12,6 Coude d'une autre route : allez à droite (laissez les chambres paysannes à gauche) et, 200 m plus loin dans la descente, prenez une petite route à gauche. Plus tard, vous serez averti d'un passage canadien que vous passez ainsi qu'une grange en contrebas à droite.

13,5 À la bifurcation, poursuivez à droite, à l'horizontale au départ. Cette route serpente et descend ensuite.

14,1 Au carrefour 20 m avant un autre passage canadien, tournez à gauche sur une route qui monte sérieusement.
Après le goudron (borne), vous poursuivez tout droit sur le gravillon. 100 m plus loin, allez toujours en face. La piste descend

assez fortement. Vous atteignez une ferme et le goudron que vous suivez. À l'entrée du village, laissez une petite route à gauche.

4h00 16,1 Bussunaritz. Passez le centre et poursuivez tout droit. Au carrefour, suivez à droite la D 120 (abri et croix, cote 204 m). Vous passez devant un château (à gauche).

17,7 Quittez la D 120 pour aller sur la gauche (en face) par une petite route entre deux maisons.
Laissez une petite route à droite et 200 m après au carrefour en T, allez à gauche.
Au stop avec la D 18, allez à droite et passez à droite de l'église.

4h45 18,6 Saint-Jean-le-Vieux. Au carrefour, allez en face. Après la place, passez à gauche de la croix et suivez une petite route. Au carrefour en T, 400 m plus loin, allez à droite.
Passez sous un pont et tournez de suite à gauche. 400 m plus loin, au carrefour après un bosquet, allez à gauche (direction la Madeleine) et passez quelques maisons (Herri Bazterra). Au carrefour suivant avec un poteau électrique, tournez à gauche.

20,2 D 933 : suivez-la à droite sur plus de 100 m et virez à gauche sur une route encadrée par des platanes et des chênes. Après, allez sur la première route à droite en direction de la Madeleine. Au bout de 500 m, laissez un embranchement à droite.

21,0 La Madeleine : passez à droite du fronton. Tournez à gauche après la place pour passer devant l'église et franchir le pont sur la rivière Laurhibar. Suivez cette petite route en laissant tous les accès à gauche. La route s'élargit et se redresse.

21,9 Traversez la D 401 pour monter en face en direction de la porte Saint-Jacques. Franchissez la porte fortifiée et descendez les pavés de la rue de la Citadelle.

5h45 22,5 Saint-Jean-Pied-de-Port. Église Notre-Dame du Bout du Pont et porte Notre-Dame qui débouche sur le vieux pont sur la Nive.

La vallée de la Nive s'estompe

![icon] DU CHÂTEAU DE LAXAGUE AUX DONATS D'UTXIAT

- À droite en quittant Ostabat, le château de Laxague, adossé à la pente. Fief d'une riche famille navarraise, c'est un édifice du XIVème siècle, devenu une simple ferme : tour carrée, porte en voûte d'ogive, cour avec porte du XVème siècle, chemin de ronde, cachot… Les chaînes de l'ancien pont-levis du château de Laxague étaient, dit-on, si bruyantes qu'on les entendait jusqu'à Navarrenx, Légende évidemment liée au chemin.

- Larceveau est en basque Larezabal, "la large lande". Dans l'église, qu'on laisse à gauche, stèles discoïdales provenant de l'ancienne chapelle du hameau d'Arros (1648),

- Sur notre chemin, les vieilles maisons d'Utxiat (ou Utziat), quartier de Larceveau, sont les vestiges d'un hôpital prieuré Sainte-Madeleine. Il hébergea dès 1199 les pèlerins et aussi les réunions (juntes) des États de Navarre. Il comptait, en 1343, 23 personnes dont sept sœurs et trois femmes de donats. Le chapitre élisait trois frères donats : un hospi-

talier, un fabricien (réparateur) et un clavier (trésorier). Il répartissait pour l'année la nourriture entre la communauté, les domestiques et les pauvres. Ces donats, que nous avons déjà rencontrés à Harambeltz et qui étaient souvent les chevilles ouvrières des institutions charitables, étaient des laïcs qui se donnaient au Christ par des vœux mineurs : pauvreté, obéissance, chasteté seulement en cas de veuvage.

- Le mot *galceta* vient évidemment du latin *calceta*, la chaussée. Et comment ne pas penser ici à son "doublet", l'étape espagnole de Santo-Domingo-de-la-Calzada ?

![icon] TOUJOURS DE CHÂTEAU EN HÔPITAL

- Au sommet du pain de sucre rocheux qui domine Gamarthe, ruine d'une enceinte gallo-romaine, si ce n'est protohistorique. Le village existait en 1189, mais n'en garde nulle trace. L'église du XIXème a récupéré une tribune et un retable du XVIIème.

- Le hameau de Mongelos, dépendant d'Ainhice depuis le Moyen Âge dut

être une tentative de bastide comme l'indique son nom qui n'est pas basque mais gascon, et signifie "Mont-Jaloux".

- Nous laissons à l'ouest, à notre droite au bord de la route, le château de Lacarre (privé), remontant aux XIIème et XVIème siècles, et d'où était issu Bertrand de Lacarre, évêque de Bayonne en 1190, connétable et amiral de la croisade de Richard Cœur de Lion. Il fut acheté et transformé dans le style Renaissance à partir de 1820 par d'Harrispe (1768-1885), soldat de la Révolution, fondateur des Chasseurs basques, général du Premier Empire, maréchal sous le Second.

- Hameau de Bussunarits, Sarrasquette (en basque "lieu de saules cendrés") possède une croix de carrefour aux bras soutenus par deux têtes sculptées et une maison noble Renaissance (fenêtres à meneaux) où serait né le recteur Bernard d'Exepare qui publia, en 1545, les premiers poèmes basques imprimés.

- L'église et la mairie de Bussunaritz forment comme un autre hameau, le village étant éparpillé. Au cimetière voisin, une stèle porte les armes des seigneurs d'Apat : écu écartelé portant une croix pommelée d'or.

- On retrouvera un peu plus loin ces armoiries sur la porte du château d'Apat datée de 1764. Mais l'édifice, remanié au XVIIᵉᵐᵉ, est plus ancien avec ses quatre tours rondes d'angle et son escalier à vis.

- Apat (ou Ap'hat) signifiait abbé, sans doute abbé laïc. C'était aussi le nom de l'Aphat-Ospitalé qui, non loin de là, appartenait en 1286 à l'ordre de Malte et dont il subsiste un reste de la chapelle transformée en garage, au bord de la D 933, au nord de Saint-Jean-le-Vieux (hors itinéraire).

SAINT-JEAN-LE-VIEUX, IMMUS PYRENAEUS DES ROMAINS

Saint-Jean-le-Vieux (en basque Donazaharre, "le vieux saint") était cet *Immus Pyrenaeus*, station romaine au pied des Pyrénées que citait l'Itinéraire d'Antonin, compilation du IVᵉᵐᵉ siècle, mais d'après des cartes de l'an 211…

Les fouilles y ont effectivement mis au jour thermes, monnaies et objets antiques. Il y eut depuis sur le "turon" un château que Richard Cœur de Lion démolit en 1177. De l'église du XIIᵉᵐᵉ siècle, Saint-Pierre d'Usdacoa, qui dépendait de Roncevaux, démolie elle aussi, reste un portail roman restauré en 1630 : chrisme sur le tympan, lion et serpents sur les chapiteaux, voussures ornées. Intérieur typiquement basque.

D'UN SAINT-JEAN À L'AUTRE

- De Saint-Jean-le-Vieux à Saint-Jean-Pied-de-Port, le chemin suit, sur l'une ou l'autre rive, le cours du Laurhibar.

- Au quartier Urrutia, nom ancien de Saint-Jean-le-Vieux, ruines romanes d'une église Saint-Jean et château de Harriéta (XIIIᵉᵐᵉ, remanié au XIXᵉᵐᵉ).

- À l'entrée du quartier la Magdeleine, maison noble d'Irrumberry à tourelles carrées. Et, à la sortie ouest, église de Sainte-Marie-Madeleine de la Recluse (ou de Betbéder), à beau portail gothique de grès rose (XVᵉᵐᵉ) qui a remplacé un sanctuaire plus ancien. À proximité, maison Priorena (prieurale) : là, se réunissaient les députés de Saint-Jean-Pied-de-Port et du pays de Cize.

SAINT-JEAN-PIED-DE-PORT, VILLE CITADELLE

On pénètre dans Saint-Jean-Pied-de-Port par la porte Saint-Jacques, ouverte dans les remparts du XVᵉᵐᵉ siècle, améliorés en 1680 sous Vauban par le chevalier Deville, qui bâtit la citadelle sommitale. Son appellation basque actuelle est Donibane-Garazi (Saint-Jean de Garazi, du nom des sommets de l'étape suivante), mais elle est plus récente. Le nom initial fut espagnol : Santa-Maria-Cabo-la-Puente, Sainte-Marie-du-Bout-du-Pont. Il s'agit d'une "ville neuve" édifiée au XIIᵉᵐᵉ siècle par un roi de Navarre au confluent des trois nives (rivières) d'Arnéguy, de Laurhibar et de Béhorléguy. ("La clef de mon royaume", dira deux siècles plus tard Charles le Mauvais qui, pour ses sujets, était "le Bon".) En se développant, la cité ravit sa primauté à Saint-Jean-le-Vieux et déplaça ainsi le trafic, de la route romaine au tracé par Roncevaux.

L'ÉVÊQUE NAVARRAIS RELEVAIT D'AVIGNON

De 1383 à 1488, durant le schisme d'Occident, l'évêque du pape d'Avignon s'installa à Saint-Jean, tandis que celui du pape de Rome régnait à Bayonne. (Mais Froissart s'étonna fort de voir les prélats des deux obédiences réunis à Orthez à la même table, celle de Gaston Phébus.) La cité connut bien des batailles (de 1512 à 1520, guerre de Succession de Navarre, en 1570, raid des protestants béarnais, puis guerres de la Révolution et de l'Empire), mais elles renforçaient aussi son rôle de place forte frontalière. Jambon, fromage de brebis et linge basques sont ses atouts d'aujourd'hui.

LE PÈLERIN DANS LA VILLE, CHEMIN FAISANT

- Après la porte Saint-Jacques, voici la rue de la Citadelle, dominée par la forteresse et bordée de vieilles maisons en rangs serrés : 1784, 1722, 1739, 1655. Il en sera ainsi dans toute la traversée de la vieille ville.

- Voisine de la prison en descendant la côte de quelques mètres (39, rue de la Citadelle), la maison Laborde, restaurée par la municipalité en 1999, abrite la permanence des Amis des Chemins de Saint-Jacques des Pyrénées-Atlantiques qui renseignent sur les hébergements et y disposent aussi d'un petit gîte.

- En haut de la rue, la prison des Évêques ne fut, en réalité, maison d'arrêt qu'au siècle dernier. Mais son sous-sol en ogive est un bel exemple d'architecture du XIIIᵉᵐᵉ siècle.

- À mi-côte, une rue descendant à droite mène à la porte de France. Et, au-delà, au faubourg où fut au XIIᵉᵐᵉ siècle l'église de Sainte-Eulalie d'Ugange, détruite sous Jeanne d'Albret. Il en reste un portail roman aux chapiteaux de feuillages, dans le mur d'une maison de retraite.

- La rue de la Citadelle aboutit, en bas, à l'église de Notre-Dame-du-Bout-du-Pont, gothique sur bases romanes : portail et chevet ogivaux, abside à cinq pans. À l'est, échauguette et rempart escaladant la pente. À l'ouest, rue de l'Église, musée de la Pelote et porte du Marché.

- En face, porte Notre-Dame et pont sur la Nive, dit romain, en réalité médiéval et restauré en 1634.

- Au-delà, la rue d'Espagne, par où repartait le pèlerin, bordée aussi de vieilles demeures dont la plus ancienne, la maison des États de Navarre, est de 1610.

Conques

Cransac

E NOUVEAU PARCOURS
à partir de Conques
est une variante
sur la *via Podiensis*
qui vous propose de passer par la très
intéressante capitale du bas Rouergue.
Autrefois, selon leur dévotion,
des pèlerins choisissaient d'honorer
Saint-Sernin à Toulouse en passant
par Sainte-Cécile d'Albi et Notre-
Dame de Rabastens. Vous n'irez pas
si loin. Vous quitterez le GR 65
entre Conques et Decazeville pour
descendre sur Firmi, une ancienne
localité minière au pied du Puy
de Wolf, avant de rejoindre le bassin
houiller de Cransac-Aubin. Dans cette
longue enfilade de maisons, la vie
crépitait de l'exploitation minière
désormais figée depuis quelques
décennies. Mais aujourd'hui, Cransac
a fait rejaillir l'importance des anciens

thermes liés au gaz sec
de "la montagne qui brûle".
À partir de Villefranche-de-Rouergue,
et à l'aide du GR 36, vous rejoindrez
Varaire sur l'actuel chemin du Puy.

Le porche de l'église de Firmi

🚶 RENSEIGNEMENTS PRATIQUES

✜ FIRMI (12300)

➔ Tous commerces, services sauf hôtel

➔ SI/Mairie, 9, pl. de l'Hôtel-de-Ville, 05 65 63 43 02

➔ À voir : musée d'Art et de Traditions Populaires

✜ CRANSAC-LES-THERMES(12110)

➔ Tous commerces, gare SNCF

➔ OT, 1, pl. Jean-Jaurès, 05 65 63 06 80

➔ À voir : musée de la Mémoire de Cransac ; phénomène géologique : la Montagne qui Brûle…

➔ Gîte l'étape, 50 pl., priorité aux groupes, nuitée 10 €/pers., coin cuisine, gestion libre, M. Faux, 05 65 63 01 14

➔ Hôtel Le Coq Vert**, 30 ch., nuitée 45 €/2 pers., 1/2 pension 42 €/pers., Parc Thermal, 05 65 63 24 24

➔ Hôtel du Parc**,27 ch., 1/2 pension de 39 à 59 €/pers. (selon ch.), M. Astor, 05 65 63 01 78

00,0 Conques. Dos à la porte de l'abbatiale, allez en face par la rue de l'Église, puis prenez l'escalier à gauche pour descendre le pavé de la rue Charlemagne. Dépassez la porte du Barry et laissez un chemin montant à droite. En suivant, ignorez un sentier à droite et la ruelle à gauche qui mène à la chapelle Saint-Roch. À la hauteur du goudron que vous laissez à droite, descendez quelques marches et le pavé de la ruelle en face.
Traversez la route au carrefour pour passer en face entre deux maisons et franchir le pont de pierre sur le Dourdou. Poursuivez sur la petite route. Dans la première épingle, empruntez un sentier raide et rocheux. Celui-ci traverse la route au-dessus et se poursuit en sous-bois.

01,2 La chapelle Sainte-Foy perchée fait face à Conques. Continuez à droite ; au-dessus laissez la piste pour un sentier à droite, encore raide. Sous les châtaigniers, croisez un sentier ; à la sortie de la forêt, le sentier finit par se calmer et se poursuit par un chemin bordé par deux clôtures.

0h40 02,5 Carrefour de chemins (544 m) et séparation de deux itinéraires. Laissez en face la variante par Noailhac et allez à droite vers Prayssac (Nord-Ouest). Après 300 m environ, traversez la route pour descendre en face une piste empierrée.

04,0 Au point bas, remontez vers la droite. 200 mètres après, laissez un embranchement à gauche et descendez en face. 600 m plus loin, à la bifurcation, montez à gauche.

05,4 D 606 : suivez-la à droite et à la bifurcation, 250 m plus loin, allez à gauche vers les Clémenties où vous laisserez un chemin à droite.

1h40 06,7 Les Clémenties. Traversez le hameau ; 100 m après le panneau de sortie, utilisez un chemin à gauche. Vous y laisserez un embranchement à droite.
À la ferme les Bréfinies vous retrouvez le goudron à suivre tout droit.

08,1 À l'entrée d'Eyniès, descendez un court chemin avant de remonter une trentaine de mètres le goudron pour prendre à gauche un chemin de terre qui descend fortement. Plus bas, laissez un chemin à droite. Au point bas, traversez un ruisselet à gué.

08,8 Empruntez la passerelle faite de deux poteaux électriques et continuez par un sentier raide sur le premier tronçon. Après une petite crête, le GR s'assagit en montée légère.
Après un passage humide, passez un portillon pour descendre un sentier. Il rejoint un chemin que vous suivez à gauche. Après le point bas, ce chemin devient très raide ; à la sortie du bois il s'adoucit et devient herbeux.

10,5 Traversez la D 183 pour prendre en face un petit chemin herbeux (croix à droite). Rapidement, vous trouvez le goudron (chambres d'hôtes à droite) que vous suivez à gauche.

2h45 10,9 Bifurcation (511 m) à **Prayssac :** continuez sur la gauche, laissez de suite un chemin à gauche et descendez sur le chemin qui fait suite au goudron.
Au point bas, passez le ruisseau et montez vers la gauche sur un chemin qui devient plus herbeux et raviné. Sur le haut, laissez un embranchement à droite pour dépasser les premières maisons.

13,0 Roumégoux : continuez à gauche sur le goudron. Prenez plus loin à gauche la D 580 (581 m) sur 200 m.

3h45 13,9 Prenez un chemin herbeux à droite marqué par une borne de la **méridienne verte** (vous retrouvez la variante qui passe par Noailhac). Plus loin, poursuivez en face sur un chemin peu gravillonné ; à la bifurcation allez à gauche.

15,4 Rencontre avec une petite route : la nouvelle variante par Villefranche-de-Rouergue descend à gauche (abandonnez le GR 65). Descendez la petite route sur 200 m. Puis tournez à droite vers la Boriatte sur un chemin goudronné pendant 700 m.

16,3 Dix mètres avant le carrefour du Puy du Wolf et une voie sans issue (le Perdigual), descendez le talus à gauche et franchissez une chicane en bois au pied d'un chêne. Suivez ensuite les balises sur les arbres et passez à gauche de la ferme. Une centaine de mètres plus loin, descendez à gauche le chemin de terre qui fait un lacet vers la droite. Quand ce chemin entre dans le bois, prenez un sentier à gauche. À deux reprises, franchissez deux chicanes en bois sur la clôture. Quand vous rencontrez un chemin herbeux, au niveau de ruines, descendez-le sur la gauche.

17,4 Descendez la petite route à droite et traversez le pont sur le Saltz.
Tournez à droite sur la D 502 et laissez un peu plus loin une route à gauche. Dépassez le panneau Firmi en laissant une route bien à gauche pour descendre vers la droite. Un peu plus bas, ignorez à droite la rue du Moulin.
Au carrefour, allez à droite pour traverser ensuite la N 140 (passage souterrain) et continuez en face dans la rue en sens interdit.

4h45 **18,9** **Firmi.** Traversez la rue semi piétonnière et montez en face une rue oblique vers la gauche. En haut, traversez sous un porche, allez à droite et de suite descendez à gauche la rue François-Mitterrand. Cette rue descend, vire sur la droite et remonte entre deux terrains de sport. En haut, au croisement, continuez à droite en laissant en face une petite route à droite du cimetière.

19,6 Après une place, à la trifurcation, montez sur la branche du milieu. Laissez, en montant, une branche qui descend à droite et virez vers la gauche. Longez une clôture et à la bifurcation allez encore à gauche sur un chemin.

20,5 Le chemin se termine sous une maison et vous continuez sur le goudron tout droit ; 160 m après, vous montez une petite route à gauche. En haut, vous allez à gauche sur plus de 500 m sur une route en crête.

21,2 Avant le carrefour avec la D 53, tournez à droite sur un chemin goudronné en direction de Rials-Combes et, 100 m après, quittez-le pour un chemin à gauche. En bas, passez une clôture et remontez légèrement à droite sous les chênes, puis en bordure de pré. À l'angle d'une clôture, passez la porte et continuez sous la haie de chênes.

5h30 **21,9** **Sauguière.** Allez en face sur un accès goudronné un peu avant le panneau voie sans issue. Après le goudron, continuez sur un chemin de terre, il traverse un bosquet et tombe sur une piste large que vous prenez à gauche.

22,8 Goudron et centre équestre : allez à gauche, puis assez rapidement laissez une piste à gauche pour continuer à descendre à droite en suivant la route marquée "allée de promenade". Plus loin, elle exécute un virage à gauche.

23,8 Quittez le goudron pour aller à droite sur un terrain de jeux (parcours de santé) et encore à droite descendez un large sentier sous les arbres.

24,1 En bas, virez à droite et passez entre les petits immeubles. 180 m plus loin, au croisement avec la D 53, descendez à droite la rue principale de Cransac.

6h10 **24,4** **Cransac.** Place Jean-Jaurès, Office de Tourisme et église.

LE PUY DE WOLF

Dominant comme un véritable "juge de paix" l'agréable et coquette cité résidentielle de Firmi, le puy de Wolf présente l'apparence d'un volcan. Premier gisement européen de serpentine, ses pierres servirent à la construction du grand bassin claustral se trouvant dans l'aire du cloître de l'abbatiale de Conques. Sous ses aspects de montagne infertile, il réserve bien des surprises aux naturalistes. Il est doté d'une flore et d'une faune très riches et bien spécifiques dont on commence à prendre conscience. On trouve sur ses pentes et ses versants des leurs et des plantes très rares.

Ce site naturel présente un intérêt biogéographique assez exceptionnel et sa protection doit être favorisée en sauvegardant les espèces menacées en rationalisant la fertilisation, en veillant à la qualité de l'eau et en maintenant le pastoralisme (site Natura 2000).

Depuis le sommet, un magnifique panorama est offert aux randonneurs sur le bourg de Firmi qui semble se lover dans son verdoyant vallon sur le site minier de Decazeville et sur les plateaux et vallées environnants.

DE LA MINE AUX THERMES

Haut lieu de l'exploitation minière aux XIXème et XXème siècles, la cité de Cransac était depuis l'Antiquité connue pour ses sources aux vertus bienfaisantes. Au cours des siècles, la cité thermale étend son influence grâce à ses eaux minéralisées, mais aussi grâce à un phénomène naturel rarissime : "la montagne qui brûle".

Des collines environnantes s'échappent des gaz secs et chauds, employés sous forme d'étuves pour le traitement des rhumatismes. La station thermale connaît son âge d'or au XVIIIème siècle (6000 curistes par an). L'exploitation des mines viendra mettre un terme à cette période faste. Pendant 150 ans, le diamant noir fera la fortune de quelques-uns et la souffrance des mineurs. La fermeture des mines dans les années 1960 amènera Cransac à redécouvrir le thermalisme.

La montagne souffle toujours ses vapeurs sulfureuses, et pas à pas Cransac-les-Thermes reconquiert sa place de station thermale et de "ville verte".

Vue générale de Peyrusse-le-Roc

Cransac

Peyrusse-le-Roc

EPUIS CRANSAC, le cheminement part à la rencontre de l'histoire via un paysage marqué par l'exploitation du charbon, mais pas seulement… La crête au-dessus d'Aubin, coiffée de la vierge, d'une tour et d'une chapelle d'où la cloche sonnait pour les pèlerins égarés, témoigne aussi d'un passé jacquaire. La progression vallonnée passe par la vallée discrète du Moulin du Fau avant de filer sur le plateau de Montbazens. Valzergues y cultive joliment son histoire avec son château du XIVème siècle et la tour pigeonnier. Vous finirez à travers une campagne parsemée de prairies pour gagner la chaleur des vieilles pierres de Peyrusse-le-Roc. Cette ancienne place forte, perchée au-dessus de la vallée d'Audiernes, reste une porte ouverte sur le Moyen Âge.

⊕ CARTES UTILES

⊕ IGN 57 Cahors – Montauban, au 1/100 000

⊕ 2338 O Decazeville, au 1/25 000

⊕ 2238 E Figeac, au 1/25 000

🚶🚶 RENSEIGNEMENTS PRATIQUES
✤ AUBIN (12100)

→ Tous commerces sauf hôtel, gare SNCF

→ SI, place Jean-Jaurès, 05 65 63 19 16

→ À voir : le musée de la Mine Lucien Mazars, l'église Notre-Dame d'Aubin, l'église du Gua, l'église Notre-Dame-des-Mines de Combes, l'église Saint-Amans-du-Fort et la chapelle du Pouzet.

→ Tous commerces, services

→ OT, 12, avenue du Ségala, 05 65 63 77 94, www.plateau-de-montbazens.com

→ Centre d'accueil Lou Mouli del Bent, 16-18 ch., 1/2 pension 26 €/pers, ouvert toute l'année, Jaunac, 05 65 63 75 89

❖ PEYRUSSE-LE-ROC (12220)

→ Restaurant

→ Mairie, le bourg, 05 65 80 42 98, ou Point d'information Le Rempart, pl. des 13 Vents, 05 65 80 49 33

→ À voir : la cité médiévale

→ Centre d'accueil municipal La Maison de l'Albine, 30 pl., 11 €/pers. (pour groupe : minimum de 12 pers.), gestion libre, pas de repas, coin cuisine, M. Joulie, 05 65 80 42 98

→ Gîtes, 7 pl. et 4 pl., priorité location séjour, coin cuisine, restaurant, M. Savignac, 05 65 80 43 91

→ Gîte d'étape Le Clos du Roc, 8 pl., nuitée 20 €/pers., pdj. compris, coin cuisine, le bourg, M. Ducrocq, 05 65 80 43 99

→ Gîte, 4 pl. maximum, nuitée 20 €/pers., pdj. compris, coin cuisine, Bellevue, M. Cavaignac, 05 65 80 40 87

Le château de Valzergues

00,0 Cransac. Depuis l'O.T., prenez la rue du 1er Mai vers Aubin et, à 300 m, prenez à droite la direction des thermes.

00,6 Dans un virage, laissez à droite la direction des Grandes Vignes, puis longez les premiers thermes pour monter en face une petite route vers la forêt de Vaysse (Montagne Brûlée). Passez sous les gros tuyaux des thermes et laissez deux pistes à droite pour virer à gauche sur un parking. Puis empruntez le chemin en sens interdit et, 100 m après, laissez un chemin à droite pour monter à droite au-dessus des thermes, sur un sentier. Tout d'abord en gravier, ce sentier devient terreux et s'enfonce dans le bois. Il se poursuit par un chemin qui rejoint une route à suivre à gauche sur 150 m.

01,9 Carrefour au point haut : descendez à droite vers les stades. Après 120 m de descente, prenez la deuxième piste à gauche. Plus loin, celle-ci est fermée par une chaîne. Passez une aire de pique-nique près d'un étang (à gauche) et d'un arboretum (à droite). Une centaine de mètres après, quittez la piste pour un sentier à droite qui se termine par une allée gravillonnée.

03,0 Carrefour de chemins en lisière de forêt : allez à droite sur 300 m. Au carrefour de la Peyrade, prenez en face et, 50 m après, suivez un sentier à gauche qui débute par quelques marches. Il longe une résidence et descend à un carrefour de sentier où vous poursuivez en face pour remonter un peu.

03,8 Point haut surmonté de trois croix : descendez un sentier rocheux vers la vierge que vous contournez par la droite en remontant un peu. Passez à droite de la tour, puis de la chapelle, et descendez les escaliers en suivant.

1h00 04,1 Aubin. Arrivé sur le goudron, descendez une petite rue à droite et une autre à droite après le restaurant. 200 m plus bas, prenez en face sur la place Maruéjols. 100 m plus bas, traversez le parking pour emprunter à droite la D 11 (sur 150 m environ).

04,6 Carrefour avec la D 5 : prenez à droite vers Decazeville, puis de suite tournez à gauche la rue Paul-Vaillant-Couturier. Plus loin, prenez la rue Bessière en sens interdit qui passe devant l'église. À la bifurcation au-dessus, laissez à gauche le passage à niveau pour aller à droite.

05,0 Carrefour devant l'ancienne gare : suivez en face l'avenue Edmond-Ginestet et doublez le cimetière, plus bas. Dans le virage, quittez l'avenue pour une petite route à gauche. Passez sous le tunnel de la voie ferrée ; dans le virage suivant, laissez un chemin à gauche.

05,9 Au point haut, quittez le goudron pour un vieux chemin à gauche. Après deux lacets, il se rétrécit et après un virage il devient sentier et exécute une grande boucle sur la gauche. Après la ferme le Clot, suivez le goudron sur plus de 400 m.

07,4 Carrefour au hameau du Puech (401 m). En face, traversez le hameau ; en suivant, continuez sur un chemin herbeux entre deux clôtures. Après 200 m, devenu sentier, l'itinéraire fait un lacet et passe une porte de clôture. Puis il fait un coude et descend en écharpe dans la forêt. Après un écart à gauche, il descend droit et raide.

2h00 08,0 Hameau du **Moulin du Fau.** Allez à droite sur 20 m, puis descendez à droite. Après 100 m, prenez le chemin herbeux à gauche qui suit le vallon à distance du ruisseau. Après une cascade, il se transforme en sentier étroit.

09,2 Prenez un chemin à gauche sur 20 m avant d'emprunter un bras mort de la route à droite. 100 m plus loin, avant une maison abandonnée, tournez à droite sur un chemin qui fait un large virage à gauche. Il traverse un ruisseau et monte tout d'abord, raviné puis herbeux. Plus haut, après la forêt, à l'angle d'une prairie laissez un chemin qui descend à droite pour continuer à monter et, après 200 m, remontez le goudron au niveau d'une grange.

11,1 Hameau de Nespoulières. Au croisement, virez à gauche et suivez la route

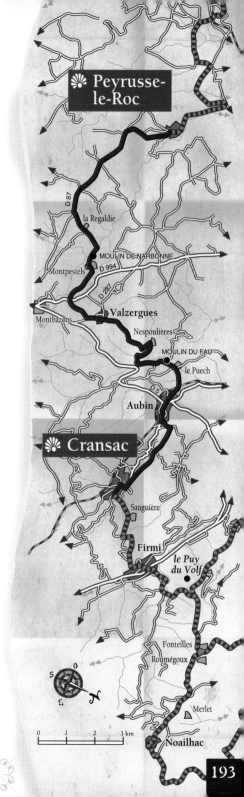

Château à Peyrusse-le-Roc

d'accès. Laissez un chemin gravillonné à gauche.

Au point haut, laissez à droite un chemin gravillonné et un balisage. Au croisement, continuez en face et à deux reprises laissez une petite route à gauche.

3h20 13,3 Église de **Valzergues**. Prenez la D 287 à gauche, après le monument aux morts, pendant 350 m, puis tournez à droite à l'angle d'une maison sur un chemin d'abord goudronné puis gravillonné.

14,4 Non loin de la D 994, allez en face sur un chemin herbeux qui se rétrécit en sentier derrière les maisons et retrouve le gravier avant le goudron.

14,8 Traversez la D 994 et prenez à droite une allée en goudron puis en gros gravier qui se poursuit par un chemin entre les champs et, après une étable, prenez la petite route à gauche (443 m).

16,5 Hameau de Montpestels : à la bifurcation, allez à droite. À la sortie, laissez un chemin à droite et poursuivez en face sur un chemin en descente. Passez un pont au bout d'une retenue d'eau au moulin de Narbonne (en ruine). À la bifurcation, montez à gauche sur un chemin raviné qui

se poursuit en herbe à la sortie du bosquet.

18,2 Carrefour à la Regaldie (474 m) : prenez la petite route à gauche sur une centaine de mètres avant de tourner à droite sur une autre petite route.

19,0 Suivez la D 87 à droite, longuement. 700 m après, au carrefour de Cournolis, poursuivez en face, toujours sur la D 87, en direction de Peyrusse-le-Roc. Au carrefour avec une petite croix, continuez en face.

22,3 Dans une courbe, laissez la direction de la Caze à gauche et poursuivez encore sur la D 87.

Après 700 m environ, à la hauteur d'un stade, prenez un chemin gravillonné à droite. 370 m plus loin, il fait un coude vers la gauche, longe une serre. En bas, il rejoint le goudron près du lavoir de la Baume : suivez alors la petite route à gauche.

Carrefour avec la D 87 : prenez la petite rue à droite (le gîte communal se trouve à droite). Pour aller à la place des Treize-Vents, continuez par la petite rue, virez à gauche puis à droite et passez sous la porte fortifiée.

6h00 23,7 Peyrusse-le-Roc. Église et place des Treize-Vents.

L'ESTOFINADE

Née avec l'introduction de la pomme de terre, la bonne estofinade nécessite un stockfish (cabillaud séché sur des claies, à l'air libre) de qualité supérieure, celui des îles Lofoten. Pour le préparer, il convient de tremper le poisson une semaine à l'eau vive, afin de l'attendrir. Il est ensuite cuit, émietté et lentement travaillé avec des pommes de terre, des œufs frais, de l'huile bouillante, de l'ail, du persil, auxquels s'ajoutent œufs durs, crème fraîche, huile de noix ou graisse de canard.

Riche en protéines, phosphore, calcium… et en calories, l'estofinade était un plat de Carême ou du vendredi, mais aussi plat de fête consommé de la fin des vendanges à Pâques. De plat de pauvres, elle est devenue denrée rare et chère, raffinée et délicate.

LE FORT D'AUBIN

Élevé vers l'an 193 sur les ordres du général Claudius Albinus (qui a laissé son nom à la ville), ce fut d'abord un "cap barré", lieu de refuge et de défense ; un château fort y fut construit au Moyen Âge dont seul subsiste le donjon, tour carrée mutilée et remaniée au fil des siècles. Au pied de la tour, l'église de la Tour, ou Saint-Amans-du-Fort, vraisemblablement construite au XIIème siècle sur les vestiges d'un temple païen. Sa tour, qui faisait partie du système défensif, servait à la fois de clocher et de tour de guet.

La Vierge du fort a été érigée à la même époque que le chemin de croix (XIXème) ; réinstallée en 1996, elle avait été victime de la foudre en 1964. Suivant le chemin de croix, on parvient à la chapelle du Pouzet, c'est-à-dire du "petit puits". Celui-ci, creusé dans le sol de la nef, face à la table de communion, donnait une eau réputée pour ses effets bénéfiques chez les personnes atteintes de maladies des yeux. Dans la chapelle (roman tardif), statuette en bois

polychrome découverte, selon la légende, au fond du puits.

 AUBIN ET ALENTOURS

Une cuve baptismale en plomb, pièce unique du XIIIème, est à voir dans l'église Notre-Dame. Jadis, l'une de des cloches de cette dernière était sonnée, par intermittence à la nuit tombante, pour guider les pèlerins égarés dans les profondes forêts du voisinage, comme la forêt de robiniers de la Vaysse, sur le chemin de Combes, village où se dresse l'église Notre-Dame-des-Mines enrichie de grandes peintures murales exaltant le travail des mineurs.

Un musée de la Mine, de hautes cheminées d'usine à tête ouvragée rappellent la richesse industrielle du lieu (houille et métallurgie).

Dans le quartier du Gua, inscrite à l'inventaire des Monuments historiques, une église construite en 1869 par l'architecte Boileau a la particularité de posséder une charpente métallique, sur le modèle des Halles de Baltard.

 LE CHATEAU DE VALZERGUES

Construit vers la fin du XVème, plusieurs fois remanié, notamment vers 1860, il a perdu son caractère originel. Seule sa tour hexagonale, maintenant tronquée, prise assez bizarrement à moitié dans le corps du bâtiment, a gardé un certain cachet avec ses fenêtres à meneaux et sa porte basse surmontée d'un écusson où se distinguent péniblement les armes écartelées des d'Albin et des Naussac.

À l'intérieur : un escalier à vis, et, au premier étage, la salle à manger avec plafond à la française, un très beau pavage de grosses dalles taillées et une cheminée taillée en pierres du pays (baryte).

 MONTBAZENS

Le bourg du Moyen Âge était groupé autour de son église fortifiée et d'un prieuré faisant partie du patri-

moine de l'abbaye de Saint-Géraud d'Aurillac. L'ancien logis du moine prieur, belle demeure du XVIème, est devenu l'hôtel de ville.

L'église, quoique profondément remaniée au cours des siècles, comporte une partie d'origine romane. Son clocher du XVème est une ancienne tour de guet et de défense.

Le village est resté jusqu'au début du XXème siècle une cité de tailleurs de pierre.

 PEYRUSSE-LE-ROC

Sur les bords escarpés et boisés du versant gauche de la vallée de l'Audierne, l'ancienne *Petrucia* offre un ensemble fortifié extrêmement impressionnant qui défendait au Moyen Âge une ville prospère (mines et chef-lieu de baillage), place forte importante des comtes de Toulouse puis du roi de France. Les ruines d'un hôpital, d'une grande église, d'une synagogue et deux châteaux offrent encore un circuit de visite intéressant.

Sur les toits d'Aubin

La collégiale de Villefranche

Peyrusse-le-Roc
Villefranche-de-Rouergue

A DÉGRINGOLADE sur le beffroi, les tours et la chapelle Notre-Dame-de-Pitié est un beau lancement pour cette longue étape qui devient toutefois beaucoup plus paisible, ensuite. En première partie, le parcours navigue dans la campagne irriguée par de nombreux ruisseaux, dans la vallée de la Diège, avant de s'élever modestement sur le causse de Villeneuve, plus aride. À mi-chemin, Villeneuve, si vous n'y faites pas étape, vaut une visite approfondie. Cette bastide fortifiée a gardé un charme médiéval autour de la place des Conques et possède des témoignages du passage des pèlerins.
En variante, l'église préromane de Toulongergues et le village de Saint-Rémy présentent un intérêt certain, mais ajoutent tout de même quatre kilomètres. Vous finirez, enfin, dans les rues blotties autour de la massive collégiale Notre-Dame à Villefranche-de-Rouergue.
Bien des trésors architecturaux habillent cette bastide qui mériterait largement une journée de visite.

🌐 CARTES UTILES

🌐 IGN 57 Cahors – Montauban, au 1/100 000
🌐 2238 E Figeac, au 1/25 000
🌐 2239 E Villefranche-de-Rouergue, au 1/25 000

🚶 RENSEIGNEMENTS PRATIQUES
✤ VILLENEUVE-D'AVEYRON (12260)

➜ Tous commerces
➜ OT, bd Cardailhac, 05 65 81 79 61

➜ À voir : Pays d'Art et d'Histoire, la Sauveté de Villeneuve, l'église romane et ses fresques, les couverts, les chapelles

Le cloître de la chartreuse de Villefranche

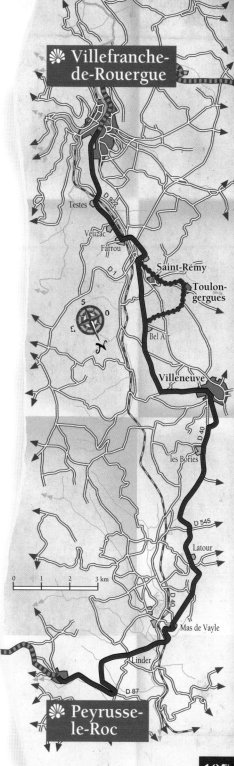

Fresque à Villeneuve

00,0 Peyrusse. Dos à l'entrée de l'église, traversez la place des Treize-Vents et passez à droite de la mairie sur un chemin pavé. Plus bas, tournez à gauche vers le site médiéval, puis descendez à droite ensuite. Au beffroi, descendez à gauche.

00,8 Chemin empierré : la chapelle Notre-Dame-de-Pitié se trouve 100 m à droite. Suivez le chemin blanc vers la gauche en laissant deux sentiers à main gauche.

01,9 Poursuivez sur le goudron en laissant un chemin herbeux qui se dirige vers un pont en pierre à droite.

02,4 À la ferme de Prévinquière, laissez une petite route à droite et 50 m plus loin, au carrefour, suivez la D 87 vers la gauche sur 350 m.
Au petit carrefour, virez à droite vers Artigues. Le goudron se termine 200 m après et vous continuez sur un chemin blanc et vert. Passez le ruisseau et montez par le chemin devenu terreux.
Sur le haut, tournez d'abord à droite, puis de suite à gauche. Rapidement une bifurcation se présente : prenez le sentier herbeux à droite, en creux dans les broussailles. À la sortie, suivez un chemin herbeux de plus en plus marqué.
Autre bifurcation : allez à gauche.

04,5 Après le stade Linder, traversez la petite route pour continuer en face sur un bout de chemin ; il rejoint une petite route à suivre à gauche. Plus bas, traversez le hameau de la Bouriatte et passez le pont sur la Diège.

05,7 Traversez la D 40 et prenez en face la direction de Cambon – Mas de Camus.

Après le tunnel sous la voie ferrée, au carrefour, poursuivez à gauche vers Puech Goudou.

1h55 07,8 Au **Mas de Vayle,** montez à droite et, au-dessus de l'étable, suivez un chemin herbeux à gauche, et à plat. Entrez dans le bois ; à la bifurcation, prenez le sentier à droite. À la bifurcation suivante, suivez le chemin du bas, à droite. 250 m plus loin, il rejoint un petit chemin de terre que vous empruntez, en face.

08,3 Prenez une petite route à droite (cote 317) seulement sur 50 m pour aller ensuite à gauche (Sud) sur un chemin gravillonné. Laissez à deux reprises un embranchement à droite. À la bifurcation, après la maison Subretesque à droite, empruntez le chemin de gauche en descente.

2h40 10,6 Latour. Au carrefour avec une croix, poursuivez en face. Après 200 m, à la sortie du hameau, prenez à droite un chemin empierré qui descend d'abord, monte ensuite, et redescend encore.

11,2 Traversez la D 545 pour un autre chemin en face. Au bout de 600 m, quittez ce chemin pour un autre, herbeux, à gauche en descente (panneau source). Plus bas, longez le ruisseau et laissez un embranchement pour continuer en face. 100 m plus loin, à la bifurcation suivante, allez à droite.

12,9 Vous retrouvez la piste que vous suivez à gauche. 200 m plus loin, laissez venir un chemin de droite et 30 m après laissez un chemin à gauche.

13,7 Carrefour de pistes, avec une croix, sur le point haut, 50 m après un embranchement laissé à droite : continuez en face. 300 m plus loin, laissez un autre embranchement à droite.

14,7 Retour sur le goudron : suivez-le à droite sur 100 m. Au carrefour avec la D 40 (les Bories), allez en face en laissant de suite une petite route à gauche.

15,1 Quittez la D 40, à la hauteur d'une

cazelle, pour prendre la première route à droite en direction de Combe des Arnals. Après 200 m, au carrefour avec une croix, allez à gauche. Après le goudron, continuez tout droit sur un sentier herbeux pendant 150 m.

Poursuivez ensuite en face sur une petite route où vous laissez un embranchement à droite après 200 m. Laissez une route à droite et prenez en suivant la D 40 à droite sur 200 m.

4h10 **16,6 Villeneuve.** (Ne manquez pas la visite de cette belle ville médiévale.) Au carrefour avec une chapelle, allez à droite.

Face à la porte fortifiée, tournez à gauche et, dans le virage 50 m après, allez encore à gauche (panneau 3,5 T). Laissez à gauche une route d'accès à un lotissement.

16,9 Après la salle des fêtes, prenez un chemin gravillonné vers la gauche. Ensuite laissez à droite un accès à une maison et continuez sur un chemin (vue sur un pigeonnier) qui devient plus tard sentier.

17,5 Carrefour en T (cote 411 m) : allez à droite sur un chemin herbeux : puis un sentier en creux à l'ombre.

Empruntez à droite un chemin et 30 m plus loin une piste empierrée en face.

18,5 Après un point haut (cote 402 m), au croisement de pistes, allez à droite (Sud) sur un chemin de terre qui entre dans la forêt en légère descente. Plus tard, à un autre carrefour, continuez tour droit.

19,8 Vous rencontrez un chemin que vous suivez en face sur 30 m. Au carrefour en T, allez à gauche sur le goudron, puis au carrefour en Y poursuivez à droite.

Quittez le goudron pour un petit chemin à droite, le long d'une haie de chênes, qui monte d'abord et descend ensuite.

Au coude d'une petite route (ferme la Draye à gauche), poursuivez en face et 400 m plus loin au croisement faites de même.

5h15 **21,0** Carrefour de **Bel Air :** laissez la petite route à droite (variante par Saint-Rémy) pour continuer en face d'abord

Dans une rue de Villeneuve

sur le goudron, et sur un chemin de terre après la maison. À la bifurcation, allez tout droit ; plus loin longez un bosquet de pins.

21,8 Route et carrefour : allez tout droit sur une petite route en laissant ensuite un sentier balisé à gauche. Le gravier remplace le goudron ; dans la descente laissez un embranchement qui monte à gauche.

22,9 D 922 : descendez à droite et, 100 m plus loin au rond-point, allez à droite vers Saint-Rémy. Prenez ensuite la direction de Bérals à gauche sur une voie sans issue. Passez un petit pont et tournez sur le chemin empierré à gauche.
Laissez à droite un chemin fermé par une chaîne avant de traverser le tunnel sous la D 1.
Après une ferme, suivez le goudron en face sur 200 m.

6h10 24,2 Farrou. Prenez la D 1 à gauche et, 50 m après, tournez à droite vers la zone d'activité. Passez la voie ferrée et tournez à droite vers Veuzac. 500 m plus loin, à la bifurcation, prenez à gauche (à droite, une zone artisanale), toujours vers Veuzac. Laissez plus loin l'embranchement du Mas de Lortal (croix), puis passez le cimetière et l'église de Veuzac. Au croisement qui suit, continuez tout droit et au T allez à gauche dans le vallon parallèle à la voie ferrée.
Laissez une route à gauche qui monte au hameau de Testes et, 100 m après, allez à droite pour passer un pont en pierre.

26,3 Traversez la voie ferrée et franchissez la D 922 en oblique vers la gauche pour prendre un sentier à droite de la maison. Au bout de 300 m (entrée de résidence), empruntez un chemin gravillonné en montant à gauche.

27,0 Croisement en bout de chemin : allez à gauche. Vous arrivez dans Villefranche, 300 m après, prenez en face la rue du Coucou Blanc qui se poursuit par une allée fermée à la circulation sur 180 m environ. De nouveau sur le goudron, poursuivez en face dans l'avenue du Belvédère.

28,1 Au carrefour, prenez l'avenue Hugues-Panassié à droite et, 50 m après, descendez à gauche la rue très raide des Églantiers. Empruntez à droite l'avenue Jean-Gazave. Au panneau voie sans issue, descendez les escaliers à droite.
Sur la place, allez en face pour dépasser les feux tricolores sur le boulevard. Ensuite, laissez la rue Durand-de-Montlauzeur puis la rue des Peyrouliers à gauche pour utiliser en descente la rue Saint-Jacques. Passez ensuite sous les arcades Alphonse-de-Poitiers.

7h15 29,0 Villefranche-de-Rouergue. Place Notre-Dame, au pied de la collégiale.

VARIANTE PAR SAINT-RÉMY

Comptez environ 4 km de plus.

21,0 Carrefour de Bel Air (coté 373 m) : prenez la petite route à droite. 300 m plus loin, dans le hameau de Calville, laissez un embranchement à droite

21,6 Trente mètres avant la D 922, descendez à gauche sur un sentier pour franchir un tunnel sous la route. 160 m plus bas, franchissez une passerelle près d'un ancien lavoir et poursuivez vers la gauche. Vous parvenez sur un chemin à suivre à droite.
Au carrefour de chemins, allez à gauche, puis passez devant une maison et continuez en suivant sur un sentier (balisé en jaune). Bifurcation de sentiers : prenez à droite. Vous rejoignez un chemin herbeux qui vire ensuite vers la droite. Plus loin, suivez une petite route à gauche.

6h10 24,6 Toulongergues. Croisement avec une croix : allez en face (passez devant la chapelle préromane à gauche) ; au Y, continuez à gauche. 50 m après, à la hauteur d'une petite croix en pierre, quittez le goudron pour un chemin pierreux et herbeux à droite. Descendez-le seulement sur 120 m pour emprunter un sentier à gauche, qui file en sous-bois pratiquement à l'horizontale, sur 800 m.

25,8 Remontez la petite route à gauche sur 150 m jusqu'au croisement avec une Vierge. Prenez à droite sur 60 m avant de descendre la deuxième allée dans le virage. C'est un accès à une maison que vous laissez ensuite à gauche pour continuer sur un chemin herbeux. Après un lacet vers la droite, descendez un sentier à gauche qui contourne une maison par la gauche. Ensuite, utilisez quelques marches et prenez la route à gauche.

6h40 26,3 Saint-Rémy. Carrefour après l'église. Allez à droite ; en bas, laissez la direction Tolonjac en face et poursuivez sur la route à gauche. Elle passe le pont sur le Bourdouvre, puis vire vers la droite et quitte Saint-Rémy.

27,2 50 m avant le rond-point, retrouvez l'itinéraire normal, par Farrou. Vous atteignez Villefranche-de-Rouergue après 6 km.

VILLENEUVE, UNE BASTIDE DU ROUERGUE

Aux confins du Rouergue et du Quercy, sur un causse qui limite la vallée du Lot et celle de l'Aveyron, Villeneuve est une ancienne bastide fondée au XIIIème siècle par les comtes de Toulouse. La ville est un exemple type du développement urbain du Moyen Âge. Autour d'un monastère fondé en 1051, se développe une agglomération protégée par quatre croix de pierre et dotée de nombreux privilèges. Elle devient vite l'objet de convoitises ; après la croisade des Albigeois, le comte de Toulouse se lance dans une politique d'acquisition de terres et de droits : après tractations avec l'évêque de Rodez, Raymond VII acquiert Villeneuve pour en faire un point d'appui précieux. L'extension de la ville se réalise entre 1231 et 1247. À la mort d'Alphonse de Poitiers, en 1271, elle devient bastide royale.

Au cœur du bourg, très belle place à arcades entourée de vieilles demeures, église d'origine romane, nef et chœur gothiques (XIVème), fresques de 1306 relatant le pèlerinage vers Compostelle (légende du "pendu dépendu"), clocher roman surhaussé à l'époque gothique.

L'ÉGLISE DU SAINT-SÉPULCRE

Son fondateur, le seigneur Odile de Morlhon, la voulait semblable à celle du tombeau du Christ qu'il avait pu voir lors de son pèlerinage à Jérusalem. Son plan en croix grecque témoigne de cet élan spirituel de retour aux sources du christianisme, propre au XIème siècle, et qui est à l'origine des premières croisades en Terre sainte. Agrandie au XIIIème afin d'accueillir une assemblée de fidèles considérablement enrichie de nouveaux arrivants venus peupler la bastide naissante, elle adopte le vocable de Saint-Pierre et de Saint-Paul et se dote d'un cycle de peintures murales rappelant le développement à cette époque d'une nouvelle pratique spirituelle : le pèlerinage vers Saint-Jacques-de-Compostelle. On consacre d'ailleurs à Villefranche, au XVème siècle, une chapelle dédiée au saint. Villefranche et Villeneuve s'affirment alors comme étapes reconnues et centres d'accueil des pèlerins.

VILLEFRANCHE, UNE BASTIDE

Fondée en 1252 par Alphonse de Poitiers, comte de Toulouse, sa charte de coutumes accordée en 1256 fixe les cadres de la vie communautaire, mettant l'accent sur le commerce et faisant de la place le cœur de la cité. Commencée à mi-pente sur la rive droite de l'Aveyron, la bastide s'agrandit jusqu'à la rivière et se ceinture au milieu du XIVème siècle de fortifications aujourd'hui disparues. Le XVIème siècle voit s'épanouir l'architecture de la Renaissance dans les demeures bourgeoises, tandis que les troubles de la Réforme poussent à fortifier le clocher de la collégiale. Au XVIIème, la Contre-Réforme élève les chapelles des Pénitents noirs et des Pénitents bleus. L'apogée de la bastide se situe à la veille de la Révolution : c'est le siège de l'assemblée de Haute-Guyenne.

LA COLLÉGIALE EN TOUTE FRANCHISE

La collégiale Notre-Dame de Villefranche impose la présence de son clocher porche massif sur la place de la bastide, dévolue comme il se doit aux foires et aux marchés. Comme pour rappeler que, malgré les franchises qui lui sont accordées, la société de ces villes nouvelles est encore profondément soumise au pouvoir de l'Église.

Les stalles du chœur, œuvre de l'atelier du maître André Sulpice, sont encore là pour témoigner du rôle social de premier plan que tenait le collège de chanoines en charge de la célébration des offices.

PÉNITENCE ET EXEMPLARITÉ

C'est encore du pouvoir des images qu'il est question à la chapelle des Pénitents noirs, à Villefranche. En réponse à l'iconoclasme des réformés (aussi appelés "protestants"), la Contre-Réforme catholique réaffirme leur vocation exemplaire. L'exemplarité, mais aussi la pénitence individuelle en vue du salut collectif, c'est ce que se proposent d'accomplir

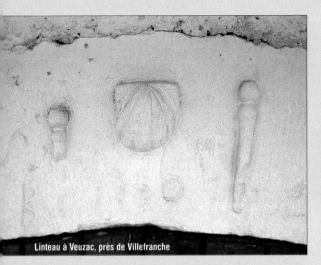
Linteau à Veuzac, près de Villefranche

et charpente de bois, témoigne de la spiritualité rurale des IXème et Xème siècles. On peut y découvrir les balbutiements de l'art sculpté roman, ainsi que des fresques du XIème, parmi les plus anciennes conservées dans tout le Midi de la France.

SAINT-RÉMY ET LA RANÇON

De cet ancien bourg fortifié, il est fait mention, dès 1055, d'une tour refuge où les habitants se retiraient en temps de guerre. Le village et l'église sont dominés par un majestueux château du XIIIème siècle, remanié au XVème, et très bien conservé. En 1525, les évêques de Rodez l'auraient vendu pour payer la rançon de François Ier. L'église présente un chœur roman ; remis en valeur, il conserve des traces de fresques médiévales. La nef, dotée autrefois d'un plafond de bois, a été remaniée ; deux chapelles gothiques ont été ajoutées au XVème siècle.
Aux portes du village, la grotte de Roquefeluche est datée du chalcolithique (environ 4000 ans avant J.-C.).

LA CHAPELLE SAINT-JACQUES

Au moment où la ville est un immense chantier (on y construit la chartreuse en un temps record : 1451-1459 ; on travaille aux voûtes de la collégiale, terminées en 1474), c'est à la diligence des consuls et grâce aux oboles des habitants, déposées dans le "bassin de la Fontaine" que l'on entreprendra , à partir de 1455, de construire une chapelle "à l'honneur de saint Jacques de Galice". Elle a été édifiée sur l'emplacement de l'hôpital primitif. C'est un bel exemple d'architecture gothique méridionale à nef unique (19 m de long, 7,50 m de large, 9 m de haut) qui mérite d'être sauvé. À la Révolution, elle fut désaffectée et devint propriété de l'hospice jusqu'à sa vente à un particulier en 1852, pour devenir un entrepôt, lui aussi aujourd'hui désaffecté.

les membres de cette confrérie, apparue en ce début du XVIIème siècle. Le premier exemple à suivre reste bien sûr celui du Christ, et l'édifice reprend, comme à Villeneuve, le plan de son tombeau. Les décors sculptés et peints de la chapelle participent à une véritable mise en scène de la Passion et illustrent parfaitement l'esthétique baroque qui se développe alors. La forme vise au sensible, à l'émotion et au spectaculaire. Tout concourt ici à la glorification d'une Église ambitieuse, qui se veut généreuse et énergique.

LA CHARTREUSE ET LES INDULGENCES

C'est le legs testamentaire d'un riche marchand drapier, parti à Rome en 1450 racheter ses péchés à coup d'indulgences lors du jubilé du pape Nicolas V, qui est à l'origine de la fondation de la chartreuse Saint-Sauveur. Témoin du pouvoir accordé aux "œuvres" pour le salut de l'âme, ce monastère abritait une communauté de moines vivant selon la règle sévère des chartreux : isolement, vie contemplative et silence absolu. Ce lieu, empreint d'une profonde spiritualité, est également un remarquable exemple de l'art flamboyant du XVème siècle. Prosper Mérimée ne s'y trompa pas et classa l'édifice (ainsi que l'ab-

baye de Conques) parmi les premiers de son inventaire des Monuments Historiques, lors de son passage en Aveyron en 1840.

ÉMILIE, SAINTE LOCALE

À Sainte-Émilie-de-Rodat, à Villefranche, c'est l'œuvre d'une femme et le don de soi qui sont exaltés. La sainte locale, canonisée en 1950, consacra en effet sa vie à l'éducation des jeunes filles pauvres ou orphelines. Les paroissiens lui firent élever une chapelle entre 1951 et 1959. Celle-ci est dominée par un étonnant et gigantesque clocher-mur. Les reliques de la sainte sont conservées dans une crypte attenante à la nef, vestige de l'ancien couvent des Cordeliers (franciscains) qui occupait cette partie de la ville au XIIIème siècle. Sous la permanence architecturale se dessine la permanence d'un sentiment religieux que les siècles et les usages n'ont pas émoussé.

TOULONGERGUES

La petite église préromane appartient à un type d'édifices peu connu et pourtant bien représenté dans le Rouergue. Cette architecture archaïque, mêlant maçonnerie presque aveugle en pierres sèches

Laramière : le prieuré

Villefranche-de-Rouergue

Laramière

E GR 36 sera votre guide pendant deux jours, jusqu'à Varaire.
Aujourd'hui, avec dix-huit kilomètres, l'effort est peu soutenu et permet de profiter pleinement des paysages du Rouergue.

Dans la première partie, vous quittez la bienveillante vallée de l'Aveyron pour vous immiscer dans celle beaucoup plus discrète du Malpas. Une belle introduction avant de prendre le large sur une sorte de plateau où les nombreux murs épais en bordure des prairies traduisent une forte pratique du pastoralisme.

Dans la seconde phase, au-delà de Savignac, une grande échappée vous conduit à proximité de l'abbaye cistercienne fortifiée de Loc-Dieu,

un des derniers monuments historiques sur le sol aveyronnais avant d'entrer sur celui du Lot. Laramière n'est plus très loin, en bordure du causse de Limogne.

🌐 CARTES UTILES

🌐 57 Cahors – Montauban, au 1/100 000
🌐 2239 E Villefranche-de-Rouergue, au 1/25 000
🌐 2239 O Martiel, au 1/25 000

🚶🚶 RENSEIGNEMENTS PRATIQUES
✣ SAVIGNAC (12200)

→ Hôtel, restaurant, boulangerie (petite épicerie)
→ Mairie, le bourg, 05 65 45 27 34
→ Hôtel de la Glèbe**, 15 ch., nuitée de 38 à 46 €/ch., pdj. 4,50 €, Mme Leygue, le Plantou, 05 65 45 47 39
→ CH et gîte d'étape, 8 pl., nuitée de 29 à 34 €/2 pers., repas de 8 à 12, Lissagadou, M. Roosmale, 05 65 45 04 77 (après 20 h)

203

→ Camping, 7 pl., tente 6,80 €/pers.,
poss. location de tentes équipées, Lissagadou,
M. Roosmale, 05 65 45 04 77

❖ LARAMIERE (46260)

→ Mairie, le bourg, 05 65 31 53 02

→ Pas de commerces

→ CH, 5 pl., 1/2 pension 25 €/pers., le bourg,
Mme Oules, 05 65 31 54 07 (HR)

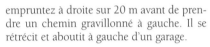
Ancien four au Puech

00,0 Villefranche. Dos au porche de la collégiale, traversez la place vers la gauche pour descendre la rue du Sergent-Bories.

Au feu en bas, prenez en face la rue Sainte-Emilie-de-Rodat en sens interdit, sur plus de 300 m. Au rond-point, prenez en face le sens interdit, puis laissez à droite la rue des Potiers pour prendre en face une allée d'accès aux berges de l'Aveyron. Passez une chicane.

01,0 Toujours le long des berges, poursuivez en face sur le goudron. Passez entre un ancien moulin et les stades (à droite).
À la fin du goudron, tournez à droite puis à gauche au milieu des jardins potagers. Vous atteignez une petite route que vous

Un lavoir, avant d'arriver à Laramière

empruntez à droite sur 20 m avant de prendre un chemin gravillonné à gauche. Il se rétrécit et aboutit à gauche d'un garage.

02,4 Montez l'avenue sur la droite et, au carrefour, allez en face, chemin de la Romiguière.
Séparation du GR 36 : laissez à gauche la variante de Najac pour continuer à droite en direction de Varaire. Abandonnez ensuite le goudron pour aller tout droit sur un sentier entre les broussailles.

03,2 Chemin blanc que vous suivez à droite. Après 150 m, allez à gauche (panneau 3,5 T). Ce chemin se rétrécit après une maison.

04,5 Carrefour : laissez la branche de gauche pour continuer en face. À l'autre carrefour, 500 m plus loin, allez tout d'abord à droite pour prendre ensuite la branche de gauche qui monte assez raide en sous-bois avec au départ un gué en béton. En montant, laissez un sentier à gauche ; plus loin le chemin vire à droite.

1h25 05,7 Albenque. Suivez le goudron près d'une maison et traversez le hameau.
Au carrefour en T 200 m après, allez à gauche sur une petite route. Plus loin, laissez un chemin à droite.

06,7 Dans un virage à droite, quittez le goudron et empruntez un chemin ombragé en face. Il devient plus large et gravillonné.

07,6 Traversez la D 926 pour prendre une route en face.

08,1 À l'entrée de Coustels, allez à droite. À la bifurcation, allez à gauche et 200 m plus loin, devant l'église, poursuivez à gauche et montez. Sous le village, prenez à droite.

2h20 **09,2 Savignac.** Au carrefour allez à droite. 300 m après, à l'entrée de Panissal, continuez à gauche sur une petite route ; 200 m plus loin, au carrefour, tournez à gauche. À la hauteur du stade, laissez la direction des Fabres à droite et poursuivez tout droit. 200 m plus tard prenez en face la direction de Lissagadou.

10,3 Poursuivez en face en laissant la False à gauche. 500 m plus loin, laissez une route à droite ; dans le virage suivant, allez en face pour emprunter longuement un chemin gravillonné.
Au carrefour non loin d'un étang (à droite), continuez tout droit et longez une très longue murette (parc de l'abbaye de Loc Dieu).

13,1 Croisement avec la D 76 : poursuivez en face vers…

3h20 **13,6 Le Puech.** Dans ce bourg, après un vieux four à droite et à la hauteur d'un poteau électrique, montez à droite. Passez à droite de la maison et, derrière un bâtiment agricole, prenez un chemin à gauche. Près du bosquet, allez tout droit sur un chemin terreux d'abord et herbeux ensuite.

14,7 Carrefour en T sous une ligne à haute tension : prenez la petite route à droite ; 300 m après, empruntez la D 662 à gauche. Passez devant une vieille borne de séparation des départements de l'Aveyron et du Lot.

16,2 Vialars. Traversez le hameau tout droit. Après 300 m, quittez le goudron pour prendre à gauche un chemin terreux et ombragé.

17,2 Passez un petit pont près d'un ancien lavoir.
Vous atteignez la D 55 : suivez-la à droite sur 300 m.

4h30 **18,0 Laramière.** Carrefour.

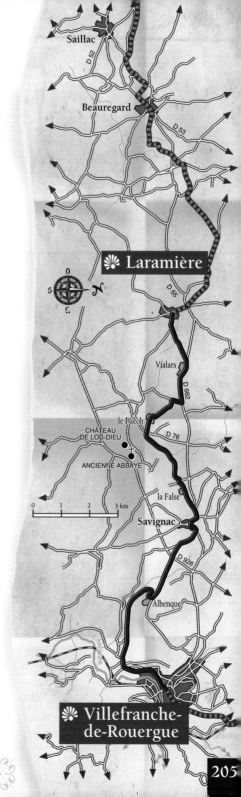

NOTRE-DAME-DE-TREIZE-PIERRES

Il est bien loin le temps où les messieurs du chapitre de la collégiale, accompagnés des ordres religieux, des consuls avec leur chaperon et leur robe rouge, des magistrats de la justice civile et criminelle, des notables et de la foule se rendaient en procession à Treize-Pierres.

Lieu de légende, lieu sacré dédié à Notre-Dame-de-Pitié et à saint Roch invoqués contre la peste, centre religieux important avec, au XVIIème siè-cle, la création par les "bonalistes" du premier séminaire aveyronnais, et désormais centre animé par les clercs de Saint-Viateur, propriétaires et gardiens du sanctuaire, cette chapelle, quoique modeste d'apparence, est aussi un lieu d'art qui mérite qu'on s'y arrête. Ses voûtes, dont certaines remontent au début du XVIème siècle, ont été décorées par un peintre d'icônes d'origine russe, Nicolaï Greschny (1912-1985). Plusieurs tableaux traités discrètement évoquent le prestigieux passé du site, mais sur-tout foisonnent les scènes de la vie de saint Roch, de saint Joseph, de la Vierge, sans oublier l'Apocalypse et le Jugement dernier (visite le matin seulement).

LE LIEU DE DIEU

Dans une région de dolmens et de brigands, treize moines vinrent en 1123 fonder la première abbaye cistercienne du Rouergue. Ce lieu qui avait été un pays d'effroi deviendra grâce à eux le lieu de Dieu, *locus dei*, Loc-Dieu.

Après la croisade des Albigeois, la guerre de Cent Ans : l'abbaye est dévastée et incendiée. Après bien des difficultés, elle est rebâtie et fortifiée, à l'instar des châteaux des environs, avec des mâchicoulis. 1789 sera la dernière étape monastique de Loc-Dieu, vendue comme tous les biens de l'Église.

Après d'autres malheurs, elle sera rachetée en 1812, sauvée de la ruine et restaurée par la famille Cibiel. Conservant l'église romane en grès ocre du XIIème, avec son chœur gothique et son frais jardin du cloître avec son exubérance de fleurs, les bâtiments furent aménagés en habitation. On y accède par un parc romantique dont l'étang et la verdure tranchent, particulièrement en plein été, sur l'aridité du causse environnant.

En 1940, dans la débâcle, venant de Chambord, les plus belles peintures du Louvre s'y arrêtent le temps d'un été et d'un automne, avant de chercher un autre refuge.

LE PRIEURÉ DE LARAMIÈRE

Fondé par les chanoines de Saint-Augustin aux XIIème et XIIIème siècle, puis repris par les jésuites de Toulouse au XVIIème. On peut y voir de belles salles voûtées, dont la salle capitulaire avec des fresques du XIVème et sur deux colonnes les effigies de saint Louis, roi de France, et de Blanche de Castille, sa mère.

L'église de Laramière

Le château de Marsa

Laramière

Varaire

 UR CETTE ÉTAPE, l'influence du causse du Lot se ressent fortement dans le sol comme dans l'habitat. Même si l'influence jacquaire est peu mentionnée, une salle "romaine" accueillait les pèlerins autrefois à Laramière. D'autres témoignages culturels ou patrimoniaux sont aussi intéressants : l'ancien prieuré comme la halle de Beauregard (XIVᵉᵐᵉ), avec ses mesures à grain, ou le château de Marsa. On croise aussi les formes typiques d'anciens lavoirs, des cazelles et des pigeonniers disséminés de-ci de-là.

La solitude sera votre compagne sur un plateau caussenard délaissé par les hommes et seulement recouvert d'une forêt de chênes, torsadés par la pauvreté du sol. Cette itinérance forestière permet d'atteindre le charmant village de Varaire et de clore ainsi une belle variante, au moment de retrouver le GR 65.

🌐 **CARTES UTILES**

🌐 57 Cahors – Montauban, au 1/100 000
🌐 2239 O Martiel, au 1/25 000
🌐 2139 E Limogne-en-Quercy, au 1/25 000

Halle de Beauregard

00,0 Laramière. Depuis le carrefour, prenez la direction de Limogne sur la D 55. Remarquez l'ancien prieuré et l'église que vous laissez à droite.

00,7 Au carrefour en T, allez à gauche vers Beauregard et de suite à droite pour prendre un chemin plus ou moins herbeux sur 400 m. En suivant, prenez en face un sentier ombragé.

01,5 Prenez un chemin à gauche, à la hauteur d'une petite maison ; au carrefour, 280 m plus loin, tournez à gauche.
Empruntez de suite la petite route à droite où vous laissez deux chemins de terre à gauche. Sur le point haut, vous pouvez aller visiter le dolmen de Marcigallet.

03,5 Dans un virage, laissez à droite un chemin (poteau de randonnée) pour continuer sur la route encore 50 m. Quittez alors le goudron dans le virage pour prendre un chemin en face. Vous traversez une forêt de chênes rabougris sur le causse.
Au carrefour, continuez tout droit. Plus loin, laissez un embranchement à gauche.
Carrefour : allez à droite ; 140 m plus loin, à la bifurcation en Y, poursuivez à gauche sur un chemin de terre. Plus tard, vous coupez un chemin gravillonné en allant tout droit.

1h40 6,5 Patras. Coude d'une route : suivez-la à gauche. 180 m plus loin, traversez la D 24 (cote 396 m) pour prendre en face un chemin herbeux (croix en pierre). Plus tard ,vous traversez la D 55 pour monter le chemin en face (mare sur la gauche). Certains passages défoncés peuvent être très boueux en cas de pluie.

07,9 Croisement de chemins : descendez à droite. Sur le goudron, tournez à droite ; après 160 m, vous atteignez la D 53 que vous suivez à gauche sur 300 m.

2h20 09,3 Beauregard. Place avec une petite halle. Laissez la direction de Varaire à droite pour continuer tout droit sur la D 53 pendant environ 600 m.
Après une petite croix en pierre, tournez à droite sur une petite route ("Varaire 6,6 km").

Dépassez le château de Marsa par la gauche. Au carrefour juste après, prenez à gauche une petite route et dépassez le groupe de maisons. À la bifurcation qui suit, prenez à gauche le chemin blanc sur 300 m.

11,2 Après l'étable (à gauche), prenez un sentier étroit entre les broussailles, sur 190 m. Ensuite, suivez de nouveau un chemin à gauche.

11,8 Carrefour avec la route à gauche (cote 364) que vous laissez pour prendre un chemin empierré à droite (Ouest). Au carrefour, 900 m plus loin, laissez le goudron à gauche pour continuer tout droit. À 300 m, laissez un embranchement à droite.

3h20 13,4 Traversez en biais la **D 52** pour prendre un chemin de terre en face, en sous-bois. 100 m plus loin, traversez une petite route ; poursuivez en face sur un chemin sur 80 m.
Traversez de nouveau la D 52 pour emprunter en face un sentier. 300 m plus loin, croisez encore une fois la D 52 pour un chemin en face.
Rencontre avec un autre chemin que vous suivez à droite sur 600 m environ. Vous reprenez la D 52 sur 130 m pour aller à gauche en laissant un autre chemin à gauche sur 200 m.

15,9 Carrefour multiple : prenez le deuxième chemin à droite, cailloux.
À la bifurcation, 700 m plus loin, allez à gauche toujours sur un petit chemin cailloux. Après 260 m, prenez un chemin blanc : il vous mène à une petite route à suivre à gauche. En descendant, laissez des allées de droite et de gauche.

4h30 17,8 Varaire. Église et panneau stop.

Pour retrouver le GR 65 : depuis l'église, traversez la D 19 et continuez en face (magnifique lavoir en contrebas à droite). Longez le cimetière. À la bifurcation, allez à gauche ; au carrefour suivant, continuez tout droit. Prenez la D 52 à droite. Au point bas, 260 m plus loin, retrouvez le GR 65 que vous suivez à gauche vers Bach.

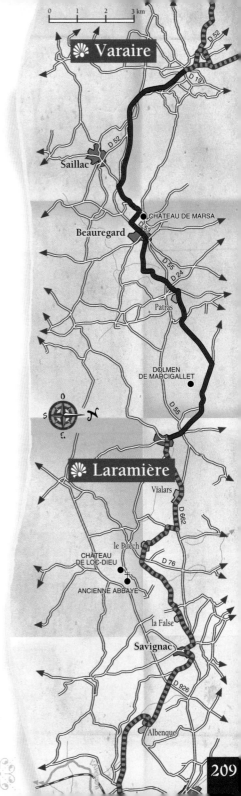

CAZELLES ET GARIOTTES

Les cazelles sont des cabanes en pierres sèches, que l'on appelle aussi parfois gariottes en Quercy. C'étaient en fait des refuges de bergers, construits avec de la roche calcaire souvent délitée sous l'action du gel. De forme circulaire, elles étaient ou sont encore parfois surmontées d'un toit en pierres plates en forme de cône. Le mot cazelle est éventuellement employé pour désigner une cabane isolée, alors que le terme gariotte est utilisé lorsque la construction est adossée à un mur. Il n'empêche que cazelles et gariottes s'intègrent d'une façon parfaite dans le paysage des causses.

DOLMENS

Il y a 5000 ans, le Quercy se couvrait de dolmens. L'on en dénombre près de 800 sur les causses de Limogne, Villeneuve, Gréalou, Martel et Gramat. L'Aveyron voisin est le département français où le plus grand nombre de ces mégalithes a été recensé. Nous n'en ferons pas une description, mais il n'en est pas moins vrai que ces sépultures anciennes marquent fortement le paysage et nous conduisent à nous interroger…

BEAUREGARD

Cette bastide a été créée au Moyen Âge, avec son plan en damier et ses rues rectilignes se coupant à angle droit. L'église date du XIVème siècle, mais a été très remaniée par la suite. Au centre du village, se trouve une halle édifiée à la même époque. La toiture de lauzes sur quatre pans repose sur de courts piliers de pierre. Si l'on approche, on découvre les belles mesures à grain conservées dans le mur qui entoure le bâtiment. Les pierres de ces mesures, polies et patinées par l'usage, peuvent laisser supposer les nombreuses transactions auxquelles elles ont pu servir, témoins de l'activité commerçante de la petite cité dans le passé. Selon les auteurs, le calvaire du XVème siècle situé sur le parvis de l'église serait le plus ancien du Lot.

Ancien lavoir à Marsa

Variante par Rocamadour

CETTE ALTERNATIVE, qui s'étend sur près de 300 kilomètres, traverse le causse de Gramat, longe le bord du Quercy et parcourt l'Agenais. Loin d'être un raccourci pour les pèlerins d'antan, ce chemin avait pour but le pèlerinage vers le célèbre sanctuaire de la Vierge noire à Rocamadour. La visite aux reliques d'Amadour et à la Vierge noire a forgé sa renommée au long des siècles, encourageant le développement économique, démographique et urbain de la cité. Cette notoriété l'a élevé au rang de "plus grand pèlerinage marial de l'Occident" (Jean Rocacher). Cet itinéraire, entretenu et balisé, est une variante idéale pour les cheminants de la voie du Puy désirant s'imprégner, dans le calme, d'un patrimoine naturel singulier (le Causse) et découvrir Rocamadour, halte hautement spirituelle. Cependant, sur les trois GR (6, 64, 652) seul le GR 652 est décrit dans un topo-guide. Attention ! Ce parcours est indigent en capacité et lieux d'hébergement. Il vous faudra impérativement réserver ou choisir l'aventure à la belle étoile. De plus, les hébergements proposés ici peuvent être complets en pleine saison. Il est donc nécessaire de préparer cette pérégrination.

ÉTAPE 1 : FIGEAC – THEMINES
29 km – 7h15

✤ FIGEAC (46100) – GR 6

→ Voir page 80

✤ CARDAILLAC (46100)
GR 6 (≈ 10 km)

→ Mairie, le bourg, 05 65 40 14 32

→ Boulangerie, épicerie, médecin, CH et hôtel

→ CH Le Pressoir Cadetice, 6 pl., nuitée 43 €/2 pers., pdj compris, pas de repas, rue Sénéchal, réservation, Mme Edoin, 05 65 40 18 49

✤ SAINT-BRESSOU (46120)
GR 6 (≈ 14 km)

→ Mairie, le bourg, 05 65 40 92 01

→ CH et gîte, 2 ch., nuitée en CH à partir de 35 €/pers., 40 €/2 pers., pdj compris, repas à partir de 15 €, poss. panier repas, accueil équestre, réservation, à 800 m du GR, Rabanel, M. Cremon, 05 65 40 88 54

✤ LACAPELLE-MARIVAL (46120)
GR 6 (≈ 19 km)

→ OT, place de la Halle, 05 65 40 81 11

→ Tous commerces et services, hôtels

✤ THÉMINES (46120) – GR 6

→ Mairie, le bourg, 05 65 40 85 00

→ Boulangerie, poste, bar-tabac, boucherie (épicerie dépannage), restaurant

→ Gîte d'étape du Moulin, 15 pl., nuitée 8 €/pers., pdj 4 €, coin cuisine, gestion libre, ouvert de Pâques à la Toussaint, M. Lacarrière, 05 65 40 85 03

ÉTAPE 2 : THÉMINES – ROCAMADOUR
23 km – 6 h

✤ GRAMAT (46500) – GR 6 (≈ 11 km)

→ OT, Maison du Tourisme, place de la République, 05 65 38 73 60, www.tourisme-gramat.com

→ Tous commerces, services, hôtels, gare SNCF

➜ Gîte du Blanat, 21 pl., nuitée 12 €/pers., pdj 5 €, gestion libre, coin cuisine, repas au restaurant en face à partir de 13,50 €/pers., réservation, hors GR 4 km avant Rocamadour, Mme Philippoteau, 05 65 33 68 27

❖ ROCAMADOUR (46500) – GR 6

➜ OT, l'Hospitalet, 05 65 33 22 00, www.rocamadour.com

➜ Tous commerces, services, hôtels.

➜ Centre d'accueil Le relais des remparts, nuitée de 28 à 50 €/pers (selon ch.), 1/2 pension de 34,50 à 47 €/pers., le Château, 05 65 33 23 23

➜ Gîte d'étape La Grelottière, 15 pl., nuitée 8,5 €/pers., pdj 4 €, repas 14 €, réservation, Lafage, 3 km hors GR 6 en direction de Gourdon, Mme Marets, 05 65 33 67 16

ÉTAPE 3 : ROCAMADOUR – GOURDON 34 km – 8h45
❖ LE VIGAN (46300) – GR 64 (≈ 26 km)

➜ Mairie, le bourg, 05 65 41 12 46

➜ Boulangerie, épiceries, boucherie et poste

➜ Gîte d'étape et CH Ferme équestre des Landes, 2 ch. et 7 pl. en gîte, 1/2 pension 31 €/pers, coin cuisine, accueil équestre 5 €/pers, 1 km après Le Vigan

➜ CH Le Moulin de Planiol, 6 ch., nuitée de 37 à 47 €/pers.(selon saison), poss. repas à partir de 17 € (tél. avant 16 h), réservation, M. Houthoofd, 05 65 41 39 80

❖ GOURDON (46300) – GR 64

➜ OT, 24, rue Majou, 05 65 27 52 50, www.quercy.net/quercy/gourdon

➜ Tous commerces, services, hôtels, gare SNCF

➜ CH, 2 ch., nuitée 32 €/pers., 38 €/2 pers., pdj compris, pas de repas, ouvert toute l'année, réservation, 37, rue J.-J. Calès, Mme Bastit, 05 65 41 09 37

ÉTAPE 4 : GOURDON – CAZALS 25 km – 6h15
❖ SALVIAC (46340) – GR 652 (≈ 18 km)

➜ OT du Pays de Salviac, Maison Bourianne, bld. Hugon, 05 65 41 57 27, http://perso.wanadoo.fr/paysdesalviac

➜ Tous commerces, services, hôtels

❖ CAZALS (46250) – GR 652

➜ OT, rue de la République, 05 65 22 88 88, www.quercy-tourisme.com/cazals

➜ Tous commerces, services, hôtels

➜ Hôtel Le Bon Accueil, 5 ch., 26 €/2 pers., pdj 5 €, repas à partir de 10 €, réservation, Mme Denis, 05 65 22 81 17

➜ CH, 4 ch., nuitée 75 €/2 pers., pdj compris, accueil hors juillet/ août, tout confort, coin cuisine, pas de repas, réservation M. Gau (parle l'anglais), 05 65 21 66 63

ÉTAPE 5 : CAZALS – MONTCABRIER 23,5 km – 6h00
❖ RAYSSINET-LE-GELAT (46250) GR 652 (≈ 11,5 km)

➜ Mairie, le bourg, 05 65 36 66 22

➜ Poste, épicerie, boucherie, boulangerie, café, restaurant, hôtel et CH (hors GR)

❖ MONTCABRIER (46700) – GR 652

➜ Mairie, le bourg, 05 65 36 57 83

➜ Boulangerie, épicerie, camping

➜ Ferme-auberge, CH, 7 pl., nuitée 42 €/2 pers., gîte 12 pl., nuitée 20 €/pers., pdj compris, coin cuisine, repas à partir de 13,70 €, réservation, 6 km avant Montcabrier, Lagrave, M. Malarme, 05 65 36 55 70

ÉTAPE 6 : MONTCABRIER – THÉZAC 23,9 km – 6h00
❖ MAUROUX (46700) ≈ 2 km hors GR 652 (≈ 14,9 km)

➜ OT, le bourg, 05 65 30 66 70

➜ Poste, banque, épicerie, boulangerie, hôtel, restaurant

➜ CH, 5 ch., 65 €/1-2 pers.,pdj compris, repas à partir de 25 €, accueil équestre, réservation, le Mas de Laure, route de Montcuq-Sérignac, 05 65 30 67 39

❖ MONTAYRAL (47500) GR 652 (≈ 16,4 km)

➜ OT de Fumel, pl. Georges-Escande, BP 56, 05 53 71 13 70

➜ Poste, boulangerie, épicerie, bar, restaurant, médecins, CH

➜ Dernière possibilité de faire ses courses avant la halte

❖ THÉZAC (47370) – GR 652

➜ Projet d'ouverture d'un gîte d'étape municipal en 2004, renseignement mairie, 05 53 40 79 99

➜ CH le Reillou, nuitée 32 €/pers., 40 €/2 pers.,

pdj. compris, 1/2 pension 40 €/pers.,
accueil équestre, réservation, Mme Gravelle,
05 53 41 31 72

ÉTAPE 7 : THÉZAC – PENNE-D'AGENAIS
27 km – 6h50
❖ TOURNON-D'AGENAIS (47370)
GR 652 (≈ 4 km)

→ OT, place de l'hôtel de ville, 05 53 40 75 82

→ Tous commerces, services, campings, hôtels

❖ PENNE-D'AGENAIS (47140) GR 652

→ OT, Maison du Tourisme, porte de Ville,
05 53 41 37 80, www.ville-pennedagenais.fr

→ Tous commerces, services, hôtels, gare SNCF

→ Gîte de l'association Vie et Partage, 28 pl.,
1/2 pension 21 €/pers., ouvert de Pâques à fin
sept., réservation, 13, rue Peyragude, en face
du sanctuaire, Mme Baudoin, 05 53 41 25 18

ÉTAPE 8 : PENNE-D'AGENAIS – LAUGNAC
36 km – 8h25
❖ PUJOLS (47300) – GR 652 (≈ 16 km)

→ OT, pl. Saint-Nicolas, 05 53 36 78 69,
www.otpujols47.info

→ Boulangerie, épicerie, restaurants, bar, 2 hôtels

→ Domaine de Mothis, 3 CH,
nuitée de 43 à 54 €/pers. (selon saison),
pdj. compris, pas de repas, réservation,
à 100 m du GR, M. Guillucq, 05 53 40 99 29

❖ LAUGNAC (47360) 1 km hors GR 652

→ Mairie, le bourg, 05 53 68 82 93

→ Épicerie, restaurants, bar, poste

→ CH le Moulin de Quissac, 6 pl.,
nuitée 45 €/ch., pdj. compris , accueil équestre,
réservation, Mme Bannet, 05 53 87 58 44

ÉTAPE 9 : LAUGNAC – AGEN
20 km – 5h00
❖ AGEN (47000) – GR 652

→ OT, 05 53 47 36 09, www.ot-agen.org

→ Tous commerces, services, hôtels, gare SNCF

→ Relais des pèlerins de Saint-Jacques, 8 pl.,
nuitée 5 €/pers., crédencial obligatoire, gestion
libre, ouvert toute l'année, réservation : accueil
de l'évêché, 43 bvd. E.-Lacour, 05 53 66 10 23

→ Séminaire, 55 pl., accueil groupe, nuitée
11 €/pers., pdj compris, renseignement
M. Daviau, 05 53 98 43 54

ÉTAPE 10 : AGEN – LAPLUME
30 km – 7h40
❖ MOIRAX (47310) GR 652 (≈ 17,5 km)

→ Mairie, le bourg, 05 53 87 03 69

→ Poste, épicerie, café, restaurant

→ Au lieu dit Pleich, prendre la D 268 jusqu'à
l'embranchement, puis suivre la D 15 en direction
de Laplume

❖ LAPLUME (47310)
6 km – hors GR 652

→ SI, 64, Grande rue, 05 53 95 16 67

→ Tous commerces, services, hôtel-restaurant

→ CH, 2 à 4 pl., nuitée 43 €/2 pers.,
pdj. compris, pas de repas, accueil équestre,
réservation, lieu dit Cazeau, 3 km avant Lamontjoie
sur la D 931, M. Verguin, 05 53 95 15 91

ÉTAPE 11 : LAPLUME – LA ROMIEU
17 km – 4h15
❖ LAMONJOIE (47310) GR 652 (≈ 4 km)

→ Mairie, place Nemours, 05 53 95 11 19

→ Épicerie, restaurant, poste

❖ LA ROMIEU (32480) – GR 652

→ Voir p. 130

N° de l'étape	DÉPART	ARRIVÉE	Temps	Distance km	Cumul km
1	Figeac	Thémines	7h15	29	29
2	Thémines	Rocamadour	6h00	23	52
3	Rocamadour	Gourdon	8h45	34	86
4	Gourdon	Cazals	6h15	25	111
5	Cazals	Montcabrier	6h00	23,5	134,5
6	Montcabrier	Thézac	6h00	23,9	158,4
7	Thézac	Penne-d'Agenais	6h50	27	185,4
8	Penne-d'Agenais	Laugnac	8h25	36	221,4
9	Laugnac	Agen	5h00	20	241,4
10	Agen	Laplume	7h40	30	271,4
11	Laplume	La Romieu	4h15	17	288,4

QUELQUES REPÈRES NÉCESSAIRES

AILLEURS

Adverbe signifiant "dans un autre lieu" de *alior,* en latin populaire (XIème siècle) signifiant " autre " qui a donné *alienus* et *alter,* dont découlent respectivement les mots "aliéné" et "altérité". Renvoie à l'Autre, sous toutes ses formes (autrui, le monde ou moi).

ANNÉE JACQUAIRE OU ANNÉE SAINTE

Se dit lorsque la fête de saint Jacques, le 25 juillet, tombe un dimanche. Après 1999 et 2004, 2010, 2021, 2027, 2032…

BOURDON

Bâton utilitaire et symbolique porté par le pèlerin; arme contre les dangers, gaule pour le ramassage des fruits; appui pendant la marche; troisième pied du marcheur qui symbolise sa foi, son endurance et qui le soutient dans sa quête.

CATHARISME

L'un des courants du christianisme, considéré comme hérésie et combattu comme telle par l'Église catholique. Naissance aux alentours de l'an mille en Bulgarie et à Constantinople, dernière manifestation en Bosnie vers 1460. Époque du catharisme occitan : 1150-1330.

CHEMIN ET ITINÉRAIRE

Le chemin est le support physique (sentier) des itinéraires (trajets) suivis par tout un chacun. Il n'y a pas de chemin strictement "historique" car l'itinéraire suivi était et est affaire personnelle ; de plus, en fonction des aménagements successifs de territoire, il évolue. Des haltes sont attestées par la présence d'accueils ou de reliques, par leur situation de passage sur des axes naturels de circulation, par des récits. Le chemin relie ces haltes. Un témoignage décrivant le trajet parcouru est appelé "itinéraire".

CHRISTIANISATION

Action de christianiser, de convertir à la religion chrétienne. Par extension : récupé- ration par le culte et la religion chrétienne de pratiques antérieures, de rites païens ou très anciens auxquels, à défaut de pouvoir ou de vouloir les supprimer, on apporte un contenu conforme à la nouvelle religion officielle et unique, le christianisme. Toutefois, les croyances dans le pouvoir magique de certains objets ou de certains lieux se perpétuent. L'Église opère par récupération de ces anciens rites païens ou par répression (lutte contre les "hérésies", la sorcellerie…).

CODEX CALIXTINUS
(aussi appelé Liber Sancti Jacobi)

Manuscrit du XIIème siècle conservé à la Bibliothèque du chapitre de la cathédrale de Compostelle. Un autre exemplaire est conservé à Barcelone (Archives de la Couronne d'Aragon). Première publication en 1882. Traduction française du 5ème Livre en 1938. Compilation de textes relatifs à la vie de saint Jacques ainsi qu'au pèlerinage.
Divisé en plusieurs livres :
- 1er Livre : anthologie de pièces liturgiques et de sermons sur la vie de l'apôtre ;
- 2ème Livre : les miracles commis par saint Jacques ;
- 3ème Livre (appelé Livre de la Translation) : récit de l'évangélisation de l'Espagne, du martyr et de la translation de son corps, décapité et transporté en Galice ;
- 4ème Livre (appelé Pseudo-Turpin) : histoire de Charlemagne et de Roland ;
- 5ème Livre (attribué à Aymeri Picaud) : contient des conseils pratiques, les haltes pour vénérer les reliques des saints, les explications pour admirer le sanctuaire de Compostelle C'est la première description, à grands traits, de quatre principaux chemins. Ce 5ème Livre écrit vers 1130 est attribué à un moine du Poitou, Aymeri Picaud. S'il est la première description, à grands traits, des chemins principaux, son audience reste toutefois inconnue (qui savait lire ?). Antérieur à l'invention de l'imprimerie et donc à la facilité de diffusion qu'elle procure, il n'a probablement acquis de véritable importance que depuis qu'il a été traduit et étudié par les historiens (époque contemporaine), ce qui dément l'idée généralement répandue qu'il est l'ancêtre de nos guides actuels.

COMPOSTELLE

Ville espagnole du nord-ouest de la Galice ; elle est le siège du gouvernement régional (Xunta). Sa vieille ville est inscrite au Patrimoine Mondial par l'UNESCO depuis 1985. Son développement résulte de la découverte du tombeau supposé être celui de l'apôtre, Jacques.

Nom d'origine celte "ilwybr" signifiant "lieu de passage" et "dunum", hauteur, ou d'origine latine *campus stellae* (Xème siècle) signifiant "champ de l'étoile" : une étoile aurait désigné le lieu de la sépulture de l'apôtre à l'ermite Pélage.

D'après l'historien J. Chocheyras, c'est le lieu possible de la sépulture d'un hérétique chrétien, Priscillien, mort au IVème siècle.

Depuis le IXème siècle, la tradition chrétienne y situe le tombeau de l'apôtre Jacques le Majeur conduit, depuis la Palestine, par une barque de pierre guidée par la main de Dieu. Depuis un siècle, les historiens et les archéologues ont conjugué leurs recherches : s'il y a bien un tombeau attesté, et si une translation d'un corps dans une barque de pierre échouée sur le sol galicien peut aussi bien trouver explication, il se peut également qu'il y ait eu christianisation (c'est-à-dire récupération à des fins politiques et religieuses) d'un culte antérieur, païen ou hérétique, que l'Église ne savait effacer autrement.

COQUILLE

Origine du symbole méconnue. Se trouve sur les plages galiciennes où le corps de l'apôtre aurait été débarqué, et apparaît régulièrement dans les légendes et l'iconographie. Symbole par excellence de saint Jacques et du jacquet.

Dans l'Antiquité, la coquille symbolisait l'amour et la fécondité, préservait du mauvais sort et des maladies. Dans le pèlerinage médiéval, elle représente l'accomplissement du pèlerinage et récompense l'arrivée à Compostelle, c'est-à-dire à l'ouest et au *Finis Terrae* (fin des terres connues), au lieu où se couche le soleil qui symbolise la rédemption du péché.

COQUILLARD

Nom donné à tous ceux qui empruntent le chemin ou profitent de sa proximité pour y commettre des actes de brigandage.

ÉTAPE

* Distance quotidienne parcourue entre deux hébergements.
* Point d'ancrage du sentier et jalons des itinéraires.

ÉTRANGER

Adam et Eve chassés du Paradis quittent leur patrie et possèdent alors, eux-mêmes et leur descendance, un statut d'étranger et d'exilé.

"Car chacun de nous est entré dans cet univers comme dans une cité étrangère dont il n'avait aucune part avant sa naissance, et une fois entré il y est un hôte de passage jusqu'à ce qu'il ait parcouru de bout en bout la durée de la vie qui lui a été attribuée."

À partir de ce thème, le type humain du pèlerin, de celui qui marche en quête du salut, a été construit. L'homme sur terre accomplit son temps d'épreuves, pour accéder au moment de la mort à la Terre promise ou au Paradis perdu. Le pèlerin symbolise le caractère transitoire de toute situation et le détachement par rapport au présent. Il accomplit son chemin dans une pauvreté qui le prépare à l'illumination et à la révélation divine. Comme rite initiatique, sa démarche lui permet de s'identifier au maître choisi. Par exemple :
- suivre le commandement de Dieu à Abraham ;
- imiter le style de vie itinérant du Christ et des apôtres.

FINISTERRE

Fin des terres émergées du continent, situées au lieu du soleil couchant, les Finis Terrae symbolisent la porte du royaume des morts, l'anéantissement. L'étendue océane face à ce cap Finisterre galicien était aussi appelée "Mer des Morts".

Extrémités du continent européen : Cornouailles, Bretagne et Galice. Synonyme de bout du monde, chargé de rêves aventuriers.

Les côtes espagnoles de l'Atlantique sont parcourues de courants marins remontant vers le nord et qui jettent sur les rivages épaves et cadavres, ou navires désemparés. But ou aboutissement de la pérégrination sur les Chemins de Compostelle en suivant l'axe de la course solaire (est-ouest), l'arrivée à l'ouest signifie le déclin de l'astre comme l'anéantissement de l'homme. Mais le soleil réapparaîtra à l'est, vers Jérusalem et la Terre sainte, pour un nouveau jour : ainsi que renaîtra l'Homme dont l'âme à son tour débutera le "rand voyage" (mort et résurrection).

HALTE

Lieu de repos, de convivialité, éventuellement de dévotions, favorisant les échanges commerciaux, intellectuels et spirituels, où les savoirs et les destinées se rencontrent.

HÉRÉSIE

Du latin haeresis qui signifie doctrine et du grec hairesis signifiant opinion particulière. Dans la religion catholique : doctrine, opinion émise au sein de l'Église catholique et condamnée par elle comme corrompant les dogmes. Par extension, doctrine contraire à l'orthodoxie au sein d'une religion établie.
(Auteur d'une hérésie ou meneur d'une secte hérétique : hérésiarque.)
Choix de croyance différent. Rupture avec les croyances reconnues, avec l'ordre spirituel établi dans une communauté de croyants. La contestation des dogmes de la foi catholique chrétienne devient souvent une série de revendications politiques et sociales. De nombreuses hérésies se sont propagées dans le Midi de la France, le catharisme étant la plus connue, contre lesquelles l'Église lutta au moyen des puissants inquisiteurs.
Pour certains chercheurs, le tombeau vénéré à Compostelle serait celui d'un hérétique, Priscillien, condamné et décapité vers 385 pour avoir essaimé sa doctrine en Aquitaine et en Espagne, prônant un retour aux sources du christianisme fondé sur les actes des Apôtres et l'ascétisme (perfectionnement moral fondé sur une vie austère et une lutte contre les exigences du corps et les tentations). "L'invention" du tombeau de l'apôtre Jacques serait ainsi justifiée par la persistance d'une dévotion que l'église voulait effacer.

HISTOIRE

"Rencontre d'autrui, l'histoire nous révèle infiniment plus de choses sur tous les aspects de l'être et de la vie humaine que nous n'en pourrions découvrir dans notre seule vie et, par là, elle féconde notre imagination créatrice, ouvre mille voies nouvelles à notre effort de pensée comme à notre action." (Henri-Irénée Marrou)

HÔTE

Celui qui reçoit et celui qui est reçu (le passant, le cheminant).

JACQUES

Un des douze apôtres, frère de Jean l'évangéliste, originaire de Jaffa et fêté le 25 juillet. Appelé le Majeur parce qu'il est un des plus anciens disciples du Christ (Jacques le Mineur étant un apôtre tardif du Christ). Son tempérament ardent et sa voix claironnante lui ont valu le surnom de Boarnerges donné par Jésus et signifiant "Fils du Tonnerre".
"Vous serez mes témoins à Jérusalem et dans la Judée et dans la Samarie et jusqu'au bout de la terre" avait commandé le Christ (Actes des Apôtres, I, 7-8).
Ainsi, réputé pour avoir évangélisé l'Espagne – sans guère de succès – ou une autre terre romaine de l'ouest, il revient en Palestine. Mais, arrêté par le roi Hérode Ier, il est décapité (aux alentours de 44 après J.-C.). On ne retrouve trace de Jacques le Majeur dans les écrits qu'au IVème siècle.
L'histoire devient ici légende, c'est-à-dire une construction intellectuelle fondée sur des suppositions tirées des écrits et des témoignages et d'œuvres hagiographiques. Aussi, il existe une controverse entre historiens, hommes de religion et fidèles orthodoxes sur la réalité de son activité évangélisatrice en Espagne et sur la réalité de sa sépulture à Compostelle.

JACQUET, ROUMIEU

Nom donné aux pèlerins se rendant vers Compostelle ou vers Rome sur l'itinéraire d'Arles, à double circulation.

LÉGENDE

Récit populaire traditionnel, plus ou moins merveilleux, représentations de faits réels ou de personnages imaginaires, mais donnés comme historiques et déformés, embellis ou amplifiés par l'imagination et la transmission. Récit de la vie d'un saint, destiné à être lu à l'office des matines.

"Une légende comporte toujours une plus grande part de vérité qu'on ne le croirait au premier abord, mais cette part de vérité est camouflée, travestie, ensevelie sous des apports successifs qui finissent par en dénaturer le sens ; et une légende repose aussi et avant tout sur une tradition orale, souvent allégorique, que l'on peut parfois retrouver sous la forme écrite dans laquelle elle finit par se fixer." Jacques Chocheyras, *Saint Jacques à Compostelle*.

Dans la formation de la légende de saint Jacques, l'universitaire Jacques Chocheyras retient l'amalgame de plusieurs facteurs : confusion des personnes (treize Jacques sont recensés entre lesquels les auteurs médiévaux ont pu établir des confusions), interprétations généralisantes, altérations des traditions écrites par les copistes (transformation d'un mot qui change le sens). Il avance l'idée d'une récupération de la découverte d'un ancien lieu sacré ou d'un culte local bien enraciné à des fins politiques par les puissants d'alors, l'Église et le roi Alphonse II, afin de créer un sentiment d'appartenance à une communauté unie dans un même destin et ainsi galvaniser l'énergie des combattants chrétiens.

Le récit légendaire de sa vie est essentiellement tissé entre 600 et 850 pour fortifier l'Église dans son combat contre l'Islam.

Entre 50 et 700 après J.-C. : le silence des siècles s'installe sur la vie et le lieu du tombeau de l'apôtre tandis que les auteurs chrétiens dissertent sur la vie et l'œuvre des premiers disciples du Christ. L'Empire romain éclate sous les coups portés par les peuples barbares. Des royaumes se créent tandis qu'en Orient survit un Empire dominé par une foi chrétienne qui va évoluer en rupture avec la doctrine chrétienne occidentale (grand schisme de 1054)

La culture et l'écrit trouvent refuge en Orient ou dans les monastères d'Occident, seuls lieux de conservation de la mémoire des temps anciens, de la pensée, de la science de l'Antiquité grecque et romaine, ainsi que des textes sacrés de l'Ancien et

du Nouveau Testament. Pour le commun, c'est une époque d'ignorance généralisée.

Les moines accomplissent un travail de conservation, de copie, d'étude et d'illustration des textes par l'enluminure dans les *scriptori*. Le livre, recueil des textes écrits, est un immense trésor que peu de gens savent déchiffrer. Ces compilations constituent une source très précieuse, unique, pour la connaissance des temps très anciens par les historiens dont c'est souvent la seule mémoire. Toutefois, des erreurs se glissent dans ces textes latins.

Mais la mémoire se brouille concernant la sépulture de saint Jacques, et des confusions s'installent dans les textes d'origine byzantine. Certaines traditions situent la sépulture en Marmarique (entre le Nil et la Lybie), et pour d'autres il n'est jamais venu en Occident.

Il serait l'évangélisateur de l'Espagne, suivant le commandement du Christ (mention qui apparaît dans les textes vers les années 650).

Le corps enseveli en Galice est "inventé" c'est-à-dire découvert, par l'ermite Pélage (entre 820 et 830). Une étoile a brillé pour lui indiquer le lieu. Une première église est alors édifiée qui reçoit la visite d'Alphonse II le Chaste, ainsi que de l'évêque Théodomir.

Apparition de saint Jacques en cavalier à la légendaire bataille de Clavijo (844) dont les chrétiens sortent vainqueurs contre les Sarrasins.

Il s'agit d'expliquer comment, mort en Palestine, il est enseveli en Galice : c'est la légende de la "Translation", écrite vers 850-900. Son corps jeté aux chiens, recueilli par des fidèles, est conduit sur une barque de pierre guidée par la main de Dieu jusque sur les côtes galiciennes, à Iria Flavia (aujourd'hui : Padron), pays qu'il aurait évangélisé.

Entre 1100 et 1150 : un clerc inconnu rédige un texte qu'il fait attribuer à un certain Turpin, vivant au temps de Charlemagne, vers 750-800. Ce texte appelé Pseudo-Turpin fait de Charlemagne l'inventeur et le premier pèlerin au tombeau de Jacques. Jacques serait apparu en songe pour ordonner à l'empereur d'aller en Galice occupée par les Sarrasins, en suivant le chemin des étoiles (la voie lactée), afin de délivrer son tombeau encore ignoré de tous.

La croyance populaire, l'intérêt politique des royautés du nord de l'Espagne et les constructions intellectuelles se sont donc mutuellement fortifiées pour donner naissance à ce phénomène de civilisation, le pèlerinage, auquel on a ajouté la figure mythique de Charlemagne.

LIEUX DE PÈLERINAGES CHRETIENS

Trois lieux majeurs autour du tombeau du Christ ou d'un apôtre étaient désignés à la dévotion du chrétien : Jérusalem, Rome et Compostelle. Une multitude d'autres lieux de recueillement recevaient les pèlerins attirés par les reliques, ou encore vers des lieux où la tradition antique situait un culte, païen autrefois, et christianisé.

D'après le *Manuel des Inquisiteurs de Bernardo Gui* (1323), en usage chez les inquisiteurs de Carcassonne, d'Albi ou de Toulouse, le pardon des péchés ou les pénitences des hérétiques peuvent s'accomplir par le pèlerinage en direction des lieux majeurs ou mineurs.

- Lieux de pèlerinages majeurs : Saint-Jacques-de-Compostelle, Rome, Saint-Thomas-de-Cantorbéry, les Trois-Rois de Cologne. "Ceux qui se rendaient dans la Ville éternelle devaient habituellement y rester une quinzaine de jours, afin d'effectuer la visite des tombeaux des saints et des églises à laquelle le Saint-Siège avait attaché des indulgences nombreuses et fructueuses."

- Lieux de pèlerinage mineurs :
Notre-Dame-de-Rocamadour, Notre-Dame-du-Puy (en Velay), Notre-Dame-de-Vauvert, Notre-Dame-de-Sérignan, Notre-Dame-des-Tables à Montpellier, Saint-Guilhem-du-Désert, Saint-Gilles en Provence, Saint-Pierre-de-Montmajour, Sainte-Marthe-de-Tarascon, Sainte-Marie-Magdeleine de Saint-Maximin, Saint-Antoine-de-Viennois, Saint-Martial et Saint-Léonard en Limousin, Notre-Dame à Chartres, Saint-Denis-en-Parisis (évangélisateur des Gaules), Saint-Seurin à Bordeaux, Notre-Dame-de-Souillac, Sainte-Foy à Conques, Saint-Paul à Narbonne, Saint-Vincent de Castres, Saint-Étienne et Saint-Sernin à Toulouse (visites annuelles et à vie).

Saint-Nazaire à Carcassonne, Sainte-Cécile à Albi, Saint-Antoine à Pamiers, Notre-Dame d'Auch.

Les pèlerins s'engageaient par serment à se mettre en route dans un délai (court) à partir du jour de la délivrance de leurs lettres pénitentielles qui leur servaient de sauf-conduits. À leur retour, ils présentaient à l'inquisiteur des certificats attestant qu'ils avaient accompli les pèlerinages et visites obligatoires.

On peut ajouter à la liste de l'inquisiteur, destinée aux pécheurs et repentis des hérésies en terre occitane, d'autres hauts lieux de dévotion : Saint-Michel au Mont-Saint-Michel, Saint-Marc à Venise, Saint-Rémi à Reims…

De nombreux autres lieux existaient pour une dévotion plus locale. Aux Saintes-Maries-de-la-Mer, le culte de Marie-Salomé, mère de saint Jacques le Majeur, s'est très tôt développé. Les lieux secondaires de pèlerinage se sont développés à partir du XVIIème siècle pour plusieurs raisons :

- contrôle plus étroit des populations (par l'État) et des âmes (œuvre de la Contre-Réforme catholique) ;

- enracinement de la dévotion chrétienne dans des lieux plus immédiatement accessibles, à travers des signes et des pratiques plus quotidiennes ou plus intériorisées.

Aux XIXème et XXème siècles, le culte de la Vierge s'est développé et de nouveaux lieux sont apparus, de la visite desquels le croyant espère des grâces ou manifeste sa reconnaissance pour une grâce obtenue : la Salette (1846), Lourdes (1858), Fatima, Czestochowa (Pologne), Medjugorje (Herzégovine).

MAGIE ET THAUMATURGIE

Thaumaturgie, du grec, signifiant faiseur de miracle, détenteur d'un pouvoir magique, le plus souvent de guérison de certaines maladies.

Ainsi, le roi de France, par un don reçu de Dieu au jour du sacre, détenait un pouvoir de guérison des écrouelles (affections de la peau).

Saint Jacques est signalé par le *Codex Calixtinus* comme ayant été choisi par Jésus comme témoin privilégié, avec Pierre et Jean, pour connaître ses pouvoirs et ses secrets et ainsi être "initié au surnaturel". Tous les apôtres ont également reçu un pouvoir de guérison.

Aymery Picaud enseigne que saint Jacques guérissait les aveugles, les sourds, les boiteux, les bossus, les malades de la goutte et même "rendait la vie aux morts".

MARCHE

Action de marcher, mode de locomotion. Acte appris par l'individu et non inné. La marche se révèle comme une énergie gratuite et inépuisable.

Le biologiste américain V. Chapette souligne que la marche au long cours éveille l'hémisphère droit du cerveau et favorise la production d'endorphines. L'endorphine est une substance sécrétée par la glande hypophyse et destinée à lutter contre la douleur. Elle cause un état d'hyper lucidité chez le sujet. Ce même état est également amené par la pratique de la méditation ou de la prière.

OCCITANIE

Espace géographique européen, occidental, méridional et méditerranéen où est née et s'est développée à partir de la langue latine une langue romane appelée langue d'Oc (occitan), aux alentours de l'an mille.

En France, recoupe les actuelles régions Aquitaine (sans le Pays basque), Midi Pyrénées, Languedoc, Provence-Alpes-Côte-d'Azur, Limousin, le sud de l'Auvergne, les départements de Charente, Drôme et Ardèche. En Italie, les vallées alpines du Piémont, quelques communes de Calabre et de Sardaigne. En Espagne, le Val d'Aran.

Territoires politiques puissants et organisés du XIIème au XIVème siècles, et qui jusqu'au XVIIIème siècle prennent l'appellation de Languedoc pour la partie centrale. Terre des troubadours, l'un des berceaux du catharisme

L'occitan est toujours langue officielle en Italie et en Catalogne.

L'intégralité du chemin dit d'Arles traverse ces anciennes terres occitanes.

PÈLERIN

Du latin *peregrinus* qui a pour racine *per ager* (à travers champs), *per eger* (passage de frontières, où le voyageur devient un étranger). Symbole universel du caractère transitoire de toute situation et du détachement par rapport au présent.

Selon le poète italien Dante Alighieri (1265-1321) : "On peut entendre pèlerin en deux manières, une large et l'autre étroite : au sens large, on nomme pèlerin quiconque est hors de sa patrie ; au sens étroit, on entend par pèlerin que celui qui va vers la maison de saint Jacques, ou en revient… À ce propos, il faut savoir qu'il y a trois façons de nommer les gens qui vont au service du Très-Haut : on les appelle *paulmiers* en tant qu'ils vont outre-mer, d'où maintes fois ils rapportent la palme ; on les appelle pèlerins en tant qu'ils vont à la maison de Galice, pour ce que la sépulture de saint Jacques fut plus lointaine de sa patrie que celle d'aucun autre apôtre ; on les appelle romieux en tant qu'ils vont à Rome".

PÈLERINAGE

Voyage individuel ou collectif qu'un fidèle fait à un lieu saint pour des motifs religieux et dans un esprit de dévotion. Le pèlerinage est une des formes du voyage comme quête initiatique ou connaissance de soi, dépouillement de l'homme, de ses tâches, et renaissance.

PÉRÉGRINATION

Du latin *peregrinatio* ; ancien français : pérégrin ou pèlerin. Voyage en pays lointain.

RANDONNÉE

Course rapide. À partir de la fin du XIXème siècle : promenade longue et ininterrompue. Synonyme d'excursion, de course, de marche, de trekking.

RELIGION

Du latin *relegere* (recueillir, rassembler) ou religare (relier).

Système de croyances et de pratiques impliquant des relations avec un principe supérieur et propre à un groupe social.

Reconnaissance par l'être humain d'un pouvoir ou d'un principe supérieur de qui dépend sa destinée et à qui obéissance et respect sont dus.

Ensemble d'actes rituels destinés à mettre l'âme humaine en rapport avec Dieu.

RELIGIEUX

Qui concerne les rapports entre l'être humain et un pouvoir surnaturel.

Prise de conscience des relations unissant l'homme à la nature.

Sentiment de dépendance et d'infini par rapport au cosmos, lien intime entretenu avec les origines.

RELIQUES

Le fidèle se rend sur un tombeau pour prier : celui du Christ à Jérusalem, de Jacques à Compostelle, ceux de Pierre et Paul à Rome… Il se rend aussi auprès des traces d'un saint en ce monde. Le saint est un mort exceptionnel. Son corps le rattache au genre humain, mais à l'image de celui du Christ, il est source de vie et promesse de régénération. La non-décomposition, la bonne odeur et la propriété d'être démembré sans perte d'efficacité miraculeuse sont déjà des signes de l'élection divine.

La fréquentation et la proximité de ces restes, en perpétuant la présence du saint, engendrent des grâces, des miracles, des guérisons ou des protections et constituent ainsi un catalyseur essentiel de la piété médiévale.

Leur détention est essentielle pour une collectivité et attire sur elle cette protection, ainsi que d'autres fidèles venus parfois de loin. La propriété d'une relique a constitué un facteur non négligeable de ce que nous appellerions aujourd'hui le "développement local". La ville de Compostelle et d'autres à son image ont été bâties autour d'un tombeau ou d'une relique. Elles se sont développées grâce à la fréquentation grandissante des fidèles, à leurs dépenses, aux donations et à l'enrichissement qui en résultait. Les reliques étaient donc l'objet d'un commerce et de pittoresques vols.

SAINT

Rôle des saints au Moyen Age : soumettre le monde naturel à l'homme en substituant au culte des fontaines, des sources, la figure idéale du Christ et de ses héros. Ils expriment la foi de l'homme médiéval en "sa volonté de durer et de surmonter les défaillances passagères ou l'hostilité des hommes et des choses".

Son rôle est d'établir le contact entre le ciel et la terre, de servir d'exemple pour les fidèles et d'intercesseur auprès de Dieu. On attend de lui qu'il fasse bénéficier l'humanité pécheresse et souffrante des grâces que lui a valu son sacrifice.

La littérature des premiers temps le présente comme un mort exceptionnel doué de toutes les perfections et habité par la grâce divine durant une vie exemplaire qui le place très au-dessus des hommes, un surhumain inimitable.

À partir du XIIème siècle, la vénération populaire s'adresse aussi à des personnages parfois vivants – les ermites – auxquels elle reconnaît la sainteté, parce qu'ils ont dompté en eux la nature et acquis un pouvoir surnaturel sur les hommes et les animaux.

Au XIIIème siècle, le saint sert également de soutien pour une église contestée, combattant des hérésies (cathares, vaudois…) ou en conflit avec les puissances temporelles, et engagée dans des mouvements de réforme interne (création des ordres mendiants) et de centralisation de l'autorité entre les mains du Pape. Les figures de François d'Assise ou de Dominique, issus de ces rangs, témoignent de la capacité de l'Église à se réformer. Ils sont sa réponse aux hérésies du temps, des hommes providentiels au moment opportun.

La place du saint dans le christianisme : s'il figure l'homme idéal, un héros et un exemple, le recrutement des saints a évolué au cours des siècles.

TOURISME

Mot apparu en 1841 ; de l'anglais tourism. Le fait de voyager, de parcourir pour son plaisir un lieu autre que celui où l'on vit habituellement (même s'il s'agit d'un petit déplacement ou si le but principal du voyage est autre). "Le tourisme n'est pas une masse, il n'y a pas une horde de soixante-dix millions d'étrangers qui déferlent chaque année sur l'hexagone, ni des dizaines de millions de français qui se déplacent en troupeau. Il y a, chaque année, plusieurs dizaines de millions d'acteurs pensants qui se déplacent sur le territoire français. Ce sont des déplacements qui ont du sens, à l'intérieur de trajets familiaux, historiques, vers les lieux des origines, les racines réelles ou inventées de chacun." Jean Viard, *Court Traité sur les vacances, les voyages et l'hospitalité des lieux,* Éditions de l'Aube.

VOIE LACTÉE

* En astronomie, nébuleuse composée de milliards d'étoiles, de gaz et de poussières qui se présentent à l'observateur terrestre sous la forme d'une bande blanchâtre et floue par nuit claire.

* Pour les Tatars musulmans, elle constitue le chemin des pèlerins de La Mecque.

* Autre nom porté par le faisceau des Chemins de l'Allemagne jusqu'à Compostelle. Baptisée ainsi en référence au "Songe de Charlemagne" : Saint-Jacques apparaît à l'Empereur et lui demande d'aller délivrer son tombeau entre les mains des Sarrazins, en suivant le sillage de la Voie Lactée. Cette littérature entretient la croyance que l'épopée du Grand Empereur se rencontre sur les chemins de Compostelle.

* Signification symbolique commune à plusieurs civilisations :

> chemin du salut des âmes souvent comparé au serpent, au fleuve, à une trace de pas, à une giclée de lait, à une couture et à un arbre;

> voyage entre deux mondes, voie de l'immortalité, lieu de passage des âmes entre les mondes terrestre et céleste et les conduisant au paradis éternel;

> frontière entre le monde du mouvement et l'immobile éternité;

> voie empruntée par " tous ceux qui vont d'un lieu à l'autre de la terre ou du cosmos, d'un plan à l'autre de la connaissance ". (B. Bennasar).

VOYAGE

Du latin via, voie (XIème siècle) et viaticum, provision de voyage ou communion portée au mourant. Déplacement dans l'espace vers un lieu assez éloigné. Déplacement intérieur : dans les littératures, le voyage symbolise une aventure et une recherche.

Le pèlerinage comme quête de la terre promise est une forme du voyage : déplacement dans l'espace pour mieux entrer en soi (voyage intérieur).

Pour le poète Novalis "Nous rêvons de voyage à travers l'univers, l'univers n'est-il

donc pas en nous ? Les profondeurs de notre esprit nous sont inconnues. C'est en nous, sinon nulle part, qu'est l'éternité avec ses mondes, le passé, et l'avenir. Le chemin mystérieux va vers l'intérieur".

Al Sâlik, le voyageur, est un titre attribué par certaines confréries musulmanes aux pèlerins.

VOYAGER

"Garder le sens de l'ailleurs"

Jean Chesneaux

BIBLIOGRAPHIE

Généralités

CLOUTEAU (Jacques) : *Miam-Miam-Dodo.* Éditions du Vieux Crayon, 2004. *Ouvrage destiné aux pèlerins à pied, à bicyclette, à cheval ou en automobile. Attention, ce n'est pas un guide pratique. Toutes sortes d'hébergements répertoriés souvent un peu trop hâtivement.*

Communauté des Prémontrés de Conques et Hospitalité Saint-Jacques d'Estaing : Guide spirituel du pèlerin. (*Abbaye Sainte-Foy – 12320 Conques – 05 65 69 85 12*)

HUCHET (Patrick) et BOELLE (Yvon) : *Merveilles des chemins de Compostelle,* Éditions Ouest-France, 2003. *Beau livre. Vulgarisation grâce à la compilation de citations et réflexions d'historiens et marcheurs.*

Collectif, *Les Chemins de Saint-Jacques de Compostelle.* Coll. "In situ", Éditions MSM, 1999. *Excellente synthèse pour connaître l'art et l'histoire.*

Histoire

ALBERT LORCA (Marlène) : *Les vierges miraculeuse, légendes et rituels.* Coll. Le temps des images, Gallimard, 2002.

BENNASSAR (Bartolomé) : *Saint-Jacques de Compostelle.* Coll. Les dieux et les lieux, Julliard, 1970. *Une des premières approches analytique et critique par un spécialiste de l'Espagne.*

CHELINI (Jean) et BRANTHOMME (Henry) : *Les chemins de Dieu. Histoire des pèlerinages chrétiens des origines à nos jours.* Hachette, 1989.

LAFONT (Robert) : *Clefs pour l'Occitanie.* Seghers, 1987.

ROCHE (Daniel) : *Humeurs vagabondes. De la circulation des hommes et de l'utilité des voyages.* Fayard, 2003. *Essai d'histoire de la mobilité.*

Collectif, *Saint-Jacques et la France.* Actes du colloque organisé par la Société Française des Amis de Saint-Jacques et la Fondation Singer-Polignac en janvier 2001, Cerf, 2002.

Collectif, *Chemins de Saint-Jacques et Bas-Rouergue.* Bulletin de la société des Amis de Villefranche et du Bas-Rouergue, 1993.

Patrimoine et terroirs

AUDRERIE (Dominique), SOUCHIER (Raphaël), VILAR (Luc) : *Le Patrimoine Mondial.* Coll. Que Sais-je, PUF, 1998.

Principes et éléments de l'architecture religieuse médiévale et Brève histoire des Ordres religieux et militaires. Guides aide mémoire, les Éditions Fragiles. *Petites synthèses didactiques pour tous publics.*

Le tympan de Conques, Le trésor de Conques, Les sanctuaires de Rocamadour. Coll. L'Esprit curieux, Édition Le Pérégrinateur *(d'autres titres sur l'histoire et les représentations imagées ; petites synthèses didactiques pour tous publics).*

La France au patrimoine mondial. National Géographic, 2002.

DECENEUX (Marc) : *Les objets du sacré.* Ouest France, 2000. *Objets des rites et du sacré, nombreuses illustrations, tous publics.*

GABORIT-CHOPIN (Danièle) : *Le Trésor de Conques.* Éditions du Patrimoine, 2002.

HAMMEL (Jean-Pierre) et LADRIERE (Muriel) : *La Culture Occidentale dans ses racines religieuses.* Coll. Héritages, Hatier, 1997. *Une synthèse essentielle pour tous publics.*

GRANIERS (B. des) et JACOMET (T.) : *Reconnaître les saints : symboles et attributs.* Massin, 2003

NOUYRIGAT (Francis) : *D'Aubrac en Vallée sur le chemin de Saint-Jacques.* Les Amis d'Aubrac, Éditions du Rouergue, 2003.

RENOUE (Marie) et DENGREVILLE (Renaud) : *Conques.* Éditions du Rouergue, 1997 ;

COURTES (Georges) : *Les plus beaux villages de Gascogne.* Sud Ouest.

CAVAGNAC (Guy) et BERNARD (Gilles). Photographies : DIEUZAIDE (Michel) : *Villefranche-de-Rouergue.* Éditions Privat.

SCELLES (Maurice) : *Cahors, ville et architecture civile du Moyen Age.* Éditions du Patrimoine, 1999.

CAZES (Quitterie) et SCELLES (Maurice) : *Le cloître de Moissac.* Sud Ouest, 2001.

Une sélection de témoignages

BALHI (Jamel) : *Les routes de la foi.* Coll. Documents, Le Cherche Midi Éditeur, 1999. Récit : *18 450 km pour relier les grandes villes saintes (Lourdes, Rome, Jérusalem, Bénarès, La Mecque, Lhassa).*

BOURLÈS (Jean-Claude) :
Retour à Conques. Payot, 1993.
Le Grand Chemin de Compostelle. Petite Bibliothèque Payot, 1998.
Passants de Compostelle. Payot, 1998. Une mine de paroles lues et entendues.
Pèlerin sans église. Coll. Littérature ouverte, Desclée de Brouwer, 2001

CASTILLOU (Pierre) : *Regards sur les chemins de Compostelle du Puy-en-Velay à Saint-Jacques-de-Compostelle.* Librairie des Pyrénées et de Gascogne, 2002. *Récit et aquarelles de l'auteur.*

GRÉGOIRE (Jean-Yves) : *Sur le Chemin du Puy. En marche vers Saint-Jacques-de-Compostelle*. Rando Éditions, 1999. (Texte et photographies.)

JAGER (Patrick) : *Sur le chemin de Compostelle*. Glénat, 2003. Aquarelles et récit chemin du Puy et du Camino.

LACOUR (Laurence) : *Jedia, Jendé. Tout homme est homme sur le chemin de Compostelle*. Bayard, 2003.

LE BRETON (David) : *Éloge de la marche*. Métailié, 2000. *Essai d'anthropologie.*

SANSOT (Pierre) : *Chemins aux vents*. Éditions Payot, 2000. *Essai.*

JOURDAN (Michel) et VIGNE (Jacques) : *Marcher, méditer*. Albin Michel, 1998.

Des romans

MARTEIL (Jean-Louis) : *La relique*. Éditions Dire, 2000. *Polar médiéval. Trois moines s'en vont chercher une relique qui pourrait sauver leur monastère rouerguat.*

ROUY (Maryse) : *Au nom de Compostelle*. Québec Amérique, 2003.

Le chemin de Saint-Jacques en Espagne

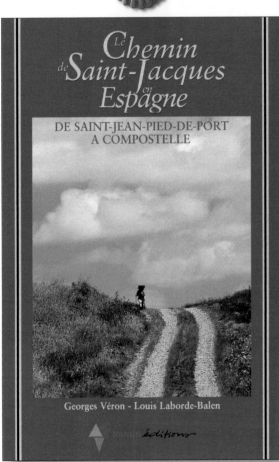

De Saint-Jean-Pied-de-Port à Compostelle, 33 étapes comme Roncevaux, Puente la Reina (où se raccorde le Chemin d'Arles), Burgos, Castrojeriz, León, Astorga, O Cebreiro. Environ 800 kilomètres de marche pour franchir les Pyrénées, traverser la Meseta et la Galice. Un chemin de pèlerinage majeur.

Le chemin d'Arles

Partir de Provence, dépasser Montpellier, traverser Saint-Guilhem-le-Désert, Castres, admirer Toulouse, reprendre le Chemin vers Auch, Oloron-Sainte-Marie, franchir le col du Somport et continuer par Jaca jusqu'à Puente la Reina où l'on retrouve les autres chemins déjà réunis. Ce parcours suit la plupart du temps le tracé du GR 653.

Le chemin de Vézelay

Du parvis de Sainte-Madeleine, en Bourgogne, aux rives de la Nive, à Saint-Jean-Pied-de-Port, 38 étapes attendent pèlerins et cheminants (à pied ou à VTT) qui passeront par La Charité-sur-Loire, Bourges, Limoges, Périgueux, Bazas, Mont-de-Marsan, Orthez. Partir de Vézelay, c'est accepter de parcourir 1700 kilomètres jusqu'à Saint-Jacques.

Le chemin de Tours

Découpé en 30 tronçons, ce Chemin, qui part des rives de la Loire et s'en va à Roncevaux, visite Châtellerault, Poitiers, Saintes, Bordeaux, Dax, et aussi Lusignan (et sa fée Mélusine), Blaye (et sa citadelle), Sorde (et son abbaye), traverse l'estuaire de la Gironde, l'Adour, le gave de Pau. Marcheurs et VVTistes peuvent l'emprunter à leur aise.

Ce guide décrit une partie du grand chemin reliant les Alpes à l'Atlantique :
l'itinéraire des piémonts. Ici, il est question d'aller de Narbonne à Roncevaux
via Carcassonne, Mirepoix, Saint-Lizier, Saint-Bertand-de-Comminges, Lourdes,
Oloron-Sainte-Marie, le tout en 23 étapes. On peut également y lire la trame
d'une civilisation occitane.

ientôt, je retrouve un vrai chemin de terre. Il file plein sud. Dans le lointain, se profile la ligne enneigée des Pyrénées, barrière encore toute petite sur la ligne d'horizon, étincelante sous le soleil du matin. La neige déjà tombée s'accroche très bas sur les versants. Parmi les sommets acérés, je reconnais la dent du Pic du Midi d'Ossau. Je marche d'un pas vif et léger, encouragé par l'air frais. Les terres qui m'entourent sont d'une planéité parfaite. Rien de monotone pour autant. Les bosquets et les enfilades de peupliers rythment le décor. Champs de maïs, encore et toujours, affichant une couleur miel. Le tracé sans détour du chemin confirme sa nature ancestrale. A l'époque des déplacements à pied et à cheval, le tourisme était inconnu et l'on n'aimait pas musarder. Toujours au plus court, quand la configuration du terrain le permettait, pour épargner jambes ou montures. Peut-être est-ce aussi l'héritage de Rome qui aimait les voies rectilignes. Alors qu'hier j'étais enclin à la balade dans le dédale des forêts, ce matin j'arpente, attaque franchement le sol du talon, manie mon bâton d'un balancement énergique, dévore les kilomètres et pourtant je me sens plus serein. Comme toujours, j'aime les vastes étendues, leur infinie solitude. Le chemin taille sa voie loin des routes bitumées et du vacarme. Absence de villages. Le silence m'enveloppe comme un fluide. Son bourdonnement est assourdissant, semblable à celui du monde sous-marin, et sans doute identique à celui de la vie intra-utérine. Il est paradoxal de se sentir à ce point proche d'un univers si intime alors que l'immensité vous cerne de toute part. Ce n'est pas tant l'échelle du décor mais son éloignement de l'agitation perpétuelle qui crée cette sensation. Loin du superflu, il ne reste que l'essentiel. L'homme est un pèlerin sur cette terre, la difficulté est de trouver la bonne voie parmi toutes celles qui nous sont proposées. Le périple vers Saint-Jacques est d'abord un parcours géographique, puis un voyage dans la nuit du passé, enfin une expédition dans les ténèbres de notre être le plus profond. Plongeon plus lointain que celui de l'introspection analytique, on espère découvrir un pays qui ne figure sur aucun atlas baignant dans la lumière *Le royaume d'Élohim est en vous* (Luc 17.21). En marchant sur un chemin, parfois si semblable au désert, on redevient le nomade cherchant la source et l'intimité de l'unité primordiale. On se surprend à ne plus raisonner en terme d'opposition ou de conflit, à ne plus penser du tout pendant de courts moments qui nous échappent. On parvient à oublier le "je", la vacuité ainsi établie conduit à une meilleure réceptivité. Le bien-être est immédiat, aussi fulgurant que fugace. Puis, on retombe sur ses pieds, un peu abasourdi. Dans quelle contrée est-on parti s'aventurer, quelle rencontre a t-on pu faire ? Peut-être n'était ce qu'un rêve ?

Extrait de l'ouvrage *Sur le Chemin du Puy*, textes et photographies de Jean-Yves Grégoire, Rando Éditions, 1999 (ouvrage épuisé)

Les premiers coteaux du Béarn

 nouveau mon attention se porte sur ses pas. Leur cadence a la précision d'un métronome. Peu à peu se forme dans mon esprit l'image insolite d'un cœur qui bat. A l'écoute de mon propre corps et de sa résonance interne, je découvre une association qui n'a en fait rien de saugrenu. Du point de vue rythmique, la corrélation s'impose entre mes pieds qui foulent le sol et les battements de mon cœur. Même mouvement alternatif, même automatisme apparent. Si le premier résulte d'une volonté délibérée, le second est automatique. Le sentiment de plénitude qui naît de la marche provient au départ de cette mise à l'unisson des fonctions physiologiques, locomotrices et sensorielles. L'unité engendre l'harmonie. Les pratiques asiatiques de concentration, qu'elles soient yogiques, tantriques ou zen, ne visent pas autre chose

dans un premier temps. L'harmonie apporte la paix intérieure, nécessaire pour accéder à la méditation. (…)

L'air sent l'herbe sèche. Le regard n'a pas à chercher les flèches indiquant la route, car celle-ci est invariablement droite. De sons, je n'entends que la sempiternelle "oraison des pas". Au départ, seule la poésie des mots de Jacques Lacarrière me touchait. Puis, à mesure que le décor environnant se dépouillait, que la marche devenait plus aisée et plus automatique, leur sens a évolué. J'ai pu leur attribuer une signification plus profonde. Ainsi, chaque pas qui frappe le sol émet un son envoûtant et bref. Envoûtant parce qu'il vient à la suite de milliers d'autres quasiment identiques. Bref, parce qu'il est une note qui s'évapore aussitôt, plus éphémère que l'empreinte de la semelle laissée sur le sol qui devra attendre la première pluie ou le premier coup

Montée vers le plateau de l'Aubrac

de vent pour disparaître à tout jamais. Et pourtant, ce son domine tout. Et cela se vérifie lorsque le paysage est nu, sans arbres habités du chant des oiseaux, sans villages, sans fermes, sans animaux dans les prés. Il reste l'unique bruit audible. Il devient tempo obsédant, martèlement, percussion, dont la rythmique essentielle semble à l'origine de toute forme de musique. Ce bruit, l'homme moderne n'est plus habitué à l'entendre. Il faut marcher pour cela et si possible dans un environnement silencieux. Il est envoûtant de retrouver ce son originel et primordial dans un contexte qui l'est tout autant, bref, comme un monosyllabe qui se répète indéfiniment. Mon périple a acquis une dimension nouvelle dès l'instant où j'ai eu à affronter ces paysages sans limites. Après des jours et de nombreuses heures passées dans la solitude totale, fasciné par l'écoute de mes pas, ce son régulier est devenu une formule lancinante, courte et englobante à la fois, si proche par la forme et la tonalité de la syllabe sanskrite "Aum" que l'on entend psalmodier à travers toute l'Inde et dans les pays voisins. La simple résonance des pas est alors semblable à un mantra. Ce n'est pas une prière consciente et construite, mais la prière du cœur, de l'harmonie, du corps qui exprime à sa façon son bien-être, celle de l'esprit enfin dégagé des pensées superflues et des tracas du quotidien mesquin. Elle guide et pousse cet esprit à une écoute attentive, intérieure, et impose au cheminement une dimension spirituelle.

Extraits de l'ouvrage *Le Chemin des Étoiles,*
textes et photographies de Jean-Yves Grégoire,
Rando Éditions, 1998 et 1999

Vos notes, vos remarques, vos corrections…

Vos notes, vos remarques, vos corrections…

Vos notes, vos remarques, vos corrections…

Vos notes, vos remarques, vos corrections…

Vos notes, vos remarques, vos corrections…

Achevé d'imprimer en France par Pollina, 85400 Luçon - n° L92991-A